主 编 ● 胥佳明 李德静

主 审 ● 闫 锋 刘海滨

大学生 职业生涯规划与 就业指导

DAXUESHENG
ZHIYE SHENGYA GUIHUA YU
JIUYE ZHIDAO

大连海事大学出版社

DALIAN MARITIME UNIVERSITY PRESS

图书在版编目(CIP)数据

大学生职业生涯规划与就业指导／胥佳明，李德静
主编. — 大连：大连海事大学出版社，2024.12.
ISBN 978-7-5632-4597-0

Ⅰ．G647.38
中国国家版本馆 CIP 数据核字第 2024D2Q154 号

大连海事大学出版社出版

地址:大连市黄浦路523号 邮编:116026 电话:0411-84729665(营销部) 84729480(总编室)
http://press.dlmu.edu.cn E-mail:dmupress@dlmu.edu.cn

大连永盛印业有限公司印装   大连海事大学出版社发行

2024 年 12 月第 1 版   2024 年 12 月第 1 次印刷
幅面尺寸:170 mm×240 mm   印张:20.25
字数:383 千   印数:1~3700 册

出版人:刘明凯

责任编辑:刘长影   责任校对:王 琴 陶月初
封面设计:解瑶瑶   版式设计:解瑶瑶

ISBN 978-7-5632-4597-0   定价:50.00 元

前　言

中国式现代化民生为大,就业是最基本的民生。党的二十大报告提出"实施就业优先战略",习近平总书记在中共中央政治局第十四次集体学习时强调,促进高质量充分就业,是新时代新征程就业工作的新定位、新使命。党的二十届三中全会指出,要"完善就业优先政策""健全高质量充分就业促进机制"。《中共中央 国务院关于实施就业优先战略促进高质量充分就业的意见》部署拓展高校毕业生等青年就业成才渠道、保障平等就业权利等二十四条举措。

生涯发展教育与就业指导工作是高校毕业生就业工作特别是实施就业育人的重要环节,也是促进高校毕业生实现高质量充分就业的前提和基础。高校需不断创新教学模式,丰富课程内容,才能满足学生日益增长的个性化发展需求,更好地引领他们明确职业方向,实现高质量充分就业。着眼于进一步增强高校生涯发展教育与就业指导工作的实效性和针对性,基于新时代大学生就业的新形势、新机遇、新问题,根据国家、省、市关于高校毕业生就业相关政策文件精神要求,结合长期课程教学实践经验,大连海事大学学生就业指导中心组织编写了《大学生职业生涯规划与就业指导》。

本教材紧密围绕大学生在生涯发展教育与就业指导方面的切实需求,精心提炼理论精髓,同时注重实践操作的实用性与指导性。全书分为"生涯教育篇"与"就业指导篇"两大板块,激励并引导学生主动追求个人梦想,勇于探索职业梦想之路,不懈努力构建梦想基石。通过系列学习与实践,帮助学生从梦想起航到梦想成真的全过程得到全方位的支持与引导。第一篇包括"探索大学生涯发展""认知职业生涯规划""探索自身优势""探索职业世界""制定生涯决策""制定职业生涯规划"等六章内容,唤醒学生职业生涯规划意识,引导学生提高自我认知、职业认知、规划和决策能力;第二篇包括"职业素养与职业能力""高校毕业生就业政策与制度""求职行动""就业市场分析""面试与笔试策略""毕业去向落实"等六章内容,引导学生熟悉就业程序、认知就业市场、提升求职能力。

本教材由大连海事大学学生就业指导中心组织学生就业工作者及课程任课教师共同编写。胥佳明、李德静担任主编,于洋、徐瑞雪、阎晓如、宋洋等担任副主编。教材各章编写分工:第一篇"生涯教育"第一章由邵强负责,第二章由张肃、肖峰负责,第三章由安宁、高梓博负责,第四章由于洋、徐瑞雪负责,第五章由徐瑞雪、白汝坤负责,第六章由宋一负责;第二篇"就业指导"第一章、第五章由于洋、阎晓如负责,第二章由韩影负责,第三章由高宁负责,第四章由徐瑞雪负责,第六章由宋洋负责,胥佳明、李德静负责全书统稿。

本教材在编写过程中,得到了东北师范大学就业创业教育研究院执行院长刘海滨教授、辽宁省大学生就业创业中心主任闫锋、中交第三航务工程局有限公司人力资源部高级业务经理费佳颖、吉利控股集团校园与雇主品牌平台总监童部林等老师的悉心指导和大力支持,同时借鉴和参考了一些专家学者的理论观点,引用了一些文献案例,在此也向他们致以衷心的感谢!

受时间和编者水平所限,教材中难免有遗漏和不妥之处,真诚欢迎广大读者提出宝贵意见和建议,以便修订、完善。

编　者
2024 年 7 月

目　录

第一篇　生涯教育

第二篇　就业指导

第一篇

生涯教育

第一章

探索大学生涯发展

 学习目标

1.认识大学及适应学习环境。

2.明确角色转变,树立职业生涯规划意识。

 生涯寄语

"广大青年要坚定不移听党话、跟党走,怀抱梦想又脚踏实地,敢想敢为又善作善成,立志做有理想、敢担当、能吃苦、肯奋斗的新时代好青年,让青春在全面建设社会主义现代化国家的火热实践中绽放绚丽之花。"

——习近平总书记在中国共产党第二十次全国代表大会上的讲话

 生涯榜样

曹天予,大连海事大学轮机工程专业2024届毕业生。他出生于辽宁沈阳,在辽宁省老工业基地的发展历程中、在省市各级领导的关怀中汲取养分茁壮成长;他学识扎实,在校期间荣获航海类专业奖学金、招商轮船奖学金、辽宁省首届大学生职业规划大赛就业赛道高教组第一名、全国首届大学生职业规划大赛银奖等多项荣誉,曾获"全国航海类专业2024届优秀毕业生"荣誉称号,并因学习成绩优异被推荐免试攻读研究生;他勇于担当,积极参与各类社团与志愿服务,展现青春风采;他知行合一,在第六届中国海员技能大比武中凭借过硬的本领、顽强的意志取得优异成绩并因此获得破格保研资格。面对双路径保研机会,他毅然选择投身海洋强国、交通强国建设,毕业前夕,他选择与中交上海航道局中港疏浚有限公司签约,立志成为疏浚船轮机长,未来为交通强国建设贡献力量。他用强烈的爱国之情与清晰的职业目标展现了新时代学子的良好形象与使命担当。

 本章简介

"探索大学生涯发展"起航职业生涯规划,引领读者自我成长。大学不仅是知识宝库,更是成长、价值观塑造及职业探索的起点。本章鼓励青年学子积极适应大学变化,明确角色与目标,把握生涯发展机遇。通过"打开生涯发展之门",强调自我管理的重要性,解锁职业发展潜能,树立发展意识,掌握情绪管理技巧,设定目标。本章的核心在于探讨大学生涯与职业生涯的内在联系,融合人生与职业理想,引导学生将长远规划与大学生活紧密结合;倡导多元化成功观,激励学生超越传统框架,追求个性化成功路径,实现个人价值与社会贡献的共赢。激发大学生的规划意识,引导大学生积极投身职业探索与生涯发展实践,为未来的职业生涯奠定坚实基础。

第一节 ⬡ 大学初印象

一、大学的诠释

在大学这段黄金般的时光里,我们不仅要学习专业知识,还要明确自己的职业目标,规划好未来的道路。职业生涯规划不仅关乎个人的发展,还影响着社会的进步。因此,在大学的征程中,开启同学们的大学之道,是探索自我、认识社会、规划未来的重要过程。

(一)大学发展

在欧洲中世纪大学创办前,高等教育已存在了数千年。古代埃及、印度、中国等都是高等教育的发源地;古希腊、罗马、拜占庭及阿拉伯国家都建立了较为完善和先进的高等教育体制。一般而言,大学专指12世纪末在西欧出现的一种高等教育机构,其形成了自己独有的特征,如:组成了系和学院,开设了规定的课程,实施正式的考试,雇用了稳定的教学人员,颁发被认可的毕业文凭或学位证书等。可以说,近现代大学起源于12—13世纪的欧洲中世纪大学。

现代大学开始于19世纪初,是指启蒙运动以后,经过理性主义改造,特别是以德国教育家洪堡创办的柏林大学为代表的新型大学。一般认为,1809年德国柏林大学的创立标志着现代意义上的大学的诞生。现代大学与传统(中世纪)大学的根本区别在于大学职能的转变。现代大学将科学研究作为自己的主要职能,将增加人类的知识和培养科学工作者作为自己的主要任务,推崇"学术自由"和"教学与研究的统一"。

我国的现代大学可追溯到1840年鸦片战争之后,洋务运动兴起而创办的新式学堂,如京师同文馆、上海广方言馆、福建船政学堂、天津水师学堂、江南水师学堂等。1895年中国在甲午海战中惨败后,变法之声顿起,1896年天津中西学堂改办为北洋大学堂,中国近代第一所大学由此诞生。1898年戊戌变法,京师大学堂成立,这是中国近代第一所国立大学和综合大学。中华人民共和国成立后,我国高等教育迎来了高速发展的历史机遇。

(二)大学教育

《大学》中提到:"大学之道,在明明德,在亲民,在止于至善。"其意指大学的宗旨在于弘扬光明正大的品德,在于使人弃旧图新,在于使人达到最完美的境界。北宋大儒张载曾寄语读书人,"为天地立心,为生民立命,为往圣继绝学,为万世开太

平",读书的重要作用可见一斑。

1.锤炼人格

人格的形成是一个动态的发展过程,从生到死都要经历不同的人格发展阶段。大学阶段正处于青春期,这是人格形成和确定的关键时期。对大学生来说,这一时期标志着他们逐渐步入社会,此后人格发展的许多问题都取决于这一时期的发展状况。

2.学会学习

大学学习不仅要完成课堂学习的任务,更重要的是要培养自学的能力。自学能力的培养,是适应大学学习自主性特点的一个重要方面,每个大学生都要养成自学的习惯。因此,培养和提高自学能力,是大学生必须完成的一项重要任务,也是进行终身学习的基本条件。

高度信息化的技术与传统行业的高速融合使得行业自动化程度不断提高,加上知识日新月异,环境不断变化,都对高素质创新型海事人才的持续学习能力提出了更高要求。新型海事人才唯有不断学习先进知识,跟上时代步伐,才能更好地适应行业与社会的发展。

3.培养兴趣

当今社会飞速发展,无论是在找工作的阶段还是在工作后的阶段,大学生们无时无刻不在面临着竞争,小到和周围人竞争,大到和国际上其他公司的人才竞争。一个良好的兴趣既能与自己的业余生活终身相伴,又能为工作生活增添乐趣。在校期间,大学生可以通过社团活动不断发展自己的兴趣,同时,在社团中也能找到与自己志同道合的朋友,结下深厚的友谊。掌握一项对自己有益的技能,拓展自己的兴趣,提高自身的修养,对自身的发展都会起到良好的作用。

4.锻炼能力

锻炼能力是大学教育的根本目的之一。当代社会竞争压力的日益加大,就业形势的日趋严峻,都对大学生的综合能力提出了越来越高的要求。因此,着重培养大学生各方面能力既是大学教育的应有之义,又是时代发展的迫切要求。

二、适应与改变

进入大学,对于许多学生来说,意味着从熟悉的中学阶段迈入了一个全新的阶段。在这个阶段,同学们不仅需要面对全新的课程设置和教学方式,还需要适应更为独立和多样化的生活节奏。学会适应与转变,将成为同学们快速融入大学生活、发掘自身潜力的关键。适应新的环境,并在这个过程中不断地转变自己,是开启职业生涯规划的第一步,也是至关重要的一步。

(一)适应大学的新环境

大学,作为高等教育的殿堂,为同学们提供了一个更为广阔的学习平台。然而,这个平台的运作方式与中学时期有着显著的差异。想要顺利度过,同学们首先需要适应大学的新环境。

1.适应大学的课程设置

大学的课程设置更加专业化和系统化,课程之间的衔接更为紧密。同学们需要根据自己的兴趣和职业规划,合理选择课程,构建自己的知识体系。同时,大学课程的深度和广度都超过了中学阶段,要求同学们具备更强的自主学习能力和批判性思维。因此,同学们需要逐渐适应这种高强度的学习模式,掌握有效的学习方法。

2.适应大学的教学方式

大学的教学方式与中学阶段有着显著的不同。在大学,老师更加注重启发式教学和互动式学习,鼓励同学们在课堂上积极发言、参与讨论。此外,大学还提供了丰富的实践机会,如实验、实习、社会实践等,让同学们在实践中巩固知识、提升能力。同学们需要逐渐适应这种教学方式,学会与老师、同学进行深入的交流和合作。

3.适应大学的生活节奏

大学的生活相对自由,同学们需要学会合理安排时间,平衡学习、娱乐和社交等方面的需求。同时,大学还为同学们提供了丰富的课余活动,如社团活动、文艺演出、体育比赛等。同学们需要积极参与这些活动,拓宽自己的视野、结交新朋友。通过适应大学的生活节奏,同学们可以更好地融入大学生活,享受大学的美好时光。

(二)学会转变自己

适应大学的新环境是学会转变自己的第一步,但仅仅适应是不够的,同学们还需要学会如何转变自己,以适应大学的要求和挑战。

1.调整学习方式

在大学期间,同学们需要将中学时期的应试思维转变为以兴趣为导向的学习方式。同学们需要学会主动查找资料、分析问题、提出解决方案,培养自己的自主学习能力和创新思维。同时,同学们还需要注重深度学习,深入理解知识的本质和原理。通过调整学习方式,同学们可以更好地掌握大学的知识体系,为未来的职业生涯打下坚实的基础。

2.转变思维方式

大学的学术氛围鼓励同学们提出自己的观点和看法。因此,同学们需要转变自己的思维方式,从固定的思维模式中解放出来。同学们需要学会从不同的角度思考问题、提出新的观点和解决方案。同时,同学们还需要注重批判性思维的培养,不盲目接受他人的观点或结论。通过转变思维方式,同学们可以更好地发掘自己的潜力,成为具有创新精神和批判性思维的人才。

3.养成良好行为习惯

在大学期间,同学们需要养成良好的行为习惯,如时间管理、健康生活方式、社交礼仪等。这些习惯将影响同学们的学习和生活质量,是同学们未来职业生涯成功的重要保障。同学们需要逐渐改变自己在中学时期形成的不良习惯,培养积极的行为习惯。通过改变行为习惯,同学们可以更好地适应大学的生活节奏和社交环境,为未来的职业生涯做好充分的准备。

(三)适应与转变的意义

通过适应与转变,同学们可以更快地融入大学生活,更好地发掘自己的潜力。适应大学的新环境让同学们能够顺利度过过渡期,逐渐适应大学的课程设置、教学方式和生活节奏;而学会转变自己让同学们能够更好地应对大学的要求和挑战,发掘自己的潜力和优势。

适应与转变也是同学们未来职业生涯成功的关键。在大学期间,同学们需要不断适应新的环境和挑战,不断转变自己的学习和生活方式。这些经历将锻炼同学们的适应能力、学习能力和创新能力等综合素质,为未来的职业生涯奠定坚实的基础。

第二节　打开大学之门

一、大学生涯启蒙

大学,这个象征着知识与智慧的殿堂,为每一名青年学子提供了无尽的探索空间与可能性。在这一重要的人生阶段,同学们迎来了生涯规划的关键时期,不再是简单地追求高分和文凭,而是需要深入思考自己的未来发展方向和职业规划,为未来的职业生涯打下坚实的基础。

(一)生涯规划的重要性

生涯规划,并非简单的职业选择,而是关于自我探索、目标设定与路径规划的深入思考。在这个快速变化、竞争激烈的时代,生涯规划的重要性愈发凸显。

生涯规划有助于同学们深入剖析自我。通过对自己的性格、兴趣、能力、价值观等多方面的深入了解,同学们可以更清晰地认识自己,明确自己的优势和不足,为未来的职业发展打下坚实的基础。

生涯规划能够引导同学们明确职业目标和发展方向。在了解自己的基础上,同学们可以根据自身的兴趣和价值观,结合市场需求和行业趋势,制定出切实可行的职业目标。这不仅能让同学们在职业生涯中少走弯路,还能让同学们更加坚定自己的职业理想。

生涯规划有助于我们制订合理的学习计划和实践路径。通过生涯规划,同学们可以有针对性地学习相关的知识和技能,积累实践经验,提高自己的职业素养和竞争力。这样,当面对职业机会时,同学们就能更加自信地展现自己的实力,抓住机遇,实现自己的职业梦想。

生涯规划是实现人生价值和追求的重要途径。通过生涯规划,我们可以将个人理想与社会需求相结合,实现个人与社会的和谐发展。同时,生涯规划也能让我们在追求职业成功的同时,关注自己的身心健康和家庭生活,实现全面而平衡的人生发展。

(二)行业趋势与市场需求

在当今这个信息化、全球化的时代,行业发展和市场需求的变化犹如疾风骤雨,迅猛而又难以预测。因此,作为职业生涯规划的重要一环,对行业趋势与市场需求的深入了解和把握显得尤为重要。

我们需要时刻关注行业动态,保持敏锐的洞察力。通过阅读行业报告,我们可以了解到行业的整体发展趋势、市场规模、竞争格局等关键信息。这些报告通常由权威机构发布,数据翔实、分析深入,是我们了解行业趋势的重要参考。此外,参加行业论坛、研讨会等活动,与业内专家、企业家面对面交流,也是获取一手行业信息和前沿动态的重要途径。

了解市场需求是我们制定职业规划的关键依据。通过市场调研,我们可以了解不同行业的需求量和需求结构,从而判断哪些行业具有更大的发展空间和就业机会。这需要同学们关注招聘网站、人才市场等渠道,了解当前和未来的就业趋势和热门职业。同时,同学们还需要关注新兴职业的发展动态,这些职业往往代表着行业的新趋势和新技术,具有较大的发展潜力。

了解行业趋势与市场需求是制定有效职业生涯规划的基础。只有紧跟时代步伐,不断学习新知识和调整自己的职业规划,同学们才能在这个快速变化的时代中立足并不断发展。

（三）挖掘个人兴趣与优势

在生涯规划的长河中，挖掘个人兴趣与优势是至关重要的一环。这不仅仅是为了找到一份令自己满意的工作，更是为了在职业生涯中保持长久的热情和动力。

我们需要深入探索自己的兴趣所在。兴趣是内心的指南针，它引导我们走向自己真正热爱的领域。当我们对某个领域充满兴趣时，学习和工作的过程将不再是枯燥无味的，而是充满乐趣和动力的。因此，我们应该多尝试不同的活动和领域，通过实践来发现自己的兴趣所在。同时，我们还可以借助心理测试、职业咨询等方法，更深入地了解自己的兴趣和偏好。

在了解自己兴趣的基础上，我们还需要挖掘自己的优势。优势是我们在某个领域相对于他人的独特之处，也是我们竞争的核心力量。通过回顾自己的学习和工作经历，我们可以总结出自己在某些方面的特长和优势。这些优势可能来自我们的天赋、技能、经验或人际关系等方面。当我们明确了自己的优势后，就可以更加自信地面对未来的挑战，并在职业生涯中充分发挥自己的潜力。

通过了解自己的兴趣和优势，我们可以更加清晰地认识自己，找到适合自己的职业方向，并在职业生涯中保持长久的热情和动力。

（四）利用大学资源积累实践经验

大学是人生中一个宝贵的阶段，为我们提供了丰富多样的资源和机会，这些资源和机会是积累实践经验、提升综合素质和能力水平的绝佳途径。在大学期间，我们应该充分利用这些资源，积极参与各种实践活动和项目，为未来的职业生涯打下坚实的基础。

实习是大学生积累实践经验的重要途径之一。通过实习，我们可以将所学的理论知识应用于实际工作中，深入了解行业运作和职业发展。在实习期间，我们不仅可以锻炼自己的专业技能，还可以学习团队合作、沟通协调等，为未来的职业生涯做好充分准备。

大学还提供了丰富的实践项目和志愿服务机会。这些活动不仅可以帮助我们拓宽视野、增长见识，还可以让我们在实践中锻炼自己的组织能力、领导能力和创新能力。通过参与这些活动，我们可以结交志同道合的朋友，建立广泛的人际关系，为未来的职业发展创造更多机会。

大学还为我们提供了丰富的学术资源和研究机会。我们可以加入学术团队或实验室，参与科研项目的研究和开发工作。通过科研实践，我们可以提高自己的科研能力和创新能力，为未来的学术或职业发展奠定坚实的基础。

（五）生涯规划的实施与调整

生涯规划并非一蹴而就，而是一个需要不断实施、评估与调整的动态循环。在大学这一重要的人生阶段,我们尤其需要密切关注自己的生涯规划进展,并根据实际情况做出相应的调整。

定期回顾与评估是生涯规划实施过程中不可或缺的一环。我们需要定期审视自己设定的职业目标是否明确、合理,并且是否符合自己的兴趣和价值观。同时,我们还需要评估自己在达成目标过程中所取得的进展,看看哪些方面做得好,哪些方面还需要改进。

关注社会变化和发展趋势也是调整生涯规划的关键。随着科技的进步和产业的变革,社会对于人才的需求也在不断变化。我们需要时刻关注行业动态和市场需求,以便及时调整自己的职业规划,确保自己的职业发展方向与社会发展趋势保持同步。

我们还需要保持灵活和开放的心态。生涯规划是一个充满不确定性的过程,我们可能会遇到各种挑战和机遇。在面对这些变化时,我们需要保持灵活的思维和开放的心态,不断挑战自我和超越自我。

生涯规划的实施与调整是一个持续的过程。我们需要不断回顾与评估自己的进展,关注社会变化和发展趋势,并保持灵活和开放的心态。只有这样,我们才能制定出更加合理、有效的生涯规划,并在实践中不断实现自己的职业梦想。

二、大学生涯管理

进入大学之后同学们需要学会自我管理。这包括管理自己的时间、情绪、学习等方面。通过制订计划、设定目标、培养习惯等方式,同学们可以更好地掌控自己的生活和学习。同时,自我管理还可以帮助同学们培养自律、自信、坚韧等品质,为未来的职业生涯做好准备。

(一)时间管理

时间是公平的,它如流水般静静流淌,不为任何人而停留。对于每个人来说,每天都拥有相同的 24 小时,但真正决定我们生活质量和学业成就的,往往在于我们如何管理这些宝贵的时间。特别是在大学这一充满机遇与挑战的地方,合理的时间管理显得尤为重要。

大学,让我们有了更多的自由时间。然而,这种自由并不意味着我们可以随意挥霍时间。相反,它要求我们更加精准地把握每一分、每一秒,让时间为我们所用。因此,我们需要制订详细的学习计划和生活计划,将每天的时间合理分配到学习、休息、娱乐等各个方面。

制定时间表是时间管理的第一步。一个合理的时间表应该包括每天的学习任务、课外活动、休息和娱乐时间。在制定时间表时,我们需要考虑自己的生物钟和

学习习惯,确保能够在最佳状态下完成学习任务。同时,我们还需要为突发事件留出一定的缓冲时间,避免因为意外情况而打乱整个计划。

设定优先级是时间管理的关键。在大学中,我们往往面临着各种各样的任务和活动,如何决定先做什么、后做什么成了一个难题。这时,我们需要根据任务的重要性和紧急程度来设定优先级。重要的任务往往与我们的长远目标紧密相关,因此应该优先完成;而紧急的任务需要在规定的时间内完成,以避免产生不良后果。通过设定优先级,我们可以确保将时间和精力投到最重要的事情上。

然而,仅仅制订计划和设定优先级还不足以实现高效的时间管理。我们还需要学会拒绝诱惑和干扰。在大学中,我们可能会遇到各种各样的诱惑和干扰,如手机、社交媒体、游戏等。这些诱惑和干扰会分散我们的注意力并浪费我们的时间。因此,我们需要坚定自己的决心并学会抵制这些诱惑和干扰因素。

同时,保持专注和高效的学习状态也是时间管理的重要一环。在大学中,我们需要面对大量的学习任务和考试压力。为了保持高效的学习状态,我们需要学会调整自己的心态和情绪,以积极、乐观的态度面对各种挑战和困难。此外,我们还需要掌握一些有效的学习技巧和方法,如笔记法、思维导图法、联想记忆法等来提高学习效率。

总之,在大学期间,合理的时间管理对于我们的学习和生活至关重要。通过制订详细的学习计划和生活计划,设定优先级,以及学会拒绝诱惑和干扰等方法,我们可以更好地掌控自己的时间并实现高效的学习和生活。

(二)情绪管理

情绪,如同调色盘上的色彩,丰富而多变,影响着我们的思维、决策和行为。在大学这个充满挑战与机遇的舞台上,我们不可避免地会遇到各种挫折和困难,这些都可能引发我们内心的情绪波动。因此,学会管理自己的情绪,保持积极的心态,成为我们大学生活中不可或缺的一课。

我们需要正视自己的情绪。情绪是我们内心的真实反应,无论是喜悦、愤怒、悲伤还是焦虑,它们都是我们生活的一部分。我们不应该回避或压制自己的情绪,而是要学会正视它们,了解它们的起因。只有这样,我们才能更好地掌控自己的情绪,避免被负面情绪所困扰。

我们需要找到适合自己的情绪调节方式。不同的人有不同的情绪调节方式,有的人喜欢通过运动来释放压力,有的人则喜欢通过听音乐来放松心情。在大学期间,我们可以尝试多种不同的情绪调节方式,找到最适合自己的那一种。例如,当我们感到焦虑或紧张时,可以尝试进行深呼吸、冥想或瑜伽等放松训练;当我们感到沮丧或失落时,可以通过与朋友倾诉、参加社交活动或进行创作等方式来表达自己的情感。

我们还需要学会从失败中汲取教训。大学生活中充满了各种挑战和竞争,我们不可能永远都一帆风顺。当我们遇到挫折和失败时,不要过于沮丧和自责,而是要学会从中汲取教训,总结经验教训并不断改进自己。我们可以反思自己在失败中的行为,找出自己的不足之处,并制订具体的改进计划。通过不断的反思和改进,我们可以逐渐提高自己的能力和素质,更好地应对未来的挑战。

我们还可以借助一些情绪管理的工具和技巧来帮助自己更好地管理情绪。例如,我们可以学习情绪认知技巧,通过了解自己的情绪类型和特点来更好地掌控自己的情绪;我们也可以学习情绪表达技巧,通过有效的方式来表达自己的情感和需求;我们还可以学习情绪调节技巧,如放松训练、注意力转移等,以帮助我们更好地应对负面情绪。

在情绪管理的过程中,我们需要保持积极的心态。积极的心态可以让我们更加乐观地看待问题和挑战,从而更好地应对困难。我们可以通过阅读励志书籍、观看励志电影、参加心理讲座等方式来培养积极的心态。同时,我们还需要学会感恩和珍惜,感恩身边的人和事,珍惜自己拥有的每一个机会和资源。

情绪管理是一门艺术,需要我们不断地学习和实践。在大学期间,我们需要学会正视自己的情绪,找到适合自己的情绪调节方式,从失败中汲取教训并借助一些情绪管理的工具和技巧来帮助自己更好地管理情绪。

通过有效的情绪管理,我们可以保持积极的心态和情绪状态,更好地应对挑战和机遇,为自己的未来打下坚实的基础。

(三)学习管理

在大学这座知识的宝库中,学习是每名学生必经的修行之路。然而,单纯地学习并不等同于取得优异的学业成绩或深入掌握专业知识。真正的学习艺术在于我们如何有效地管理自己的学习,使之既高效又富有成效。下面将深入探讨学习管理的艺术。

其一,制订合理的学习计划是学习管理的基石。同学们需要根据自己的专业需求、课程安排和个人兴趣,制订出清晰、可行且富有弹性的学习计划。这份计划应包含每天、每周和长期的学习目标,明确每个阶段的学习重点和预期成果。通过这份计划,我们能够更加有目的地学习,避免盲目和无效努力。

其二,多元化的学习方式有助于同学们更全面地掌握知识。除了阅读教材外,我们还可以参加学术讲座、研讨会等活动,与专家、学者面对面交流,拓宽自己的学术视野。同时,与同学讨论也是非常重要的学习方式,通过讨论可以分享观点、碰撞思想,加深对知识的理解。此外,还可以利用网络资源、学术数据库等现代学习工具,获取更多有价值的学习资源。

在学习的过程中,实践和反思是不可或缺的环节。实践是将所学知识应用到实际中的过程,通过实践我们可以检验知识的准确性和实用性,加深对知识的理解和记忆。而反思是对学习过程和学习成果的回顾和总结,通过反思我们可以发现自己的不足之处,及时调整学习方法和策略,提高学习效率。

除了以上学习技巧外,培养良好的学习习惯和态度也是自我管理学习的关键。主动思考意味着我们要积极参与学习过程,不应满足于表面的理解和记忆,而是要深入挖掘知识的内涵和外延。勤奋刻苦则要求我们在学习过程中保持高度的自律和毅力,不畏惧困难和挑战,持之以恒地追求学术进步。勇于创新则鼓励我们在学习过程中要敢于尝试新方法、新思路,勇于挑战传统观念和权威,推动知识的创新和发展。

此外,我们还要学会管理自己的时间和精力。在大学期间,我们不仅要面对繁重的学习任务,还要参与各种社团活动和实习实践。因此,我们需要合理分配时间和精力,确保学习和生活都能得到充分的发展。同时,我们还要学会调整自己的心态和情绪,保持积极、乐观的学习态度,在面对困难和挑战时能够保持冷静和自信。

总之,自我管理学习的艺术需要我们不断地探索和实践。通过制订合理的学习计划、采用多元化的学习方式,从注重实践和反思、培养良好的学习习惯和态度以及管理好自己的时间和精力等方面入手,我们可以更好地管理自己的学习进程,提高学习效率和质量,为未来的职业生涯打下坚实的基础。

(四)建立健康的生活方式

在大学生活中,建立健康的生活方式对每一名学子都至关重要。健康不仅意味着身体的无恙,还涵盖了心理状态的平衡与和谐。一个健康的生活方式,不仅能够为我们提供充沛的精力和动力去应对学习和生活中的各种挑战,还能让我们更加充实和快乐地度过大学四年时光。

其一,保持良好的饮食习惯是建立健康生活方式的基础。我们应该注重饮食的均衡和多样性,摄入足够的蛋白质、碳水化合物、脂肪、维生素和矿物质等营养物质。早餐是一天中最重要的一餐,我们应该避免空腹上课,保证早餐的营养和丰富。同时,我们还应该适量摄入水果、蔬菜等富含纤维和维生素的食物,避免过度摄入高热量、高脂肪和高糖分的食品。

其二,充足的睡眠对于保持身体健康和心理健康都至关重要。我们应该养成良好的睡眠习惯,保证每天有足够的睡眠时间。大学生通常面临繁重的学业和社交压力,容易导致失眠或睡眠质量下降。因此,我们应该学会调节自己的作息时间,避免熬夜和过度使用手机等电子产品。此外,适当的午休也能帮助我们恢复精力,提高学习效率。

除了饮食和睡眠外,适度的运动也是建立健康生活方式的重要方面。运动不仅能够增强我们的身体素质、提高抵抗力,还能帮助我们缓解压力、调节情绪。大学生可以选择自己喜欢的运动方式,如跑步、游泳、做瑜伽等,每周坚持进行适量的运动。同时,我们还可以参加学校组织的体育比赛和运动会等活动,享受运动带来的乐趣和成就感。

除了身体健康外,我们还需要关注自己的心理健康。大学生面临来自学业、就业、人际关系等多方面的压力,容易出现焦虑、抑郁等心理问题。因此,我们应该学会调节自己的情绪和压力,保持积极乐观的心态。我们可以通过与朋友交流、参加社团活动、进行心理咨询等方式来缓解压力、调整心态。同时,我们还应该学会接受自己的不足和失败,从中汲取经验和教训,不断成长和进步。

总之,建立健康的生活方式需要我们注重身体健康和心理健康的平衡发展。通过保持良好的饮食习惯、充足的睡眠、适度的运动、调节情绪和压力以及注重个人卫生和环境卫生等,我们可以为自己打造健康、充实、快乐的大学生活。这不仅有助于我们更好地应对学习和生活中的各种挑战,还能让我们在未来的职业生涯中更加出色和成功。

打开大学之门意味着我们迎来了一个新的起点和机遇。在这个阶段里,我们需要重视生涯发展机遇,为自己的未来绘制蓝图。同时,我们也需要学会自我管理,掌握生活与学习的节奏。只有将生涯规划与自我管理相结合,我们才能更好地应对未来的挑战和机遇,实现自己的人生价值和追求。

第三节 ◇ 大学生涯主题

一、人生理想与职业理想

在人生的旅途中,大学阶段无疑是一个关键的转折点。这一时期,同学们不仅要学习专业知识,更要深入思考自己的人生理想和职业理想。人生理想,作为一个人对生命意义和价值的追求,源于我们内心深处的声音,是驱使我们不断前进的力量源泉。而职业理想,是这一追求在职业生涯中的具体体现,它指导着我们的职业选择和职业发展。

(一)人生理想的内涵与意义

人生理想,是一个人对于生命终极意义的追求和向往。它可能源于个人成长经历、家庭教育、社会环境等多种因素,每个人的人生理想都是独特的。它可能表现为对知识的渴望、对真理的探索、对艺术的追求,或者是对社会公正、人类福祉的关心。无论何种形式,人生理想都是一个人精神世界的核心,它赋予我们生活的意

义和价值,是我们不断前行的动力。

在大学期间,同学们需要认真思考自己的人生理想。这不仅仅是一个简单的思考过程,更是一个自我发现、自我认知的过程。通过反思自己的成长经历、兴趣爱好、价值观等,同学们可以逐渐明确自己的人生追求和目标。同时,同学们也要关注社会发展和时代变迁,了解社会需求和行业趋势,为自己的人生理想找到更加广阔的实现空间。

(二)职业理想的形成与确立

职业理想是人生理想在职业生涯中的具体体现。它反映了个人在职业生涯中的追求和期望,包括职位、工作环境、工作内容等方面。职业理想的形成,需要同学们在了解自己的基础上,深入了解行业趋势和市场需求,结合自己的兴趣和优势,确定自己的职业方向和目标。

在大学期间,同学们可以通过参加实习、实训等活动,了解不同行业的工作内容和环境,为自己的职业选择提供参考。同时,同学们也要关注行业发展趋势和市场需求变化,不断调整和完善自己的职业规划。此外,同学们还可以通过与老师、同学、业界人士交流,了解不同职业的特点和要求,为自己的职业发展做好充分的准备。

(三)人生理想与职业理想的融合

人生理想和职业理想是相辅相成的。一个人只有在实现了自己的职业理想后,才能更好地追求和实现自己的人生理想。因此,在大学期间,同学们需要将人生理想与职业理想相融合,找到自己的人生方向和职业道路。

具体而言,同学们可以通过制定具体的职业规划和行动计划,将人生理想和职业理想转化为具体的目标和任务。同时,同学们也要注重提高自己的综合素质和能力水平,以适应不同职业的需求和挑战。通过不断的努力和实践,同学们可以逐步实现自己的人生理想和职业理想,实现自我价值的最大化。

二、大学生涯与职业生涯

大学生涯是职业生涯的起点和基础,同学们需要在大学期间积累知识、提升能力、拓宽视野、建立人脉等。这些资源和经验将为同学们未来的职业生涯提供有力的支持和保障。同时,同学们也需要了解行业趋势和市场需求等因素,为未来的职业发展做好准备。

(一)大学生涯的规划与准备

在大学期间,同学们需要制订具体的学习计划和职业规划,明确自己的发展方向和目标。这包括了解不同专业的课程设置和教学要求,掌握专业知识和技能;参加实习、实训等活动,了解行业趋势和市场需求;参加学生组织、社团活动等,提升自己的综合素质和能力水平。同时,同学们还需要注重培养自己的实践能力、团队协作能力、创新能力等。这些能力将在未来的职业生涯中发挥重要作用。因此,同学们需要积极参加各种实践活动和比赛,锻炼自己的能力,提高自身素质。

(二)职业生涯的适应与发展

进入职场后,同学们需要适应新的工作环境和角色要求,不断提升自己的职业素养和能力水平。这包括了解企业文化和规章制度,掌握工作技能和方法;与同事、上司等建立良好的人际关系;关注行业发展趋势和市场需求变化,不断调整和完善自己的职业规划。同时,同学们还需要保持学习和进步的态度,不断更新自己的知识和技能。通过不断的学习和实践,同学们可以不断提升自己的职业竞争力,实现职业生涯的可持续发展。

(三)大学生涯与职业生涯的衔接与融合

大学生涯与职业生涯是紧密相连的。在大学期间,同学们需要为未来的职业生涯做好充分的准备和规划。这包括了解行业趋势和市场需求、积累实践经验和人脉资源、提升自己的综合素质和能力水平等。同时,同学们也需要关注自己的职业兴趣和优势所在,找到适合自己的职业方向和发展道路。

进入职场后,同学们需要将大学期间积累的知识、经验和能力转化为实际的工作成果和价值。这需要通过不断的实践和学习来实现。同时,同学们也需要借助校友资源和学校支持等渠道拓展自己的职业发展空间。

三、　正确认识职业生涯

职业生涯成功在每个人的心中都可能有不同的定义。它不仅涉及物质层面的成就,如薪资、职位等,更涵盖了个人成长、职业满足感、社会贡献等多维度的要素。在这个快速变化的时代,理解并实践职业生涯成功,对于每个人来说都至关重要。

(一)个人成长与发展

个人成长与发展是职业生涯成功的基石。在大学期间,同学们应该注重自我提升,不仅要深入学习专业知识,还要努力培养自己的综合素质和能力。这包括批判性思维能力、创新能力、团队协作能力、沟通能力等。这些能力将在未来的职业生涯中发挥重要作用,帮助个人不断适应新的工作环境和挑战。

在职业生涯中,个人成长与发展是一个持续不断的过程。随着工作经验的积累和技能的提升,个人需要不断地更新自己的知识和技能,以适应不断变化的市场需求和技术趋势。同时,个人也需要保持学习和探索的心态,积极寻求新的学习机会和发展空间。这可以通过参加培训课程、阅读专业书籍、参与行业研讨会等方式

实现。

个人成长与发展还需要注重自我反思和规划。通过定期回顾自己的职业生涯,思考自己的优势和不足,制定明确的职业目标和规划,可以帮助个人更好地实现自己的职业梦想。同时,同学们也需要保持灵活性和适应性,随时调整自己的职业规划,以适应外部环境和内部需求的变化。

(二)职业满足感

职业满足感是职业生涯成功的重要标志之一。它是指个人在工作中获得的成就感和价值感,以及对自己所从事工作的认同和热爱。在大学期间,同学们应该认真思考自己的兴趣和优势所在,选择适合自己的职业方向。同时,同学们也要注重培养自己的职业兴趣和热情,以便在未来的职业生涯中保持对工作的热爱和投入。

在职业生涯中,个人需要不断地寻找和创造职业满足感。这可以通过完成具有挑战性的任务、实现个人目标、获得同事和上司的认可等方式实现。同时,个人也需要保持积极的心态和态度,以更加开放和包容的心态面对工作中的困难和挑战。

除了个人层面的努力外,组织也需要为员工提供获得职业满足感和成就感的机会。这包括提供具有挑战性的工作任务、营造积极向上的工作氛围、提供发展机会和晋升空间等。当员工在工作中能够获得成就感和价值感时,他们的工作积极性和忠诚度也会相应提高。

(三)社会贡献与价值

社会贡献与价值是职业生涯成功的更高层次追求。它是指个人在职业生涯中为社会和他人做出的贡献和价值。在大学期间,同学们应该关注社会问题和需求,积极参与社会实践和志愿服务等活动,培养自己的社会责任感和公民意识。同时,同学们也要注重培养自己的领导力和影响力,以便在未来的职业生涯中能够更好地发挥自己的作用和影响力。

在职业生涯中,个人需要不断追求社会贡献与价值。这可以通过参与公益活动、推动行业发展、解决社会问题等方式实现。同时,个人也需要关注自己的职业行为对社会和他人产生的影响,积极承担社会责任和履行社会义务。当个人能够为社会和他人做出贡献时,他们的职业生涯也会更加成功和有意义。

为了实现社会贡献与价值,个人需要保持对社会和行业的关注和研究。通过了解行业发展趋势和市场需求变化,个人可以更好地把握机遇和迎接挑战,为社会和行业的发展做出贡献。同时,个人也需要保持与他人的合作,共同推动社会进步和发展。

(四)工作与生活的平衡

工作与生活的平衡是职业生涯成功的另一个重要维度。在追求职业成功的同时,个人也需要关注自己的生活质量和身心健康。在大学期间,同学们应该学会管理自己的时间和精力,合理安排学习和生活,为未来的职业生涯做好准备。同时,同学们也要注重培养自己的兴趣爱好和社交能力,以便更好地应对职场中复杂的人际关系和挑战。

在职业生涯中,个人需要不断寻求工作与生活的平衡。这可以通过制订合理的工作计划和生活计划、保持健康的生活方式、积极寻求工作与生活的平衡等方式实现。同时,个人也需要注重家庭生活的和谐与稳定,为职业生涯的成功提供坚实的后盾。当个人能够在工作和生活中找到平衡点时,他们的职业生涯也会更加稳定和成功。

(五)持续学习与适应

持续学习与适应是职业生涯成功的关键要素之一。在快速变化的时代背景下,个人需要保持敏锐的洞察力和学习能力,不断适应新的技术和市场趋势。在大学期间,同学们应该注重培养自己的学习能力和适应能力,为未来的职业生涯做好充分的准备。

在职业生涯中,个人不仅需要保持持续学习和适应的态度,也需要关注行业发展趋势和市场需求变化,及时调整自己的职业规划和发展方向。通过不断的学习和适应,个人可以保持竞争力和创新力。

为了实现持续学习与适应,个人需要保持开放和包容的心态。当面临新的技术和市场趋势时,个人需要勇于尝试和探索,不断学习和掌握新的知识和技能。同时,个人也需要保持谦虚和学习的态度,向他人学习和借鉴经验,以便更好地应对职场中的挑战和机遇。

职业生涯成功是一个多维度、个性化的概念。在追求职业生涯成功的过程中,个人需要注重个人成长与发展、职业满足感、社会贡献与价值、工作与生活的平衡以及持续学习与适应等多个方面的要素。通过不断的努力和实践,个人可以拥有更加全面和成功的职业生涯。

第二章

认知职业生涯规划

 学习目标

1.了解职业生涯规划。
2.了解职业生涯发展相关理论。

 生涯寄语

　　如果我们选择了最能为人类而工作的职业,那么,重担就不能把我们压倒,因为这是为大家做出的牺牲;那时我们所享受的就不是可怜的、有限的、自私的乐趣,我们的幸福将属于千百万人,我们的事业将悄然无声地存在下去,但是它会永远发挥作用,而面对我们的骨灰,高尚的人们将洒下热泪。

　　　　　　　　　　　　　　——马克思《青年在选择职业时的考虑》

　　2018年5月4日,习近平总书记在纪念马克思诞辰200周年大会上的讲话中引用了上文这段广为流传的经典话语。该论述出自马克思的高中毕业论文《青年在选择职业时的考虑》。马克思在写下这段话时年仅17岁,但彼时的他已经展现出胸怀崇高理想、为人类解放不懈奋斗的凌云壮志。马克思的一生,虽饱尝颠沛流离的艰辛、贫病交加的煎熬,但他初心不改、矢志不渝,为探寻真理不懈拼搏奋斗,最终成就了伟大人生。

 生涯榜样

　　"蛟龙"号载人深潜器是我国首台自主设计、自主集成研制的作业型深海载人潜水器,对于我国开发利用深海资源有着重要的意义。在此等上天下海的大国重器之中,我们见证了自立自强的奋进中国,也欣喜地看到新时代中国青年逐梦深蓝的身姿。

　　"我的工作是操纵驾驶'蛟龙'号,搭载科学家们一起探索深海",从一名学员到副驾驶,再到主驾驶,赵晟娅如今已经陪伴"蛟龙"号征战整整十载。赵晟娅从小便热爱大海并在毕业后如愿投身海洋强国建设。免试攻读研究生学位的她,大四就进入实验室开展科研,不怕苦、不怕累地主动申请到工厂车间进行课题研究,不断提升实践能力、组织能力和协作能力。经历专业知识、体能测试、心理素质等重重考验,她成功考入国家深海基地管理中心并成为国家首批女潜航员,为我国海洋科考事业贡献了青年力量。

 本章简介

　　职业生涯规划,对大学生而言是一场深刻的自我发现之旅,其深远意义远不止于简单的职业选择。本章将深入介绍生涯和职业生涯的概念、特点以及职业生涯规划的相关知识,同时引介多种职业生涯规划理论流派,旨在激发大学生的规划意识,引导大学生积极投身职业探索与生涯规划的实践,为未来的职业生涯奠定坚实基础。

第一节 ◇ 职业生涯规划

一、生涯

"生涯"一词由来已久,是一个亘古不变的话题。古今中外对于生涯的阐释既有相似之处,又独具特色、各有千秋。

(一)生涯的概念

"生涯"在英语中与"职业"(career)是同义词,有人生、生活、道路、志向、职业乃至某一段经历的含义。

沙特尔(Shartle)认为,生涯是指一个人在工作和生活中所经历的职业或职位的总称。麦克弗兰德(McFarland)认为,生涯是指一个人依据心中的长期目标所形成的一系列工作选择,以及相关的教育或训练活动,是有计划的职业发展历程。霍德和班那兹(Hood & Banathy)认为,生涯包括个人对工作世界职业的选择与发展,对非职业性或休闲活动的选择与追求,以及参与社交活动的满足感。霍尔(Hall)认为,生涯是指人终其一生,伴随工作或职业的有关经验与活动。韦伯斯特(Webster)认为,生涯是个人一生职业、社会与人际关系的总称,及个人终身发展的历程。目前,大多数西方学者所接受的生涯定义是舒伯(Super)的论点。舒伯认为生涯既是一个人终身经历的所有职位的整个历程,也是一个人生活中各种事件的演进方向和历程。它统合了人一生中的各种职业和生活角色并由此表现出个人独特的自我发展形态,是人自青春期后期至退休后的一连串有酬或无酬职位的总和,包括职业及其之外的学生、退休者、家庭、公民等角色。总体而言,舒伯的生涯观由三个层面构成:一是长度,每个人的年龄或生命的过程;二是广度,每个人一生所扮演的不同角色;三是深度,每个人所扮演不同角色的投入程度。

汉语中的"生涯"与英文中的"career"并非完全同义。在我国古代典籍中,"生涯"一词最早出现于距今两千多年的《庄子·养生主》篇:"吾生也有涯,而知也无涯。"句中"生"为生命和人生,"涯"为边际和限度。此处"生涯"可理解为人有限的全部人生历程,其含义相较于"career"更加突出人生经历。在"吾十有五而志于学,三十而立,四十而不惑,五十而知天命,六十而耳顺,七十而从心所欲,不逾矩"的至理名言中,孔子揭示了生涯是一个过程和生活形态。《辞海》对"生涯"一词的定义是从事某种活动或职业的生活。当代中国对"生涯"的相关研究普遍起步较晚。20世纪90年代,我国台湾地区引入这一概念,学者林幸台将其理解为:包括个

人一生中所从事的工作,以及所担任的职务、角色,同时涉及其他非工作或非职业的活动,即个人生活中衣食住行、娱乐各方面的活动与经验。我国大陆地区对于"生涯"的研究则在进入 21 世纪以后才陆续出现,其对"生涯"的理解大致可划分为狭义与广义两种。

狭义的"生涯"是指社会个体在其某一生命活动的时空中有意识地从职业起点到职业终端探索与发展的经历。中国职业规划师协会将"生涯"定义为"人的一生中的职业历程",这便是一种对"生涯"的狭义式定义。广义的"生涯"是指社会个体在其整个生命活动的时空中所经历的以接受教育培训与职业转换为主轴的一切活动的总和,即一个人在整个人生过程中所从事的工作、非工作或非职业相关的活动、经历和贯穿其整个人生各阶段不同角色的内心体验。

近年来,随着中国特色哲学社会科学学科体系、学术体系与话语体系建设的不断推进,当下我国正按照立足中国、借鉴国外、挖掘历史、把握当代、关怀人类、面向未来的思路,逐步探索在学科体系、学术体系、话语体系等方面充分体现中国特色、中国风格、中国气派的生涯观与本土化职业生涯规划体系。为解决当下的结构性就业矛盾,《中共中央 国务院关于实施就业优先战略促进高质量充分就业的意见》指出,要"将职业生涯教育融入高校人才培养全过程""构建贯穿劳动者学习工作终身、覆盖职业生涯全程的技能培训制度",在理论与实践的交汇中进一步丰富了我国对"生涯"的多维认知。

(二)生涯的特点

尽管中西方对生涯概念的理解不尽相同,但综合来看,其特点可主要归纳为以下几点。

1.方向性

生涯是生活中各种事态的连续演进方向。一个人一生中的生涯发展宛如茫茫大海中破浪前进的航道,虽然无法以明朗的形式一次性完整展现,但其仍有方向可循。

2.时间性

生涯的发展是一生中连续不断的过程,是纵贯一生的发展。从过去、现在到未来,每一个现在"位置"都受到过去"位置"的影响,也为未来"位置"预先准备着,而且这些"位置"是依序发展的。

3.角色性

生涯以事业的角色为主轴,也包括其他与工作有关的角色。这些角色不全然是职业,但又都与职业活动有着直接或间接的关系。生涯的发展必定伴随着许多与其有关的角色发展,大学生的生涯角色主要基于学生这一身份而展开。

4.独特性

每个人的生涯发展都是独一无二的,人们在每个职位或角色上的表现方式不尽相同。尽管不同的人可能呈现出相似的生涯发展路径,但其本质依旧是不尽相同的。

5.现象性

生涯不等于生命,生命是客观的存在,但生涯却是个人主观意识所认定的存在。生涯是一种对客观"位置"的主观知觉,它是基于人如何在工作环境框架内认知自己的。

6.主动性

尽管遗传条件、政策拟定甚至机会因素都会在不同程度影响个人的生涯发展,但是人始终是生涯的主动塑造者。生涯可以由人主动塑造,并通过生涯转换过程中的各种决定来完成。

二、职业生涯

(一)职业生涯的概念

职业生涯是人生历程与职业活动的紧密结合体,它详尽描绘了个体在一生中连续从事和承担的工作职业、工作职务以及工作职位的演变过程。这一历程不仅涵盖了职业的维持与变更、职务的升迁与职位的变动等具体现象,还构成了个体职业发展路径的宏观蓝图。它不仅包含了过去、现在和未来可以实际观察到的职业发展过程,还蕴含了个人对职业生涯发展的主观见解和期望,体现了主观与客观、历史与未来的统一。

中国职业规划师协会指出,职业生涯是指个体一生中所经历的职业发展路径与历程,其展开有着多元化的可能性。部分个体专注于某一特定职业领域,而另一部分人则跨越多种职业范畴;有的个体在其生涯中频繁转换职业角色,有的则长期坚守于同一岗位;此外,职业成就亦显现出显著差异,有的个体事业辉煌,而有的则未能充分展现其职业潜能。这些职业生涯的差异,究其根源可归结为多维度因素的交织影响。首先,个人能力、心理状态及把握机遇的能力是个体职业生涯差异的内在动因。其次,社会环境作为外在条件,同样对职业生涯的发展轨迹产生深远影响。这些因素相互作用,共同塑造了个体职业生涯的独特性与多样性。

(二)职业生涯的特点

职业生涯作为人生中至关重要的阶段,是人追求自我实现和全面发展的关键时期,具有以下几方面的特点。

1.独特性

职业生涯的独特性根植于个体差异性之中,由遗传特质、成长环境、教育背景、性格倾向、兴趣偏好以及价值观等多重因素共同塑造。这种独特性要求个体在职业生涯规划时,必须遵循个性化原则,根据自身情况量身定制独特的职业发展路径,以实现个人潜能的最大化发挥。

2.发展性

职业生涯具有显著的发展性特征。在职业生涯的漫长旅途中,个体需要不断学习新知、精进技能,以适应工作环境的变迁与技术革新的挑战。同时,个体还需具备自我反思与适时调整的能力,确保在职业道路上持续修正方向,实现个人成长与职业发展的良性互动。

3.阶段性

职业生涯还呈现出明显的阶段性特征。从初入职场的探索期到建立稳定职业基础的建立期,再到维持职业成就和地位的维持期,以及最后的衰退或转型期,每个阶段都有其特定的任务、挑战和机遇。个体须根据所处阶段的特点,调整职业策略,有效应对职业发展中的问题,实现职业生涯的顺利过渡与升级。

4.终生性

在知识爆炸和技能迭代加速的现代社会,职业生涯的终生性特征愈发凸显。个体需要具备自我驱动的学习动力、灵活适应的能力以及持续创新的思维,不断学习新知识、新技能,以适应不断变化的社会需求和职业环境。同时,个体在退休后仍可能参与新的职业活动,追求个人价值和社会贡献的延续。

5.整合性

职业生涯的整合性体现在职业选择与个人生活的各个方面紧密相连。个体在职业生涯规划时,需综合考虑个人经济收入、社会地位、价值观、家庭责任、兴趣爱好等多方面因素,制定符合自身全面发展的职业目标和发展路径。

6.互动性

职业生涯中的互动性体现在个体与同事、上级、下属等多方进行沟通和协作的过程中。同时,个体也需通过职业发展来塑造和改变其职业环境,实现个人与环境的共同进化。这种互动性要求个体具备良好的人际交往能力、沟通协调能力和团队合作能力,以及学会在互动中不断调整自己的职业策略和行为方式,以适应不断变化的职业环境和社会需求。

三、职业生涯规划

（一）职业生涯规划的概念与特点

职业生涯规划简称生涯规划，又称职业生涯设计，是指在个人对职业生涯的主、客观条件进行测定、分析、总结的基础上，对自己的兴趣、爱好、能力、特点进行综合分析与权衡，并结合时代特点，根据自己的职业倾向确定最理想的职业奋斗目标，制定并实施一系列切实有效的计划与措施。其特点可以归纳为以下几点。

1.个性化

个性化是职业生涯规划最重要的特征。它由个人性格、价值观、思维方式、行为方式对成功的评价等方面的差异性决定，强调个人在内心动力的驱使下，结合社会和企业的发展，依据现实条件和机会制定个性化的发展方案。因此，开展职业生涯规划时需要进行自我典型化剖析，明确职业规划的个性化特质，使得职业定位准确、规划方案科学。

2.开放性

个人是职业生涯规划制定和执行的主体，但这并不意味着个人闭门造车、独自完成，也不意味着必须一次完成终生不变。职业生涯规划的开放性要求个人与外界尽可能多地交换信息，与家人、老师、上级、下级、朋友、职业顾问等交换意见，广泛听取建议，充分利用测评工具测定职业潜能。

3.指导性

职业生涯规划作为个人职业发展和行动的方案，能够指导个人全方位地整合信息。以科学的态度进行职业规划和职业选择，有助于正确地选择合适的职业和发展道路，有效地解决思想上及行为上的问题。

4.可操作性

职业生涯规划是一个可操作的过程，个人需要制定具体的职业目标、行动计划并付诸实践，不断调整和完善。这要求职业规划具有明确的行动步骤和时间安排，以便个人能够按照计划逐步实现职业目标。

（二）职业生涯规划的意义

职业生涯规划的意义深远，它不仅关乎个人成长与发展，还直接影响职业满意度、经济独立及人生目标的实现。其意义主要有以下几点。

1.明确职业方向与目标设定

职业生涯规划的首要意义在于帮助个体清晰地认识到自己的兴趣、优势、价值观及长期职业愿景,从而设定具体、可量化的职业目标。这一过程促使个人深入探索行业趋势、职位要求及市场需求,确保所选职业路径与个人特质相匹配,减少职业选择的盲目性和随意性。

2.促进技能提升与终身学习

基于职业生涯规划,个体可以有针对性地规划所需技能的学习路径,包括专业知识、软技能及行业特定能力等。这不仅有助于在职场上保持竞争力,还能激发个人潜能,实现自我超越。职业生涯规划鼓励终身学习的态度,使个人在面对职业变迁和技术革新时,能够灵活调整、持续成长,确保职业生涯的可持续发展。

3.增强职业满意度与幸福感

当个人所从事的职业与其内在动机、兴趣及价值观高度契合时,更容易获得职业满足感和高水平的幸福感。职业生涯规划通过引导个体发现并追求真正热爱的职业领域,能够降低职业倦怠感,提升工作热情和生活质量。这种内在的满足感是外在报酬无法替代的,对于维护个人心理健康、促进社会和谐具有积极作用。

4.优化资源配置与提升经济独立性

有效的职业生涯规划有助于个人在不同职业发展阶段做出合理决策,如教育投资、职位晋升、创业或转行等,从而使个人资源的利用效率最大化。通过精准定位职业发展方向,个人能更有效地积累资本、扩大人脉网络,最终实现经济上的独立与稳定。这不仅关乎个人的物质生活水平,也是实现更高层次人生追求的基础。

(三)职业生涯规划的原则

职业生涯规划的原则是一个多维度、综合性的框架,旨在确保规划既具有前瞻性又具备可行性。职业生涯规划具有清晰性原则、挑战性原则、激励性原则、求实性原则四大原则。这四个原则相互关联、相互促进,共同构成了职业生涯规划的坚实基础,为个人实现职业目标、追求职业成功提供了有力的支持和保障。

1.清晰性原则:明确导向,精准定位

清晰性原则是职业生涯规划的首要基石,它要求规划过程中的目标、步骤和措施必须明确、具体,具有可衡量性和可操作性。在职业生涯规划中,清晰性原则体现在以下几个方面。

首先,目标设定需明确。个人应基于自我认知,明确自己的职业愿景和长期目标,这些目标应具体、可量化。

其次,步骤规划需详细。为了达成目标,个人需要制订详细的行动计划,包括所需技能的提升途径、时间管理策略、资源分配等。这些步骤应具有可操作性,便于个人执行和跟踪进度。

最后,反馈机制需建立。清晰性原则还强调建立有效的反馈机制,以便个人能够及时调整规划,确保目标实现的路径始终清晰、准确。通过定期评估进展、反思不足和总结经验,个人可以不断优化规划,确保职业发展的方向始终正确。

2.挑战性原则:激发潜能,追求卓越

挑战性原则是职业生涯规划的重要动力源泉,它要求规划应具有一定的难度和高度,能够激发个人的挑战欲望和潜能。在职业生涯规划中,挑战性原则体现在以下几个方面。

首先,设定目标需具有挑战性。个人应设定高于当前水平的职业目标,以激发自己的潜能和动力。这些目标应具有可实现性,但经过努力才能达成,避免设置过低或过高的目标。通过设定挑战性目标,个人可以不断挑战自己的极限,实现自我超越。

其次,规划内容需注重成长。挑战性原则要求个人在规划过程中注重自身的成长和发展,包括技能提升、经验积累、人际关系拓展等。通过不断学习和实践,个人可以不断提升自己的职业竞争力,为未来的职业发展打下坚实的基础。

最后,心态调整需积极。面对挑战,个人需要保持积极的心态,勇于面对困难和挫折。通过不断调整心态和增强自信,个人可以更加坚定地追求自己的职业目标,实现职业生涯的突破和飞跃。

3.激励性原则:激发动力,提升满意度

激励性原则是职业生涯规划的内在驱动力,它要求规划应符合个人的兴趣和价值观,能够激发内在的动力和满足感。在职业生涯规划中,激励性原则体现在以下几个方面。

首先,规划内容需与兴趣相符。个人应基于自己的兴趣和爱好,制定符合自身特点的职业规划。通过选择自己热爱的职业领域和工作内容,个人可以在工作中保持高度的热情和动力,提高工作效率和满意度。

其次,目标设定需具有吸引力。激励性原则要求个人设定的职业目标应具有吸引力,能够激发自己的内在驱动力。这些目标应与个人价值观相契合,如追求经济独立、实现个人价值、提升社会地位等。通过设定具有吸引力的目标,个人可以更加积极地追求自己的职业梦想,实现职业生涯的辉煌。

最后,反馈机制需注重激励。在规划执行过程中,个人需要建立有效的反馈机制,及时给予自己正面的激励和奖励。通过肯定自己的努力和成果,增强自信心和成就感,个人可以更加坚定地继续前行,迎接未来的挑战。

4.求实性原则:立足现实,注重实践

求实性原则是职业生涯规划的坚实基础,它要求规划应基于个人的实际情况

和外部环境因素,确保规划的可行性和有效性。在职业生涯规划中,求实性原则体现在以下几个方面。

首先,自我认知需准确。个人在制定职业生涯规划时,需要全面、深入地了解自己的性格、兴趣、优势、劣势等。通过准确评估自己的能力和资源,个人可以制定符合自己实际情况的职业规划,避免盲目跟风或有过高期望。

其次,规划内容需符合市场需求。求实性原则要求个人在制定职业生涯规划时,要充分考虑市场需求和就业趋势。通过了解行业发展趋势、岗位需求变化等信息,个人可以更加准确地把握职业发展的方向和机遇,制定符合市场需求的职业规划。

最后,执行过程需注重实践。求实性原则强调在执行规划的生涯过程中应注重实践和经验积累。通过不断学习和实践,个人可以不断提升自己的职业技能和经验水平,为未来的职业发展打下坚实的基础。同时,个人还需要在实践中不断调整和优化规划,确保规划始终符合自己的实际情况和市场需求。

(四)职业生涯规划的途径

职业生涯规划的途径是指个人为实现职业目标而采取的一系列方法和步骤。具体可分为以下几个环节。

1.自我评估

职业生涯规划的第一步是深入而全面的自我评估。可利用 MBTI 性格测试、霍兰德职业兴趣测试等专业测试,结合自我总结与反思,明确个人的性格特质、兴趣所在、优势与劣势、价值观及职业倾向。这一过程需细致入微,确保自我认知的准确性和全面性,为后续的职业规划奠定坚实基础。通过自我评估,个人能够更清晰地认识到自己在职业选择上的偏好与限制,避免盲目跟风或随意选择,确保职业规划的科学性和有效性。

2.设定明确的职业目标

在充分自我认知的基础上,应设定清晰、具体且符合个人兴趣与社会需求的职业目标。这些目标应具有可衡量性、可达成性及时限性,既要有挑战性,又要符合实际情况。设定职业目标时,需关注行业动态,了解未来职业发展的趋势与前景,确保目标既有前瞻性又具可行性。同时,职业目标应与个人的长期规划相一致,避免短期行为导致的职业路径断裂。

3.制订详细的职业发展计划

围绕设定的职业目标,应制订详尽的职业发展计划。这一计划应涵盖从当前到实现职业目标的全过程,包括学习路径、实践经验积累、技能提升、时间安排及阶段性目标等。职业发展计划应具有可操作性,明确每个阶段的具体任务与要求,确保计划的执行与监控。同时,计划也应具有灵活性,以应对职业发展中的不确定性和变化,确保计划的适应性。

4.持续学习和提升技能

在职业生涯规划中,持续学习和提升技能至关重要。应树立终身学习的理念,通过参加课程培训、实习实训、学术研究等多种途径,不断拓宽视野,提升专业技能。在学习过程中,要注重理论与实践相结合,将所学知识应用于实际工作中,通过实践检验和提升个人能力。同时,还应关注行业动态,了解新技术、新方法,保持职业竞争力的持续提升。

5.建立和维护职业网络

建立和维护职业网络是职业生涯规划中不可或缺的一环。应积极挖掘人脉资源,通过参加行业讲座、学术论坛、社团活动等方式,与业界人士建立联系并获取职业发展信息。同时,还应注重与校友、同学等保持联系,分享职业发展经验,互相支持与合作。通过建立和维护职业网络,个人能够拓宽职业视野并获取更多职业发展机会,为未来的职业道路打下坚实基础。

6.积极寻求职业发展机会

要主动关注就业市场,了解行业趋势,积极寻求职业发展机会。个人可以通过参加招聘会、投递简历、申请实习等方式,展示自己的才能与潜力,争取更多发展空间。在寻求职业发展机会时,不仅要注重个人品牌的建设,还要关注企业招聘需求并了解企业文化,确保个人职业规划与企业发展相一致。

7.灵活应对变化和挑战

在职业生涯规划过程中,需保持开放心态,灵活应对职业环境的变化和挑战。随着科技的快速发展和行业的不断变化,职业路径与需求也在不断变化。要关注行业动态,了解新技术、新方法,及时调整职业规划,提升个人竞争力。在面对职业挑战时,需保持冷静与理性,通过不断学习与实践,提升解决问题的能力与创新能力。同时,还应注重团队协作与沟通能力的培养,以适应职场环境的变化与需求。

8.积极参加职业规划大赛

全国大学生职业规划大赛是个人提升职业规划能力的重要途径。通过参加职业规划大赛,个人可以与其他选手交流心得,了解最新职业发展趋势与路径。同时,个人也可以通过大赛平台展现才能、激发潜力,达到以赛促练、以赛增智的良好效果。

第二节　生涯发展理论

一、特质因素论

特质因素论又称人职匹配理论,是1909年由美国波士顿大学教授弗兰克·帕森斯(Frank Parsons)在其著作《选择职业》中首次提出的。其基本假设是:一个人可以通过自身特质与工作要求条件的互相匹配,找出理想的职业或工作。通过借用测验、量表等工具,用一组特质或人格特性界定不同类型的人,也可以用一组工作上所要求的条件或资格界定不同类型的工作,达到"人以群分"的理想效果。特质因素论图解如图2-1所示。

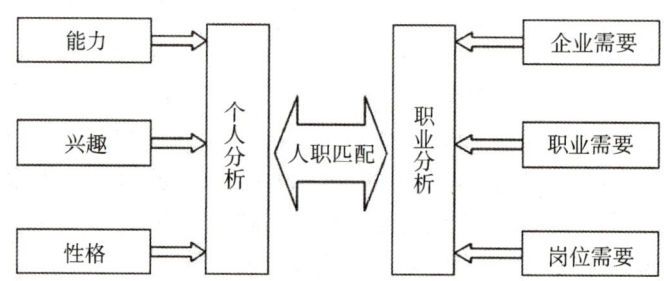

图2-1　特质因素论图解

特质因素论的核心是人与职业的匹配,其理论前提是:每个人都有一系列独特的特性,可以对其进行客观而有效的测量;为了取得成功,不同职业需要配备不同特性的人员;个人特性与工作要求之间配合得越紧密,职业成功的可能性就越大。

对此,该理论具体归纳了在职业选择时必须具备的三道程序。

1.充分了解自我

要百分百精确认识自己或许很难,但困难并不意味着放弃。事实上,人们有多种渠道可以帮助自身明确态度、能力、兴趣、智谋、局限和其他特征。一般来说,主要可以通过以下三类方式实现这一目标。

(1)自我感知。在日常生活中,通过各种行为对自己各方面进行体验、察觉、认识的过程即自我感知。人们在生活中时时刻刻都会遇到不同的人、不同的事,而不同的人有着不同的反应和处理方式。在这个过程中,人们可以有意识地总结自身行事的特点,了解自己是怎样的人。然而,这一方式的缺点在于人们总是摆脱不了自身主观的影响,即"不识庐山真面目,只缘身在此山中"。人们在进行自我感知的时候,往往不能跳出自我,受制于自身修养、知识的限制而只能从单一维度解读自我,因而还需综合运用多种方式。

(2)他人意见。通过他人提供的意见了解自身也是一个重要渠道。正所谓"以人为镜,可以明得失"。人们在生活、学习、工作中,总免不了与人接触、交流、合作,而询问并听取他人对自身的评价也有助于了解自己。因此,借助他人较为客观、公正的意见进行职业生涯规划也是一种有效途径。

(3)工具测量。随着心理学学科的发展,许多心理学以特定理论为基础,用科学的方法,经过设计问卷、抽样、统计分析、建立模型等程序,编制出多种多样的心理测量工具。这一方法始于19世纪末,并于第一次世界大战时被大量应用于测试征召入伍的士兵。得益于心理测量工具可量化、标准化的特点,医院、学校、企业等在近年来也广泛采取这一方式开展相关工作。借助工具测量,受测者可以在较短时间内了解自己的价值观、职业兴趣、个人特质等信息,有助于我们更好地了解自身并为职业生涯规划奠定基础。

2.获取职业信息

特质因素论的第二项任务就是了解外部环境,包括社会经济情况、该行业的结构以及相关政策、该行业或企业的发展现状和前景、职业内容和任务、能力和资格要求、培训和升迁机会、薪金和福利、企业文化等。获取职业信息的渠道有很多,大致分为静态与动态两个方面。

(1)静态方面。可以综合借助报纸、杂志、专著等纸质资料,电视、广播等媒体宣传内容,企业官网的介绍与招聘信息等渠道对职业信息形成初步了解,为之后进一步获取职业信息奠定基础。

(2)动态方面。可以通过请教相关行业领域的工作人员的方式,或通过参与研学访问、培训班、招聘会、座谈会等线下活动的方式,进一步挖掘职业信息,破除自身对某些工作的刻板印象,更好地将工作职业同个人匹配,以实现合理规划。

3.人职匹配

(1)条件匹配(工作找人)。如所需特殊技能和专业知识的职业与掌握该种特殊技能和专业知识的择业者相匹配;对脏、累、险等劳动条件相对艰苦的职业,需要有吃苦耐劳、体格健壮的劳动者与之匹配。

(2)特长匹配(人找工作)。某些职业需要具有一定的特长,如具有敏感、易动感情、不守常规、独创性、个性强、理想主义等个人特性的人,适合从事注重自我情感表达的艺术创作类型的职业。

总体上看,特质因素论为人们的职业设计提供了最基本的原则,各种心理测量

工具和美国出版的大量的职业信息书刊也为之提供了良好的支持。由于该理论具备较强的可操作性,其被人们广为采用。此后,威廉姆逊(E. G. Williamson)等人进一步发展了这一理论,认为人与职业之间必然会合理匹配——每个人都有独特的人格特征与能力特点,并与社会的某种职业相关联,每个人都能找到与自身特性一致的职业。

4.对特质因素论的评价

特质因素论强调求职者的个别差异现象,并以此为出发点对职业生涯规划做出指导,具有一定的合理性。但该理论对求职者的分析过于静态,仅仅强调人和职业的匹配,而未能把人和职业视作动态发展的。它默认个人生涯的目标是单一的,每个人一生中只有一个适合的、正确的目标。此外,除受个人各方面特质的影响外,环境中的其他因素亦对求职有相当大的影响,而这些都是特质因素论没有考虑到的。

特质因素论也注重运用各类心理测量工具,主张职业选择应基于心理测量的结果,这推动了职业资料的分类与建立工作的形成。但心理测量作为一种工具,在具体操作中不应被一味地依赖使用,求职者需要辩证地看待测量的作用并将其作为认识自己的途径之一。

二、工作适应理论

(一)工作适应理论的基本内容

明尼苏达工作适应理论(以下简称"工作适应理论")源自20世纪60年代美国明尼苏达大学罗奎斯特(Lofquist)和戴维斯(Dawis)提出的残障人士如何适应工作的研究,后来其又得到不断扩展与完善。该理论重点关注个体就业后的适应问题,认为个体追求应与工作环境建立并保持和谐一致,这种和谐是建立在互惠互利的互动基础上的,有利于延长留任期。

图2-2是工作适应理论的概念框架。其中,一组向度是个人的能力与工作的要求;另一组向度是个人的需要与工作环境增强系统(如薪酬、领导方式、工作时间、安全保障等)。两组向度彼此之间的配合和各内部诸要素之间的配合,均会影响工作绩效和个人工作满意度。

工作适应理论强调人与环境的相互适应,认为选择职业或职业生涯发展固然重要,但就业后的适应问题更值得注意。其基本观点可概括为以下四点。

(1)个人与工作环境之间存在着互动关系(人也是环境的组成部分),符合与否是互动过程的产物。

(2)个人的需求会变,工作的要求也会随时间或经济情况而调整。

（3）每个人都会努力寻求个人与环境之间的符合性。当工作环境能满足个人的需要，且个人又能顺利地完成工作时，符合程度就会随之提高。

（4）如个人能努力维持与工作环境基本一致的关系，则个人工作满意度高，在这个工作领域也越持久。

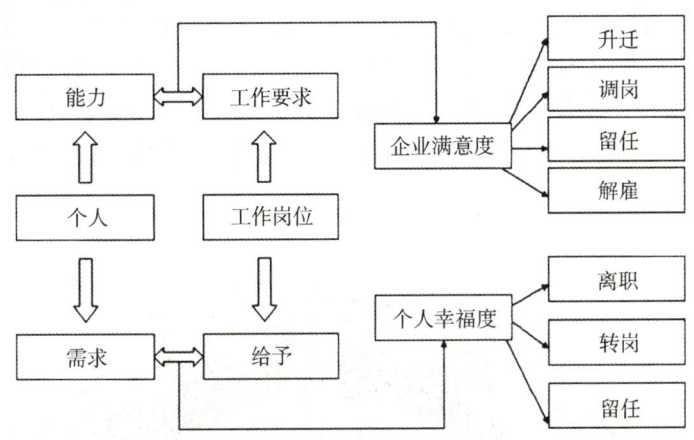

图 2-2 工作适应理论的概念框架

（二）对工作适应理论的评价

工作适应理论仍然属于特质论的范畴，但它超越了"个人内心需求"的局限，提出了外在满意的概念，将重点扩展到个人在工作情境中的适应问题，强调就业后个人需要的满足，同时亦考虑能否达到工作环境的要求。可以说，工作适应理论提供了解析人与工作互动过程的另一视角，除了人和工作之间的适合程度，人还可以能动地自发调整以适应工作。

通常情况下，工作适应理论的运用主要表现在三个方面：一是基于人与环境匹配的最佳职业选择；二是对于不匹配的调整；三是加强技能训练。在实践中，当求职者试图解答"是去是留"的问题时，可以运用工作适应理论协助个案解决进入工作以后的调整和适应问题。然而，工作适应理论更多关注求职者的工作持久性而非在各阶段的发展情况，并未充分关注个体的不同成长阶段，也未能考虑外界与个体经历环境差异对工作适应的影响，因而在实际操作中需结合更多的理论综合使用。

三、生涯发展理论

（一）舒伯生涯发展理论的主要内容

美国著名的生涯研究专家舒伯（Super）提出了人一生完整的生涯发展阶段模

式,从人的终身发展角度出发,把整个人生分为成长阶段、探索阶段、建立阶段、维持阶段和退出阶段五个阶段。

每一个阶段都有一些特定的发展任务需要完成,都需要达到一定的发展水准或成就水准,并且前一阶段的发展任务达成与否,关系到后一阶段的发展。

根据舒伯的观点,一个人一生中扮演的许多角色就像彩虹一样同时具有许多色带。为了综合阐述生涯发展阶段与角色彼此间的相互影响,舒伯提出"生涯彩虹图理论",引入生命广度、生命空间的概念,展示了不同发展阶段各种角色的相互作用,不同生涯发展阶段角色的继承与更替。生涯彩虹图图解如图2-3所示。

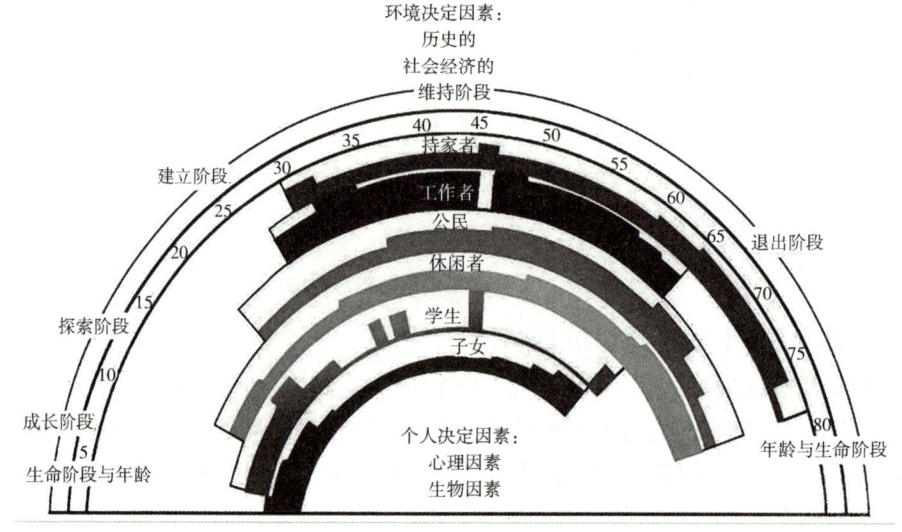

图 2-3　生涯彩虹图图解

在生涯彩虹图中,纵向层面代表的是纵观上下的生活空间,由一组职位和角色所组成,分成子女、学生、休闲者、公民、工作者、持家者六个不同的角色。他们相互影响交织出个人独特的生涯类型。

舒伯认为在个人发展历程中,人随着年龄的增长而扮演不同的角色。图的最外圈为主要发展阶段,内圈阴影部分的范围长短不一,表示在该年龄阶段各种角色的分量;在同一年龄阶段可能同时扮演数种角色,因此彼此会有所重叠,但其所占比例分量有所不同。通过观察生涯彩虹图,可以分析得出以下六点内容。

(1)最里层子女的角色是一直存在的。在5岁以前是涂满颜色的,之后逐渐减少,15岁时大幅减少,到50岁时开始增加。这表明,早期子女享受父母的照顾,随着父母年龄的增大,子女要开始照顾、赡养父母,直至父母去世,子女的角色也随之消失。

(2)第2层是学生角色。学生角色从4~5岁开始,15岁以后进一步增强,25岁以后便大幅减少,30~45出现多次增强,60~65岁还有增强出现。这表明,学习是终生的事业。离开学校工作一段时间之后,如果感觉自己不能满足工作需要,那么重新返回学校充电是必需的,可以开创生涯发展新局面。

（3）第3层是休闲者角色。这一角色从5岁之后一直是平稳发展的,直到55岁之后显著增强。这表明,休闲状态是贯穿人一生的,是平衡工作的重要砝码。工作讲究劳逸结合,生涯发展也不能少了休闲。

（4）第4层是公民角色。这一角色从20岁开始,35岁后得到增强,65～70岁达到顶峰,随后慢慢减退。这表明,公民是一种法律上的含义,是人承担社会责任、关心国家事务的一种政治表现。

（5）第5层是工作者角色。这一角色大概从25岁开始,30岁之后得到增强,表明该阶段工作达到了顶峰,到45岁后,工作角色进入短暂的空白期,对比发现此时学生角色和持家者角色得到增强。这表明,这张生涯彩虹图的主人在该阶段进行了工作和生活重心的调整,进行了一段时间的学习,以便未来更好地发展,并更多关注家庭及自身的转型。

（6）第6层是持家者角色。这一角色从30岁开始,投入了相当多的精力,之后维持在一个适当的水平,65岁退休之后又增强了,75岁之后这一角色大幅减少。这表明,随着生理及心理机能的日益衰退,人们开始考虑退休并享受晚年生活,并在进入高龄后大幅减轻家庭责任。

（二）对舒伯生涯发展理论的评价

舒伯建构了一套完整的生涯发展理论,其生涯发展理论是现今开展生涯规划与辅导重要的理论基础。该理论中横向的发展阶段、发展任务（即生命广度的部分）和纵向的生涯角色的发展（即生命空间的部分）,共同交织成一个具体的生涯发展结构,这对促进个体的自我了解、自我实现有很大裨益。此外,学界以该理论为基础进一步开发了职业生涯发展量表、成人生涯关注量表、显著生活角色量表和价值量表。这些量表共同组成了生涯发展评估和辅导模式的核心,在全球范围内得到了广泛应用。

但由于社会的快速变迁、终身学习观念的提出以及人的寿命的延长,职业生涯规划发展理论中关于中年期、老年期的角色与任务,仍有待进一步研究。此外,生涯发展理论也并未充分关注经济、社会因素对生涯发展方向的影响,这也是舒伯生涯发展理论的不足之处。

四、后现代生涯理论

（一）后现代生涯理论的基本内容

在现代主义世界观和方法论涉入生涯领域后,生涯理论也相继出现了新观点和新变化。20世纪末，一些学者借鉴后现代主义，对生涯理论进行了较大革新，形成了无边界职业生涯理论、生涯混沌理论、生涯建构理论、叙事生涯咨询、生涯教练技术等后现代生涯理论。这些理论以积极接纳生涯的不确定性和高度关注生涯适应力提升为核心目标，表现出接纳不确定性、反对唯一真理和尊重多元事实、不求一致性而强调多样性和差异性、重视主观解释等理论色彩。

接下来将对具有代表性的三种后现代生涯理论进行简述。

1.无边界职业生涯理论

与传统职业生涯不同，无边界职业生涯表现为以个人就业能力取代传统的长期雇佣保证，通过提高自身的可雇佣性，流动于多个组织或职业之间，从而实现个体持续就业与职业生涯发展。无边界职业生涯的产生是多种因素共同促成的结果，如组织形式扁平化、职业发展前景的可预料性降低、趋于弹性的雇佣模式、新旧职业更替频繁、信息技术时代的办公便携性等。

与传统的职业生涯理论相比，无边界职业生涯理论具有以下五个特征。

（1）职业生涯边界由传统的一个或两个组织边界转变为多个组织边界。

（2）个人工作能力由适应某组织、某职位的能力转变为适应多组织、多职位的可迁移能力。

（3）由组织负责员工的个人职业生涯管理转变为员工个人负责。

（4）个人职业生涯目标由职务晋升、薪资提升转变为自身可雇佣性的提高。

（5）个人职业生涯成功的标准由传统意义上的"升职加薪"转变为个人心理意义上的成就感。

2.生涯混沌理论

生涯混沌理论为探究迅速变化的环境、各种突发事件等不确定性因素在生涯发展中的作用提供了新的视角，比传统生涯理论中静态的、线性的、因果决定论的观点更加符合当今全球化、信息化时代的生涯发展。其核心内容包括以下三个方面。

（1）生涯偶然事件。这一特征也经常被称为"蝴蝶效应"，是指微小变动会引起极大的变化。偶然事件有时候会是导致整个生涯发生重大变化的关键因素，使生涯动态变得充满不确定性且难以预测。

（2）生涯吸引子。各种事物与现象往往会相互纠缠，最终形成复杂的、非线性的混沌形态。生涯吸引子的存在使得生涯的稳态是暂时的，而变化随时产生。

（3）生涯分层结构。混沌并非代表着"无序"，混沌中包含着"有序"。看似杂乱无章的生涯发展轨迹在每个发展阶段都有其自身的相似性，这种有序构成了生涯分层结构。

3.生涯建构理论

生涯建构理论对个体如何通过一系列有意义的职业行为与经历来构建自身职业生涯的过程进行了研究,对组织内部可能会发生的动态变化进行了识别,并对个人如何克服障碍、追求终生的职业生涯进行了阐释。该理论主要有以下两点主张。

(1)职业生涯是一个持续自主建构的过程。个人在一系列有意义的职业行为和适应中构建自己的职业生涯。个体职业发展的本质是一个自我与客观世界相互适应的动态建构过程。

(2)职业生涯是一个持续提高个人适应性的过程。主观自我会随着外部环境不断变化而发生改变,个体通过"适应"来促进职业生涯的不断进步。

生涯建构理论模型对个体自我适应过程进行了形象阐释。个体职业发展的实质就是追求主观自我与外在客观世界相互适应的动态建构过程,而不同的人所建构的内容和结果往往是不一样的。以"适应"为核心的生涯建构模型,为后现代视角下的职业发展研究提供了新的主题和思路,其理论图解如图2-4所示。

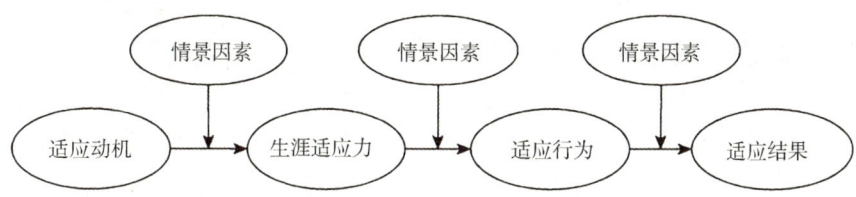

图 2-4 生涯建构理论图解

(二)后现代生涯理论的主要特点

1.接纳生涯的不确定性,强调生涯的发展变化性

传统生涯理论强调职业的单一性、确定性、可预知性。而后现代生涯理论打破了以往的思维定式与理论预设,更多地从动态、非线性的"变"出发来理解求职问题,契合了21世纪以来呈现出的职业多变性、组织流动性的新现象。

2.弱化生涯发展的规划力,强调生涯发展的适应力

传统生涯理论以"规划"为目标,鼓励明确目标和计划导向,强调建立理想明确的生涯目标,以达成"确定"的状态。而后现代生涯理论认为,适应力比规划力更重要,以"适应"取代"规划","生涯适应力"成为新的重要概念。

3.重视生涯的主观建构,强调生涯的多元性

传统生涯理论强调工作角色与生涯中的重要作用,强调阶段性和角色的平衡,企图为生涯建立一个相对可衡量的标准。而后现代生涯理论重视生涯选择的私人意义,认为个人才是生涯的主动塑造者与自身生涯问题的专家。

（三）对后现代生涯理论的评价

后现代生涯理论回应了多变的社会环境和个体真实的生涯情景,对当代生涯教育与辅导具有重要的指导意义。通过关注个体职业决策和发展过程中的偶然、突变等复杂性问题,后现代生涯理论为审视个体的职业决策困难带来了新的思维方式,其对生涯世界的复杂性、变化性、非线性特征的描绘有利于分析当代大学生职业决策困难背后的深层原因。

面对当代大学生难以完全掌握未来的职业世界信息、缺乏职业体验并处于自我不断变化的现实特点,后现代生涯理论启示大学生的职业生涯规划不应以追求理性决策为目标,而是要积极接纳生涯的不确定性,通过各种生涯探索活动不断提升生涯适应力,创造积极的生涯事件并识别机遇,重视对外界变化适应的意识和能力,以便为未来做更多的准备。

五、我国对职业发展理论的探索

（一）国内知名学者论述

习近平总书记指出,"理论的生命力在于不断创新"。在西方学界不断丰富生涯发展理论的同时,我国学者们也始终坚持用宽广视野吸收西方的优秀理论成果、用鲜活丰富的当代中国实践来推动理论发展,在博采众长、守正创新的过程中形成了对职业发展理论的中国见解。为呈现我国学界对生涯发展理论的最新阐述,现在本节末选取国内几位有代表性学者的观点进行以下简述。

方伟认为,大学生职业生涯发展及其教育需要结合中华优秀传统文化和立足世情国情社情的现实发展,这一过程不仅是"生涯应变之学",更是"人生境界之问"。其核心要义即引导鼓励在校大学生树立正确的人生观、价值观、职业观,依据自身兴趣、能力等个性特点,瞄准未来人生理想、目标行业、职业素质要求,科学合理规划大学学习生活,有计划、有步骤地付诸实施并及时进行动态评估与调适,最终使自身获得以职业发展为主线的全面成长的一种综合教育形式。在具体实践中,他将大学生在职业生涯发展与规划之中遇到的困惑具体划分为大学适应、学业规划、职业选择、毕业准备和创新创业等方面,鼓励大学生通过咨询发现真实的自己,顺利走向职场与社会。

乔志宏认为,随着社会和科技的进步,"机遇和挑战"逐渐成为当前大学生生涯发展的主旋律。谋求优质的职业机会已经不再是简单的人职匹配过程,而是需要面对更多的不确定性。持续的科技创新、当下复杂的经济环境与国际形势要求大学生有更高的求职适应力和容忍能力。正如每一枚硬币都有正反两面一样,大学生的职业生涯发展在遇到挑战的同时也伴随着无数机会。只有做好职业生涯规划和准备,才能在激烈的求职过程中发挥自身优势、把握机会,将挑战转变为机遇。在具体实践中,他总结了职业目标、成长行动、目标契合度对大学生职业生涯的重要影响,鼓励大学生在全国大学生职业生涯规划大赛中以赛促学、以赛促就。

钱静峰认为,生涯发展教育是从中小学到大学一脉贯通的完整过程,大学生的生涯发展要更加突出并尊重成年人的独立性。思维、情感、经济的独立是实现精神独立的前提。这一目标的实现需要大学生在校期间不断完善自己、增长知识、增长才干,认识积累的方向、寻求取与舍的平衡、将学业应用于实践,做到有选择的积累。在具体实践中,他将大学生的生涯发展过程具体归纳为"生涯关注""生涯好奇""生涯管理""生涯自信""生涯思考",鼓励大学生以成年人的视角认知自身大学历程和生涯发展,在每天真实的生活中谋划未来人生道路、向着人生目标踏实前行。

(二)全国大学生职业规划大赛的探索

2023年9月,教育部印发《关于举办首届全国大学生职业规划大赛的通知》,定于2023年9月至2024年5月举办首届全国大学生职业规划大赛,全国高校师生踊跃参与。据统计,累计报名学生952万人,覆盖高校2740所,占全国普通高校总数的98.6%。总决赛过程中,共有近500家用人单位组成"心选团",现场为学生发放实习、就业通知意向书。

该大赛旨在加强高校生涯教育和就业指导,增强大学生生涯规划意识,指导其尽早做好就业准备,通过举办大赛,更好实现以赛促学,引导大学生树立正确的成才观、就业观和择业观,科学合理规划学业与职业发展,提升就业竞争力;以赛促教,促进高校提高大学生生涯教育水平,做实做细毕业生就业指导服务;以赛促就,广泛发动行业企业和高校参与赛事活动,推动人才供需有效对接,全力促进高校毕业生高质量充分就业。参赛过程中,大学生们锻炼了他们的职业规划能力、团队协作能力和问题解决能力。这些活动不仅提升了他们的职业素养,也帮助他们更好地了解自我,明确职业方向,为未来的职业生涯打下坚实的基础。

(三)我国职业发展理论的未来展望

我国在职业发展理论探索方面,不仅吸收了西方的理论成果,更结合了中国的传统文化和当代社会的实际情况,提出了具有中国特色的职业发展理论。这些理论不仅为我国大学生的职业生涯规划提供了理论指导,也为我国职业发展教育的实践提供了有益的参考。然而,我国的职业发展理论探索仍处于发展阶段,需要进一步深化和完善,如何更好地结合我国的教育体制、文化背景和社会环境,如何更有效地将理论应用于实践,以及如何更好地满足大学生个性化的职业发展需求等,都是需要进一步研究和探索的问题。

随着社会的不断进步和科技的飞速发展,职业发展理论和实践都将面临新的挑战和机遇。未来,我国的职业发展理论探索应更加注重理论与实践的结合,更加关注大学生个性化的职业发展需求,更加重视职业发展教育的普及和深化。

同时,随着全球化趋势的加强,我国的职业发展理论探索也应具有国际视野,借鉴国际上先进的职业发展理论和实践经验,实现创新和发展,为我国大学生的职业生涯规划提供更加全面和深入的理论支持。

第三章

探索自身优势

 学习目标

1.掌握了解生涯优势理论对职业生涯发展的重要意义。

2.掌握认识自我的方法,熟悉兴趣、性格、能力和职业价值观与职业生涯的关系并掌握其分析方法。

 生涯寄语

"成功并不是最终目的,而是让自己的才能得以发挥的一种手段。"

——著名物理学家阿尔伯特·爱因斯坦

这句名言深刻揭示了个人优势在职业生涯中的重要性。它鼓励我们不仅要追求成功,更要关注如何充分发挥自己的潜能和优势,使职业生涯成为实现自我价值、贡献社会的舞台。

 生涯榜样

黄旭华,这位被誉为"中国核潜艇之父"的杰出科学家,以其非凡的毅力和卓越的才能,在中国核潜艇事业的发展史上留下了浓墨重彩的一笔。在长达几十年的岁月里,他默默无闻地奉献着自己的智慧和力量,为中国核潜艇事业的崛起和跨越式发展做出了不可磨灭的贡献。在那个物质匮乏、技术落后的年代,黄旭华和他的团队面临着前所未有的挑战。他们在一无所有、条件极其艰苦的情况下,凭借着坚定的信念和不懈的努力,成功研制出了中国第一代核潜艇。这一壮举不仅填补了中国在核潜艇领域的空白,更标志着中国国防实力的显著提升,为国家安全和发展奠定了坚实的基础。

在核潜艇的研制过程中,黄旭华展现出了非凡的领导力和专业素养。他亲自参与核潜艇的总体设计、关键部件的研制以及试验过程,确保每一个环节都达到最佳状态。在某次深潜试验中,他更是置个人安危于不顾,作为总设计师亲自随产品深潜到极限,以验证核潜艇的性能和安全性。这种勇于担当、无私奉献的精神,深深地感染了团队成员,也为中国科技和工业的发展树立了榜样。黄旭华的卓越贡献得到了国家和社会的广泛认可。他荣获了国家科学技术进步奖特等奖和"全国先进工作者"等称号。这些荣誉不仅是对他个人成就的肯定,更是对中国核潜艇事业和人才培养工作的肯定。他曾担任大连海事大学名誉校长,致力于推动核潜艇相关专业的发展,为培养更多的核潜艇专业人才做出了重要贡献。

黄旭华的事迹和精神将永远铭刻在中国科技和工业发展的史册上。他用自己的实际行动诠释了什么是真正的科学家精神,什么是真正的爱国情怀。他的故事将激励着后人不断前行,为国家的繁荣富强贡献自己的力量。

本章简介

在大学生职业生涯规划的征途中,本章如同指南针,引领大学生深入自我,发现内在的宝藏,旨在通过自我反思、兴趣测评、能力评估等多种方式,全面而深入地让大学生了解自己的兴趣、能力特长、价值观及性格特质。鼓励每名同学勇敢地剖析自我,不仅关注外在的技能证书和学业成绩,更要深入挖掘那些隐藏于日常行为背后的独特优势与潜能。通过本章的学习,学生将学会如何识别并确认自己在特定领域(如学术研究、技能操作、创新思维、团队协作等)的核心优势,理解这些优势如何成为未来职业道路上的强大助力。更重要的是,学生将开始思考如何将自身优势与职业目标相结合,探索出一条既符合个人兴趣又能实现职业价值的独特路径。

"探索自身优势"不仅是职业生涯规划的起点,更是贯穿整个职业生涯的重要课题。它提醒我们,在追求梦想的过程中,持续发现并发挥自身优势,是通往成功与幸福的关键所在。

第一节　◆　明晰优势

一、生涯优势理论

在大学生职业生涯规划的广阔天地中,探索自我是做好当前职业规划和找准未来职业发展方向的重要一环。通过深入探索自我,发掘并善用自身的优势特质,学生能够在未来的职业生涯中更加自信地面对挑战,实现个人价值和社会贡献的双重目标。生涯优势理论作为自我探索的重要视角,强调个体在职业发展中独特的优势资源和能力,为规划职业生涯提供了一条清晰而有力的路径。

(一)生涯优势理论概述

生涯优势理论,简而言之,是一种关于个体在职业生涯中如何识别、培养并利用自身独特优势以实现职业成功和人生满足的理论框架。它强调,每个人的职业生涯都是一场基于自我优势的发现和利用之旅。这些优势包括但不限于个人的天赋才能、专业技能、兴趣爱好、价值观、性格特质以及过往经验等,而是这些方面因

素的综合考量,旨在识别并强化个人在职业生涯中的核心竞争力。该理论认为,每个人都有其独特的优势领域,这些优势不仅源于天赋,更要通过后天的学习和实践不断发展和完善。通过探索并善用这些优势,个体能在职业生涯中取得更大的成功与成就。

(二)生涯优势的构成要素

性格:性格是个体在特定情境下稳定的行为方式和态度倾向。不同的性格类型适应不同的职业环境。通过 MBTI 性格测试等工具,学生可以更清晰地了解自己的性格类型,进而找到与自己性格相匹配的职业领域。

兴趣:兴趣是驱动个体探索和学习的重要动力。当职业与兴趣相契合时,工作将变成一种享受,激发无限的创造力和潜能。通过霍兰德职业兴趣量表等工具,学生可以更准确地了解自己的兴趣,为职业选择提供参考。

价值观:价值观是个体对事物重要性的评价和判断标准,它决定了我们的职业期望和目标。通过职业价值观测量表等工具,学生可以识别自己最为看重的价值需求,如成就感、经济报酬、社会贡献等,从而选择与之相符的职业方向。

能力:能力是完成某项任务或活动所必需的心理特征。它包括一般能力(如观察力、记忆力)和特殊能力(如艺术细胞、运动天赋)。通过能力倾向测试等工具,学生可以评估自己在不同领域的能力水平,为职业定位提供依据。

(三)生涯优势理论的核心特性

差异性与独特性:生涯优势理论首先承认并尊重个体的差异性和独特性。它认为,每个人的优势都是独一无二的,没有绝对的标准来衡量或比较。因此,在探索自身优势时,个体应关注自己的内在需求和特点,而非盲目追求社会或他人的认可。

发展性与动态性:生涯优势并非一成不变,而是随着个体成长和环境变化不断发展和演变的。因此,生涯优势理论鼓励个体保持开放的心态,勇于尝试新事物,不断学习和提升自我,以适应不断变化的职业环境。

整合性与协同性:生涯优势理论还强调优势之间的整合与协同作用。它认为,个体的优势不是孤立存在的,而是相互关联、相互促进的。通过整合和利用不同领域的优势资源,个体能够形成更加全面和强大的职业竞争力。

价值导向与意义追寻:生涯优势理论还关注个体在职业生涯中的价值实现和意义追寻。它认为,职业不仅是谋生的手段,更是实现个人价值和为社会做贡献的重要途径。因此,在探索自身优势时,个体应关注自己的价值观和职业愿景,确保自己的职业选择和发展方向与内心追求相契合。

二、挖掘生涯优势

　　上一小节我们共同学习了生涯优势在自我探索和职业探索中的重要意义,而挖掘生涯优势是自我探索之旅的核心任务。这一过程不仅关乎个人认知的深化,更是为未来职业道路的选择与规划奠定坚实基础的关键步骤。挖掘生涯优势是一个深入而多维度的过程,它要求个体不仅要深入了解自己,还要能够将这些自我认知转化为实际行动中的优势。

(一)深化自我认知

　　情感智力(情商)与自我意识:培养高度的情感智力(情商),包括自我觉察能力,即能够清晰地认识到自己的情绪、需求、动机和价值观。这种自我意识是挖掘生涯优势的基础,因为它能帮助我们理解自己的内在驱动力。

　　全面审视经历:回顾过去的学习、工作、社交等经历,不仅要关注成功的案例,也要深入分析失败和挑战的原因。这些经历中往往隐藏着潜在优势,比如逆境中的坚韧、团队中的领导力或是解决问题时的创新思维。

(二)识别并提炼优势

　　明确优势标准:优势不仅仅是擅长做某事,更是能够在该领域持续产生正面结果,并带来满足感和成就感的能力或特质。因此,在识别优势时,要关注其可持续性和对个人价值的贡献。

　　聚焦核心优势:每个人都有多个优势,但并非所有优势都同样重要或具有同等的职业发展潜力。因此,需要聚焦那些最能代表个人特色、最符合职业目标的核心优势。

　　提炼优势故事:将优势转化为具体、生动的故事或案例。这些故事不仅有助于更深入地理解自己的优势,还能在求职、面试等场合中有效地展示自己。

(三)生涯优势的发掘与运用

　　专业测评:借助权威的心理测量工具,如霍兰德职业兴趣量表、MBTI性格测试、职业价值观测量表等,为学生提供科学、客观的自我评估结果。这些工具提供的数据和反馈可以作为自我认知的重要参考。

　　自我反思:通过自我总结、自我评估等方式,深入反思自己的兴趣、价值观、性格和能力等方面的特点,形成对自己全面的认识。

实践探索：积极参与社会实践、实习、志愿服务等活动，通过亲身体验和尝试，进一步验证和深化对自我优势的认识。

目标设定：基于自我探索的结果，引导学生设定具体、可实现的职业目标，并制订相应的行动计划，将生涯优势转化为实际的职业发展动力。

持续学习：挖掘生涯优势是一个动态的过程，需要不断学习和成长。它强调终身学习的理念，鼓励自己不断丰富知识和提高技能，保持对新兴领域的敏锐洞察力，以适应快速变化的职业环境。这种思维方式将激励你不断探索新的领域、挑战自己的极限，从而不断挖掘和拓展自己的生涯优势。

第二节　自我认知

《道德经》有言："知人者智，自知者明。"这告诉我们：真正有智慧的人既善于认识他人，又能正确地认识自己。认识和了解自己非常重要，却不太容易。当代大学生中有一部分人直到毕业仍然会有"我不知道自己想干什么"的困惑。这不仅是浪费学识，也是对自己极不负责的表现，其根源就在于对自己的认识不够充分。

"自我"这一概念涉及多个学科领域，包括哲学、临床心理学和社会心理学等，因此，这个词具有多种不同的含义。其中，社会心理学强调：自我是认知组织和动机激发的源泉。换句话说，自我认知对协调个人与外界环境、形成正确的人生观、激发上进心和成功欲望具有积极的催化作用。大学生通过自我认知，进而对自己的内在需求进行分析，便可合理地安排学习和生活，很多个人困惑和就业问题就能迎刃而解。可以说，自我认知是大学生职业生涯健康发展的基础。

一、自我认知的内容和方法

（一）自我认知的方法

自我认知（Self-awareness）是指个体对自己内心世界、个性特点、能力、价值观、情感、动机以及行为等方面的深入了解和认识。它涵盖了对自己心理状态、思维过程、情绪反应、行为习惯及与他人关系的觉察和理解。一个具有良好自我认知的人能够清晰地认识自己的优点、不足、需求和愿望，并基于此来指导自己的行为选择和决策制定。自我认知建立在个人自我观察与自我分析的基础上，是对自身条件和状态的全面评估,这些因素影响个人对待自身和外界的态度与方式。大学生在对职业生涯进行规划的过程中,通过对自我的认知,可以将个人从"我想干什么"转变到"我能干什么"。但这一过程需要采用适当的途径和方法,以达到正确认识自身优点与不足的目的,从而实现对个人能力的管理。

(二)自我认知的方法

自我是由态度、情感、信仰和价值观等众多因素构成的。除了自己进行分析外,征询他人的意见或看法也是自我认知较有效的方法。大学生可以采取与家人、朋友和老师等交流的方式来进行自我认知。虽然认识自我的途径很多,但可以归纳为两类,即经验法和职业测评法。通过这两种方法,大学生可以逐步加深对自身的了解,并把自身的各种特定习惯、能力、思想和观点等组织起来,为自己的职业生涯规划提供参考和帮助。

1.经验法

经验法指在人际交往中,依据过去活动的成果,由他人或本人对自己进行主观的分析和评价。其主要有以下两条途径:

(1)自我反省。通过自我反思、自我总结、自我比较的方法来了解自己、认识自己。曾子曾说过:"吾日三省吾身。"大学生通过对自己成长过程的回顾,总结做什么事情使自己感觉快乐、比较感兴趣、更有优势,从而发现自己的职业兴趣和能力优势等。

(2)他人评价。大学生可以通过他人评价来认识自己。"以铜为镜,可以正衣冠;以古为镜,可以知兴替;以人为镜,可以明得失。"通过他人对自己的评价,大学生可以了解他人眼中的自己,从而对自身有客观、中肯的认识。这将有助于大学生客观清醒地认识自己的优点与缺点,从而找到改进的方法和进步的方向。

2.职业测评法

职业测评法是心理测评在职业测评上的具体运用。这种方法是使用一些心理量表进行心理测验,通过个人处理问题的方式对个人心理特征进行推断,也就是从个人的外在行为模式推知自己的内在心理特征。为了发挥测评的最大效用,我们需要选用权威性较高的心理测量工具。

二、澄清职业价值观

案例导读

　　2021 年,我国评选出了 22 名"全国敬业奉献模范",其中包括中国工程院院士、化工合成专家李俊贤。李俊贤院士长期从事推进剂及聚氨酯研究分析,在我国艰苦的西北环境中默默付出几十年,累计取得 50 多项成果。同时,他还留心团队建设、人才培养,在 90 岁高龄时捐赠毕生积蓄设立青年创新基金,被誉为"国家腾飞的助推剂""国家精神的造就者"。

　　请进一步了解李俊贤院士的事迹,说一说这些事迹体现了他什么样的价值观。

案例解析

　　很多人认为,价值观跟自己想从事的职业没有关系,其实这是个错误的观点。价值观对个人动机有导向作用,动机的方向受到价值观的支配。只有那些经过价值判断并被认可的价值观才能转换为具体的动机,并使个人以此为目标引导自己的行为。为什么李俊贤院士能够扎根大西北,数十年如一日地开展研究,最终取得突破性的成果呢? 这其实是价值观的作用。下面我们一起来学习价值观,并对自身的价值观加以了解和分析。

(一)什么是职业价值观?

　　价值观是基于个人思维和感受做出的评价、判断、理解或选择,主要以潜在的方式对个人的思想和行为进行主导,具体表现为对事物的看法、对是非的判别和对利益与道德的取舍等。职业选择方面的价值观叫作职业价值观。一个人在考虑对职业的认识、对职业目标的追求与向往、乐趣、收入和工作环境等时,对这些职业因素的判断和取舍便是其职业价值观的具体表现。价值观对于大学生选择职业有非常重要的影响。从本质上讲,价值观用于解决"为什么活着"这样的终极命题,涉及人的理想和追求。一个清晰明确的职业价值观,能够帮助我们在纷繁复杂的职业世界中保持方向感,确保我们的职业选择与个人期望、生活理念及长远目标相契合。

(二)澄清职业价值观的步骤

1.自我反思与觉察

回顾自己的成长经历、兴趣爱好、性格特点以及过去的职业体验,思考这些因素是如何影响自己职业选择的。同时,关注自己在不同情境下的情感反应与行为模式,尝试从中发现隐藏的职业价值观线索。

2.列出并评估价值观

列出一份可能的职业价值观清单,如成就感、工作与生活平衡、创新能力、社会责任感、经济回报等。然后,逐一评估这些价值观对自己的重要性,通过打分、排序或描述感受等方式,明确自己在职业选择中最看重的因素。

3.寻求外部反馈

职业价值观并非孤立存在,往往受到家庭、社会、文化等多种因素的影响。因此,在澄清职业价值观的过程中,我们可以积极寻求家人、朋友、导师或职业顾问的反馈意见。他们的观察与建议可以帮助我们更全面地认识自己,发现可能忽略的价值观维度。

4.实践验证与调整

将澄清后的职业价值观应用于实际生活中,通过参与实习、志愿服务、社团活动等方式,亲身体验不同职业环境对价值观的挑战与满足。在实践过程中,不断反思与调整自己的价值体系,确保它们既符合个人需求,又适应现实环境。

三、挖掘职业兴趣

活动导入

　　个人兴趣分享：很多人出于延续自己年少时的兴趣爱好的心理走上了职业道路，如牛顿等科学巨匠。分组开展活动。请每名同学分享自己的兴趣爱好，以及其对自己职业生涯发展的帮助。各组员轮流发言。

活动分析

　　人们常说"兴趣是最好的老师"，兴趣可以为一个人从事职业提供持久的动力，是提高工作满意度的重要因素。一个人清楚地了解了自己的兴趣所在，对于提高自我认知、进行职业生涯规划都有非常重要的意义。

　　兴趣和职业兴趣存在一定的差别。兴趣是指人们力求认识和掌握某种活动技能，并经常参与这种活动的心理倾向。职业兴趣是指人们对某种职业或工作所抱有的积极态度，是有关职业偏好的认识倾向。比如，娱乐休闲兴趣一般只是业余兴趣，不一定能发展成为职业兴趣，但又或多或少地与职业生涯存在一些联系。

　　根据霍兰德职业兴趣理论，人们一般倾向于寻找与自己的个性类型相协调的职业，追求能充分施展个人能力、与自己价值观匹配、令人愉快的工作和角色。大学生可以采取一些手段对人的行为进行预测，包括职业的选择、工作的变化、业绩的达成、受教育的方式和社会行为等。然而，职业兴趣类型受到个人行为和个人特质的限制，通过对此进行分析，霍兰德对人的个性特点、适宜的职业环境和匹配度较高的典型职业进行了整理和归纳，如表3-1所示。

表 3-1 霍兰德职业兴趣理论对照

类型	个性特点	职业环境
现实型（R）	此类型的人通常具有较好的身体技能。他们可能在自我表达和向他人表达方面感到困难，不善于与人打交道。他们喜欢在户外活动，喜欢使用和操作工具，尤其是操作大型机械。他们愿意从事操作性工作，偏好于具体任务，动手能力强，做事手脚灵活、动作协调。他们遵守规则，对新观点和新变化的兴趣不大。这种类型的人不善言辞，喜欢独立做事	喜欢使用工具、机器，需要基本操作技能的工作，倾向于需要技能、体力和合作等方面的职业
社会型（S）	此类型的人关心社会的公平和正义，比较看重社会义务和社会道德，责任感强，渴望发挥自己的社会作用，社会适应能力强。他们善于表达，善于与周围的人相处，喜欢处于集体的中心地位，喜欢通过与他人交流讨论来解决存在的难题。他们不喜欢需要剧烈的身体运动的工作，不喜欢与机器打交道，具有与他人和谐相处共事的能力	喜欢参加提供信息、启迪、帮助、咨询、培训、开发、治疗、教学和各种帮助他人的活动，倾向于需要人际交往技能、与人打交道的工作
企业型（E）	此类型的人通常精力充沛、热情洋溢，做事有较强的目的性，喜欢竞争，富有冒险精神，自信，支配欲强，有野心和抱负。他们喜欢争辩，总是力求使别人接受自己的观点，通常追求权力、财富、地位，有领导才能，为人务实，习惯以利益得失（如权力、地位、金钱等）来衡量做事的价值	善于辞令、爱好商业或与管理人有关的职业，倾向于要求具备经营、管理、监督和领导才能的工作，适合做推销工作和领导工作
传统型（C）	此类型的人通常谨慎保守、忠诚、尽职尽责、忠实可靠、自我控制能力强，尊重权威和规章制度，喜欢按计划办事，细心、有条理，习惯接受他人的指挥和领导，不喜欢冒险和竞争，缺乏创造性，富有自我牺牲精神。他们既不喜欢从事繁重的体力劳动，也不喜欢在工作中与别人形成过于紧密的联系，对于明确规定的任务可以很好地完成，喜欢关注实际和细节情况，不喜欢模棱两可的指示，希望能精确地了解自己所要做的事情	倾向于规则较多、具有高度有序性的工作，包括语言方面和数量方面等规范性较强的工作，倾向于要求注意细节、有系统、有条理的职业
研究型（I）	此类型的人抽象思维能力强，求知欲强，善于思考，对科学研究和科学探索有热情，并表现出对工作的极大热情，对周围的人并不感兴趣。他们习惯通过思考来解决所面临的难题，而并不一定实现具体的操作。他们常常具有非传统的观念，倾向于创新和怀疑。此类型的人知识渊博，不善于领导他人，考虑问题理性，做事喜欢精确，喜欢逻辑分析和推理，并不断探讨未知的领域	倾向于各种与生物、物理科学有关的活动，不喜欢必须遵循许多固定程式的任务，倾向于需要认知能力、独立和富有创造性的工作

续表

类型	个性特点	职业环境
艺术型（A）	此类型的人天资聪慧，喜欢具有较多自我表现机会的艺术环境，不喜欢从事粗重的体力活动和完成高度规范化与程式化的任务，喜欢单独活动，有强烈的自我表现欲望，过于自信。他们的独立性、自主性、自发性、非传统性和创造性都较强，好表现，不拘小节，自由放任，不受常规约束，情绪变化大，比较敏感	具有语言、美术、音乐、戏剧或写作等方面的技能，倾向于能发挥创造才能的职业，倾向于需要艺术修养、创造力、表达能力和直觉性的工作，不善于事务性工作

四、探索职业性格

活动导入

"职业与性格匹配"小接龙：合适的性格能够为工作提供帮助。请同学们以自己认为恰当的"职业：适合的性格"的形式，一人一句进行接龙。示例："船舶驾驶员：小心专注""内科医生：严谨细致""研发工程师：创新思维""律师：逻辑严谨"。

活动分析

通过刚才的接龙游戏，你是否对职业和性格的关系有了一些了解？事实上，性格影响一个人对职业的适应性，每一种性格的人都有适于从事的职业。同时，不同的职业对人也有不同的性格要求。因此在选择职业时，性格也是一个重要的考虑因素。

每个人都有对客观现实稳定的态度和与之相适应的习惯化的行为方式。如有的人总是热情周到，有的人总是沉默寡言。这些对人、对己稳定的态度和习惯化的行为方式所表现出来的心理特征就是这个人的性格。性格的形成是一个长期的、复杂的过程，不仅受遗传因素的影响，也反映了一个人的生活环境和生活经历。性格具有一定的稳定性,也就是说,在相近的情形下,人的态度和行为具有一致性。虽然人的本性是比较难改变的,但可以在一定程度上改变自己的性格。

1.内向型性格和外向型性格

性格可以分成多种类型。最基础、最直观、最传统的划分方法是瑞士心理学家卡尔·古斯塔夫·荣格的性格划分方法。他按照个人的心理能量倾向,将性格划分为内向型性格和外向型性格,并对这两种性格的特征和其较适合的职业进行了初步的归纳总结,如表3-2所示。

表3-2 内向型性格和外向型性格的特征及其较适合的职业

性格类型	性格特征	较适合的职业
内向型	感情比较深沉,待人接物小心谨慎,喜欢单独工作,喜欢思考,具有自我分析和自我批判精神;不善于表达自己的思想,不善于社交,对新环境的适应不够灵活	较适合从事有计划的、稳定的、不需要与人过多交往的职业,如自然科学家、技术人员、会计师、打字员、程序设计员、统计员、资料管理人员、一般事务性工作人员等
外向型	活泼开朗、善于交际、心直口快、感情外露、待人热情、与人交往时随和、不拘小节,适应环境的能力较强;注意力不稳定,兴趣容易转移,活动不能持久	较适合从事与外界广泛接触的职业,如管理人员、律师、推销员、警察、记者、教师、人力资源工作者等

2.九种典型职业性格

近年来,一些教育学、心理学研究人员根据我国居民的实际情况,将职业性格总结为九种基本类型,其主要特征及其较适合的职业如表3-3所示。

表3-3 九种典型职业性格的主要特征及其较适合的职业

职业性格类型	性格特征	较适合的职业
变化型	在新的或意外的活动或工作情境中感到愉快,喜欢多样化的工作,善于转移注意力	记者、推销员、演员等
重复型	适合连续从事同样的工作,按固定的计划或进度办事,喜欢重复的、有规律的、有标准的工作	纺织工、机床工、印刷工、电影放映员、运维员、技术员等
服从型	愿意配合别人或按别人的指示办事,而不愿意自己独立做出决策、担负责任	办公室职员、秘书、翻译等

续表

职业性格类型	性格特征	较适合的职业
独立型	喜欢计划自己的活动与指导别人的活动,喜欢对未来的事情做出决定,在独立负责的工作情境中感到愉快	管理人员、律师、警察、侦察员、经纪人、调饮师、碳排放管理员等
协作型	在与人协同工作时感到愉快,善于引导别人,并能得到同事们的喜欢	社会工作者、咨询人员、易货师、职业培训师、社群健康助理员等
劝服型	通过谈话或写作等方式使别人认同自己的观点,对别人的反应有较强的判断力,善于影响别人的态度和观点	辅导员、行政人员、宣传工作者、作家、专业顾问等
机智型	在紧张和危险的情况下能自我控制与沉着应对,发生意外和差错时能不慌不忙、出色地完成任务	驾驶员、飞行员、公安人员、消防员、救生员等
自我表现型	喜欢表现自己的爱好和个性,根据自己的感情做出选择,通过自己的工作来表现自己的思想	演员、诗人、音乐家、画家、设计师、架构师等
严谨型	注重工作过程中各个环节与细节的精确性。愿意按一套规划和步骤工作,希望尽可能做得完美,倾向于严格、努力地工作,以看到自己出色完成工作的效果	会计、出纳员、统计员、校对员、图书档案管理员、打字员、程序员、分析师等

3.麦尔斯–伯瑞格斯类型指标

麦尔斯–伯瑞格斯类型指标(Myers-Briggs Type Indicator,MBTI)是凯瑟林·伯瑞格斯、依莎贝尔·伯瑞格斯·麦尔斯根据瑞士心理学家卡尔·古斯塔夫·荣格的心理类型理论建立的指标体系。该指标体系根据四组维度八个向度,即外向(E)–内向(I)、感觉(S)–直觉(N)、思维(T)–情感(F)、判断(J)–知觉(P),将人的性格分为十六种类型。其主要特征及与之较适合的职业如表3-4所示。

表 3-4　MBTI 性格类型–特征–职业对照表

性格类型	性格特征	较适合的职业
ISTJ 型（内向、感觉、思维、判断型）	安静、严肃,通过全面性与可靠性分析获得成功;有责任感,决定有逻辑性,并一步步地朝目标前进,不易分心;喜欢将工作、家庭和生活安排得井井有条;重视传统和忠诚	信息系统执行官、天文学家、会计、房地产经纪人、行政管理者、信用分析师、数据库管理员、数据分析师
ISFJ 型（内向、感觉、情感、判断型）	安静、友好、有责任感和良知,坚定地致力于履行他们的义务;全面、勤勉、精确、忠诚、体贴,留心人的细节,关心他人的感受;努力把工作和家庭环境营造得有序而温馨	内科医生、营养师、图书管理员、档案管理员、室内装潢设计师、特殊教育教师、酒店管理者、职业培训师
INFJ 型（内向、直觉、情感、判断型）	寻求思想、关系、物质等的意义和联系,希望了解能够激励人的方法,对人有很强的洞察力;有责任心,坚持自己的价值观;在对目标的实现过程中有计划且果断、坚定	建筑设计师、培训经理、培训师、职业策划咨询顾问、心理咨询师、作家
INTJ 型（内向、直觉、思维、判断型）	在实现自己的想法和目标过程中有创新的想法和非凡的动力;能很快洞察到外界事物间的规律并形成长期的远景计划;一旦决定做一件事就会开始规划直到完成为止;对自己与他人的能力和表现要求都非常高	首席财务执行官、知识产权律师、设计工程师、精神分析师、新媒体策划运营人员、网络管理员、集成电路工程技术人员
ISTP 型（内向、感觉、思维、知觉型）	灵活、忍耐力强,是个安静的观察者,一旦有问题发生,就会立即行动,找到实用的解决方法;善于分析事物运作的原理,能从大量的信息中很快地找到关键症结所在;对原因和结果感兴趣,用逻辑的方式处理问题,重视效率	信息服务业经理、计算机程序员、服务机器人应用技术员、密码技术应用员、警官、软件开发员、律师助理、消防员、私人侦探、药剂师

续表

性格类型	性格特征	较适合的职业
ISFP 型（内向、感觉、情感、知觉型）	安静、友好、敏感、和善,享受当下,喜欢有自己的空间,能按照自己的时间表工作;有责任心;不喜欢争论和冲突,不会将自己的观念和价值观强加到别人身上	客户服务专员、服装设计师、厨师、护士、牙科医生、旅游管理者、调饮师、在线学习服务师
INFP 型（内向、直觉、情感、知觉型）	理想主义,希望外部的生活和自己内心的价值观是统一的;好奇心重,能很快看出事情的可能性,能够加速想法的实现;善于理解别人并乐于帮助他们开发潜能;适应力强,灵活,善于接受,除非有悖于自己的价值观	心理学家、人力资源管理者、翻译人员、大学教师（人文学科）、社会工作者、服装设计师、编辑、网站设计师
INTP 型（内向、直觉、思维、知觉型）	对于自己感兴趣的任何事物都寻求合理的解释;喜欢理论性和抽象的事物,热衷于思考而非社交活动;安静、内向、灵活、适应力强;对于自己感兴趣的领域有超凡的精力与深度解决问题的能力;多疑,有时会有点挑剔,喜欢分析	软件设计师、风险投资家、独立制作人、企业合规师
ESTP 型（外向、感觉、思维、知觉型）	灵活、忍耐力强,为人实际,注重结果;觉得理论和抽象的解释非常无趣,喜欢采取积极的行动解决问题;注重当下,自然不做作,享受和他人在一起的时光;喜欢物质享受和时尚;认为学习新事物最有效的方式是亲身感受和练习	企业家、股票经纪人、保险经纪人、土木工程师、职业运动员、教练、经纪人、电子游戏开发员、房地产开发商

续表

性格类型	性格特征	较适合的职业
ESFP 型(外向、感觉、情感、知觉型)	外向、友好、接受力强,热爱生活及物质上的享受;喜欢和别人一同将事情做成功;在工作中讲究常识和实用性,并使工作显得有趣;灵活、自然,不做作,对于任何新事物都能很快适应;认为学习新事物最有效的方式是和他人一起尝试	幼教、公关专员、职业策划咨询师、导游、促销员、演员、海洋生物学家、销售人员、互联网营销师
ENFP 型(外向、直觉、情感、知觉型)	热情洋溢、富有想象力,认为人生有许多可能性;能很快地将事情与信息联系起来,自信地根据自己的判断解决问题;需要得到别人的认可,也给他人赏识和帮助;灵活、自然,不做作,有很强的即兴发挥的能力,言语流畅	广告客户管理师、平面设计师、艺术指导师、公司团队培训师、心理学家
ENTP 型(外向、直觉、思维、知觉型)	反应快、睿智,有激励人的能力,警觉性强、直言不讳;在解决新的、具有挑战性的问题时机智而有策略;善于找出理论上的可能性,然后用战略的眼光分析;善于理解别人;不喜欢例行公事,很少用相同的方法做相同的事情,倾向于发展不同的新爱好	投资银行家、广告创意总监、文案策划者、广播主持人、电视主持人、二手车经纪人
ESTJ 型(外向、感觉、思维、判断型)	为人实际、现实主义;果断,一旦下决心就会立即行动;善于将项目和人组织起来完成任务,并尽可能用最有效的方法得到结果;注重日常的细节;有非常清晰的逻辑标准,系统性地进行遵循,并希望他人也能同样遵循;在实施计划时强而有力	公司首席执行官、军官、预算分析师、药剂师、教师(贸易/工商类)、物业管理者、工业视觉系统运维员

续表

性格类型	性格特征	较适合的职业
ESFJ 型（外向、感觉、情感、判断型）	热心肠、有责任心、喜欢合作；希望周边的环境温馨和谐；喜欢和他人一起精确并及时地完成任务；事无巨细，能体察到他人在日常生活中的需要并通过帮助他人来得到满足；希望自己能受到他人的认可和赏识	零售商、理货员、采购员、运动教练、饮食业管理者
ENFJ 型（外向、直觉、情感、判断型）	热情、为他人着想、易感应、有责任心，非常注重他人的感情、需求和动机；善于发现他人的潜能，并乐于帮助他们开发出来；能成为个人或群体成长与进步的催化剂；忠诚，对于赞扬和批评都会积极地回应；友善、好社交，在团体中善于帮助他人，并有鼓舞他人的领导能力	广告客户管理者、杂志编辑、公司培训师、电视制片人、记者、市场专员
ENTJ 型（外向、直觉、思维、判断型）	坦诚、果断，有天生的领导能力，能很快看出公司、组织、程序或政策中的不合理性和低效能性，发展全面有效的系统来解决问题并实施；善于设定长期的计划和目标；通常见多识广，博览群书，喜欢拓宽自己的知识面并将此分享给他人；在陈述自己的想法时强而有力	管理咨询顾问、教育咨询顾问、投资顾问、法官、公司金融顾问

注：(1)外向(E)-内向(I)，指我们与世界相互作用的方式和能量的疏导方式。

(2)感觉(S)-直觉(N)，指接收信息的方式。

(3)思维(T)-情感(F)，指做决策的方式。

(4)判断(J)-知觉(P)，指日常的生活方式。

人的性格具有一定的稳定性，但又不是一成不变的，客观环境的变化和个人的主观调节都会使性格发生改变，所以性格与职业的匹配也并非绝对的。每个人在现实中应发挥自己的性格优势，找准适合自己性格的职业。若某个职业不是完全适合自己的性格，个人也可以培养并发展相适应的职业性格。

五、评估职业能力

活动导入

　　理想职业能力分析:每一个职业都有不同的能力要求,如律师需要有很强的逻辑能力、演员需要有较强的表演技能等。下面请同学们根据自己的理想职业,分析其需要具备的能力。

活动分析

　　能力是目前用人单位对求职者最感兴趣的部分,在职场中大学生可以把能力看作自身的资产与本钱,能力的大小决定其是否能胜任工作。

(一)认识能力

　　能力是一个人解决问题的个性心理特征,是完成任务或达到目标的必备条件。能力直接影响活动的效率,是活动顺利完成的重要内在因素。能力中有天赋的成分,也有后天训练的技能成分。一个人的能力可以从多个角度去描述,如观察力、注意力、记忆力和理解力等。心理学家在关于能力的研究中,根据个人能力特点与职业成就之间的规律,将与职业成就和职业满意度相关的能力分为以下三种:

1.知识性能力

　　知识性能力是指与工作内容相关的、具体的、专业化的、针对某一特定工作的基本能力。大学生了解自己这方面的能力并不困难,在学校学习的具体科目,如计算机编程、质量检测等,就是为了培养知识性能力。它的特点是不容易被迁移到其他工作中去,一般需要经过有意识的、专业的培训,并通过记忆掌握一些特殊的词汇、程序和学科知识。如一个人虽然拥有计算机编程的能力,但是无法做一名合格的服装设计师。

2.适应性能力

　　适应性能力是指人们进行自我管理的能力,也被称为情商,指的是个人的特质。通常认为其包括:自我觉察、情绪管理、自我激励、认知他人情绪和理解他人情

绪。这种能力能帮助大学生更好地适应周围环境,以及在环境中更好地调整自己。适应性能力可以从日常生活领域迁移到工作领域,并发挥作用。

3.可迁移能力

可迁移能力是指在日常活动中就能够获得或改善的,并对所有工作都适用的有价值的能力,一般用行为动词来描述,如沟通、组织、计划、决策、装配、修理、调查和操作等。这种能力可以从一项活动迁移到其他工作中去,并发挥作用。比如拥有好的沟通能力,那么在其他工作中也具备该项能力。

一个人要想胜任一项工作,仅仅拥有知识性能力是不够的,所以择业时还要考虑适应性能力和可迁移能力。另外,对于自己某一方面能力不足,要做到心中有数,并进行进一步培养。

(二)职业能力评估

1.自我评估

技能清单:根据上文提到的能力类别,列出目前掌握的无论是通过正式学习还是通过实践经验获得的所有技能。

熟练度评估:对每项技能进行熟练度评估,可以使用等级制(如初学、熟练、精通)或评分制(如 1~10 分)。诚实地评估自己的水平,避免过高或过低的估计。

成就与经验:回顾工作经历、项目经验、学习成果和获得的奖项,思考这些经历如何体现了职业能力。识别自己在哪些领域取得了显著的成就,以及这些成就背后的关键因素。

2.寻求外部反馈

朋友与同学:向他们征求对工作表现的反馈,尤其是关于优点和需要改进之处。

辅导员与导师:辅导员与导师是与同学们相处最近的人,他们的意见非常宝贵。

职业测评:利用专业的职业测评工具来评估职业能力,这些工具通常能提供详细的分析报告。

3.对比与分析

将自我评估与外部反馈进行对比,找出差异和共识。分析优势领域和潜在弱点,思考这些能力如何影响职业发展和工作表现。思考兴趣、价值观与当前职业能力的匹配度,以及是否需要调整职业方向或加强某些能力。

(三)自我能力提升

前文已经介绍了能力的分类。一个人的知识性能力主要通过其在学校学习专

业知识来获得,除此之外的其他能力是在生活中获得的。那么如何提升自己的能力呢? 下面有三点可供参考:

(1)为自己的生活和工作设立目标。目标是给自己树立标杆,使自己有一个奋斗的方向。明确的目标能够让自己清楚地认识自身与目标之间的差距,从而去努力提高,缩小差距,提升自己的能力。

(2)积极组织、参与各种校内外活动。大学生会在活动中提高自己的组织管理能力和人际交往能力等。

(3)积极参与竞选班级或学生会的干部。在平时的管理班级的工作或者学生会的工作中,大学生会让自己的工作能力、组织协调能力等得到充分培养。

总的来说,能力的提升方式是多种多样且不固定的。只有当发现某种能力有所欠缺的时候,才会有针对性地去提升。所以,在平时的生活中,应该不断地对自己进行反思和总结,及时发现不足,并进行自我完善。

六、自身优势评价

下面我们将通过几个科学测试帮助同学们发现并确定自己的职业兴趣、性格、能力和价值观,请从中找出属于自己的优势,从而使自己在职业生涯规划过程中更好地确定职业方向。

测试一:职业兴趣测试

【测试说明】

请根据自己的实际情况对以下问题作答,不要花时间去思考答案。回答时如果符合,记1分;不符合,记0分。回答结束后将分数填入表3-5中。注意:本测试结果仅供参考,不代表最终结论。

1.我喜欢不时地炫耀一下自己取得的成就。 1( ) 0( )

2.在工作中我喜欢独自筹划,不希望别人干涉。 1( ) 0( )

3.我喜欢在做事情前做出细致的安排。 1( ) 0( )

4.我喜欢从事广告、音乐、歌舞等方面的工作。 1( ) 0( )

5.每次写信我都反反复复,不能一蹴而就。 1( ) 0( )

6.我经常不停地思考某一问题,直到想出正确的答案。 1( ) 0( )

7.我喜欢小心谨慎地做每一件事。 1( ) 0( )

8.我喜欢理论研究的工作,不喜欢动手的工作。 1( ) 0( )

9.我喜欢成为人们注意的焦点。 1( ) 0( )

10.良好的人际关系对我来说非常重要。 1( ) 0( )

11.在集体讨论中,我常常积极主动,表现活跃。 1( ) 0( )

12. 当我一个人独处时,我会感到不舒服。 1( ) 0( )

13. 我喜欢探索未知的领域。 1( ) 0( )

14. 我喜欢需要技术体力的工作。 1( ) 0( )

15. 我不喜欢参加各种各样的聚会。 1( ) 0( )

16. 我喜欢说服别人依计划行事。 1( ) 0( )

17. 音乐能使我陶醉。 1( ) 0( )

18. 我办事总是瞻前顾后。 1( ) 0( )

19. 我喜欢经常请示上级。 1( ) 0( )

20. 我喜欢玩益智游戏。 1( ) 0( )

21. 我喜欢从事需要持续集中注意力的工作。 1( ) 0( )

22. 我喜欢亲自动手制作一些东西,并从中得到乐趣。 1( ) 0( )

23. 我的动手能力很强。 1( ) 0( )

24. 和不熟悉的人交谈对我来说毫无困难。 1( ) 0( )

25. 和别人谈判时,我不轻易放弃自己的观点。 1( ) 0( )

26. 我很容易结识同性别的朋友。 1( ) 0( )

27. 对于社会问题,我很少持中庸的态度。 1( ) 0( )

28. 当我开始做一件事情后,遇到再多的困难,我也会坚持完成。 1( ) 0( )

29. 我是一个平静而不易动感情的人。 1( ) 0( )

30. 我工作时喜欢避免被别人干扰。 1( ) 0( )

31. 我的理想是当一位科学家。 1( ) 0( )

32. 与推理小说相比,我更喜欢言情小说。 1( ) 0( )

33. 我有时候太倔强,明明知道对方是对的,也要和他对着干。 1( ) 0( )

34. 我喜欢奇思妙想。 1( ) 0( )

35. 我总是主动地向别人提出自己的建议。 1( ) 0( )

36. 我喜欢使用锤子一类的工具。 1( ) 0( )

37. 我乐于帮助他人减轻痛苦。 1( ) 0( )

38. 我喜欢冒险以求取个人成长进步。 1( ) 0( )

39. 我喜欢按部就班地完成工作。 1( ) 0( )

40. 我不希望经常换工作。 1( ) 0( )

41. 我总是留有充裕的时间去赴约。 1( ) 0( )

42. 我喜欢阅读自然科学方面的书籍和杂志。 1( ) 0( )

43. 如果掌握一门手艺,并能以此为生,我会感到非常满意。 1( ) 0( )

44. 我不希望当一名司机。 1( ) 0( )

45. 听到别人说"家中被盗"一类的事情时,我会感到同情。 1( ) 0( )

46.如果待遇相同,我宁愿当商品推销员,也不愿当图书管理员。 1( ) 0( )

47.我喜欢跟各类机械打交道。 1( ) 0( )

48.我小时候经常把玩具拆开,把里面看个究竟。 1( ) 0( )

49.当接到一项新任务后,我喜欢以自己独特的方式去完成。 1( ) 0( )

50.我有文艺方面的天赋。 1( ) 0( )

51.我喜欢把一切安排得整整齐齐、井井有条。 1( ) 0( )

52.我喜欢做一名教师。 1( ) 0( )

53.在众人面前,我总能找到恰当的话来说。 1( ) 0( )

54.看情感影片时,我常常禁不住眼圈湿润。 1( ) 0( )

55.我喜欢学物理。 1( ) 0( )

56.在实验室独自做实验会令我很高兴。 1( ) 0( )

57.对于急躁、爱发脾气的人,我仍能以礼相待。 1( ) 0( )

58.遇到难解答的问题时,我常常能坚持到底。 1( ) 0( )

59.大家公认我是一个勤劳踏实、愿为大家服务的人。 1( ) 0( )

60.我喜欢在人事部门工作。 1( ) 0( )

表3-5 得分汇总

类 型	对应的题号及得分	合计得分
现实型(R)	2( ) 3( ) 14( ) 22( ) 23( ) 36( ) 43( ) 44( ) 47( ) 48( )	
传统型(C)	5( ) 7( ) 18( ) 19( ) 29( ) 39( ) 40( ) 41( ) 51( ) 57( )	
企业型(E)	11( ) 13( ) 16( ) 24( ) 25( ) 28( ) 35( ) 38( ) 46( ) 60( )	
社会型(S)	10( ) 12( ) 15( ) 26( ) 27( ) 37( ) 45( ) 52( ) 53( ) 59( )	
研究型(I)	6( ) 8( ) 20( ) 21( ) 30( ) 31( ) 42( ) 55( ) 56( ) 58( )	
艺术型(A)	1( ) 4( ) 9( ) 17( ) 32( ) 33( ) 34( ) 49( ) 50( ) 54( )	
得分最高的三项	(1) (2) (3)	
得分最低的三项	(1) (2) (3)	

【测试分析】

测试完毕后,计算出得分最高的三项,并按分数由高到低的顺序依次排列,此排列编码便是个人的霍兰德职业兴趣编码。据编码对照职业兴趣-类别索引表,便可查找出与性格匹配度较高的职业。当然,这个测试只是对自身局部的探索,要想进一步明确职业方向,还需要在此基础上综合其他方面的能力,通过学习和实践来进一步明确。

测试二:性格测试

【测试说明】

阅读表3-6~表3-9中的每一对描述,选择其中在大多数情况下符合的那一项。必须设想最自然状态下的自己,或在没有别人观察的情况下的举止。注意:本测试结果仅供参考,不代表最终结论。

第一部分:下面是关于情感和内心的描述,E 代表外向开放,I 代表内向内敛。

表 3-6 关于情感和内心的描述

E	I
喜欢热闹和动手解决	喜欢安静和思考问题
喜欢通过讨论来思考问题	喜欢在讨论之前先进行思考
采取行动迅速,有时不做过多的思考	在没有搞明白之前,不会很快地去做一件事
喜欢观察别人是如何做事的,喜欢看到工作的结果	喜欢理解这项工作的原理,喜欢一个人或很少几个人一起做事
很注意别人是怎么看自己的	更注重自己如何看待自己

第二部分:下面是关于处理信息的方式的描述,S 代表感觉,N 代表直觉。

表 3-7 关于处理信息的方式的描述

S	N
主要通过过去的经验来处理信息	通过分析,用逻辑思维去处理信息之间的关系
愿意用眼睛、耳朵和其他感官去观察、感受事物	喜欢用想象去发现新的做事方法和新的可能性
讨厌出现新问题,除非存在标准的解决方法	喜欢解决新问题,讨厌重复地做一件事
喜欢用已会的技能去做事,而不愿意学习新知识	相比运用旧技能,更愿意练习新技能
对于细节很有耐心,但当出现复杂情况时则开始失去耐心	对细节没有耐心,不在乎复杂情况出现

第三部分:下面是关于做出决定的方式的描述,T 代表思维判断,F 代表情感判断。

表 3-8　关于做出决定的方式的描述

T	F
喜欢依据逻辑做出决策	喜欢依据个人感受和价值观做出决策,即使它们可能不符合逻辑
愿意被公平、公正地对待	喜欢被表扬,喜欢讨好他人,即使在不太重要的事上也是如此
讨厌出现新问题,除非存在标准的解决方法	了解和懂得别人的感受
更关注道理或事情本身,而非人际关系	能够预料到别人会产生什么感受
认为和谐不重要	不愿看到争论和冲突,珍视和谐

第四部分:下面是关于日常生活方式的描述,J 代表判断,P 代表知觉。

表 3-9　关于日常生活方式的描述

J	P
喜欢预先制订计划,提前把事情落实下来	喜欢保持灵活性,避免制订固定计划
喜欢让事情按部就班地进行	轻松地应对计划与意料之外的突发事件
喜欢先完成一项工作后,再开始另一项工作	喜欢同时开始大量的工作,但是总不能按时完成它们
对人和事的处置很果断	在处理人和事时,总愿意先收集较多的信息
可能过快地做出决定	可能过慢地做出决定
在形成看法和做出决策时,务求正确	在形成看法和做出决策时,务求不漏掉任何因素
按照不轻易改变的标准和日程表生活	根据问题的出现不断改变计划

【测试分析】

综合思考前面的四个部分,把更接近自身特点的字母代号选出来,然后参照表 3-4 MBTI 性格类型–特征–职业对照表进行解读。虽然人的性格是各种特征的混合体,但通过对自然倾向的解读,能给大学生的职业决策提供一定的帮助。

测试三:职业价值观测试

【测试说明】

本测试共有四十个题目,代表了十种职业价值观,做每个题目时需要根据自身实际的愿望或要求进行衡量。为了便于统计分析,请将分值填入表中对应的题号后的括号内,如表 3-10 所示。注意:本测试结果仅供参考,不代表最终结论(非常符合得 5 分;比较符合得 4 分;基本符合得 3 分;不太符合得 2 分;非常不符合得 1 分)。

1.在工作中你能接触到各种不同的人。

2.你的工作需要管理别人。

3.你的工作时间比较富有弹性。

4.只要努力,你的工资会高于其他同龄人,或晋升、涨工资的可能性比其他工作大得多。

5.你的工作能为群众谋福利。

6.你的工作奖金很高。

7.你的工作单位的同事和领导人品较好,相处比较随和。

8.你能在工作中自由发挥才能。

9.在别人的眼中,你的工作是很重要的。

10.你的工作在体力上比较轻松,在精神上也不紧张。

11.你的同学、朋友都非常羡慕你的工作。

12.你的工作成果常常能得到上级、同事或社会的肯定。

13.你的工作使你感觉到你是团体中的一分子。

14.无论你干好还是干坏,你总能和大多数人一样晋升、涨工资。

15.你的工作使你很有成就感。

16.你的工作使你有可能结识各行各业的知名人物。

17.在工作中,你的新想法总能得到认可。

18.在工作中,你不会因为身体或能力等被人瞧不起。

19.你在工作时需要组织活动以及为别人的工作做计划。

20.在工作中,你不必担心会因为所做的事情使领导不满意而受到批评。

21.你能从工作的成果中知道自己做得不错。

22.你的工作需要经常出差、参加各种集会或活动。

23.你从事的工作经常在报刊、电视中被提到,因而你在人们的心目中很有地位。

24.只要你干上这份工作,就不会再被调到其他你意想不到的单位或工作中去。

25.在你的工作中,不会有人常来打扰。

26.你的工作可以使你获得较多的额外收入,比如公司常发实物或购物券、常可以购买打折的食品、常有机会购买进口商品等。

27.你的工作要求你把一切事情管理得井井有条。

28.你的工作单位有舒适的休息室、更衣室、浴室及其他设备。

29.你的工作有数量可观的夜班费、加班费、保健费或营养费等。

30.你在工作中和同事能建立良好的关系。

31.你的工作使你常常能帮助别人。

32.你的工作作风使你被别人尊重。

33.你的工作会使许多人认识你。

34.在工作中,你为他人服务,使他人感到满意,你自己也因此感到高兴。

35.在工作中,你不被他人的临时要求或命令所左右。

36.在工作中,你能和领导有融洽的关系。

37.你可以看见自己努力工作的结果。

38.经常有许多人由于你的工作来感谢你。

39.你的工作场所很好,比如有适度的灯光、舒适的座椅、安静清洁的环境,以及宽敞的工作空间等。

40.在工作中,你是一个负责任的人,虽然可能只领导几个人,但你也很乐意。

表 3-10 职业价值观测试得分

职业价值观类型	对应的题号及得分				合计得分
高收入	4( )	6( )	26( )	29( )	
社会声望	9( )	11( )	23( )	32( )	
独立性	8( )	17( )	25( )	35( )	
奉献性	5( )	31( )	34( )	38( )	
稳定性	14( )	18( )	20( )	24( )	
多样性	1( )	16( )	22( )	33( )	
领导性	2( )	19( )	27( )	40( )	
成就感	12( )	15( )	21( )	37( )	
舒适性	3( )	10( )	28( )	39( )	
人际关系	7( )	13( )	30( )	36( )	
得分最高的三项	(1)	(2)	(3)		

【测试分析】

对表 3-10 的各项得分进行分数汇总,将得分最高的三项参照下列分析进行解读,你将对自己的职业价值取向有一个大致的了解和掌握。

(1)高收入。工作的目的和价值在于获得丰厚的报酬,使自己有足够的财力去获得想要的东西,让生活过得较为富足。

(2)社会声望。工作的目的和价值在于从事该工作在人们心目中有较高的社会地位,从而得到别人的尊重。

(3)独立性。工作的目的和价值在于能充分发挥自己的独立性和主动性,按自己的方式、想法去做,不受他人干扰。

（4）奉献性。工作的目的和价值在于能直接为增加大众的幸福和利益尽一分力。

（5）稳定性。希望在工作中有一个安稳的局面，不会被调动或受到领导训斥。

（6）多样性。工作的目的和价值在于与人交往，建立比较广泛的社会联系。

（7）领导性。工作的目的和价值在于获得对他人或某事物的管理支配权，能指挥和调遣一定范围内的人或事。

（8）成就感。工作的目的和价值在于不断创新，不断取得成就，不断得到领导与同事的赞扬，不断完成自己想要做的事。

（9）舒适性。工作的目的和价值在于拥有比较舒适、轻松、自由、优越的工作条件和环境，将工作作为一种消遣、休息或享受的方式。

（10）人际关系。希望一起工作的大多数同事和领导品格较好，在一起相处时感到愉快、自然，认为这就是很有价值的事。

第四章

探索职业世界

 学习目标

1. 了解行业与职业及发展趋势。
2. 掌握岗位对应的就业能力要求。
3. 掌握职业探索的内容与途径。
4. 熟悉专业发展方向。

 生涯寄语

　　全部社会生活在本质上是实践的,凡是把理论引向神秘主义的神秘东西,都能在人的实践中以及对这个实践的理解中得到合理的解决。

——马克思《关于费尔巴哈的提纲》

生涯榜样

刘闯,西北工业大学控制科学与工程专业博士研究生,他在职业发展的道路上,始终保持着对知识的渴望和对技能的不断追求,成为一名真正的学习者和实践者。

在学术研究的道路上,刘闯不仅专注于理论学习,更注重将所学知识应用于实际问题的解决中。他在就读期间,凭借自己的聪明才智和勤奋努力,创办了一家科技公司。这家公司不仅是一个创业平台,更是他将理论与实践相结合的试验场。

刘闯带领团队自主研发了一套高性能、跨平台的深度学习框架,这一框架在图像处理和数学计算领域具有广泛的应用前景。他和他的团队还开发了一系列图像处理库和数学计算库,这些工具为处理复杂数据和图像提供了强大的支持。

在智慧城市的建设中,刘闯的公司发挥了重要作用。他们为国内各地的智慧景区、智慧社区、智慧楼宇、智慧办公、智慧校园和智慧工地提供了软硬件一体化的解决方案。这些解决方案不仅提高了管理效率,还为人们的生活带来了极大的便利。

刘闯的成功不仅在于他的学术成就和商业成功,更在于他对社会的贡献和对未来的深远影响。只要有梦想和坚持,每个人都可以成为自己领域的佼佼者。

本章简介

　　职业世界纷繁复杂，了解适合的工作岗位，有针对性地提升综合能力，能够走出属于自己的职业生涯之路。许多大学生担心不能对职业世界有全面的认识，错过合适的工作岗位，其实他们需要做的是从优势出发，在正确认知自我的基础上，根据需要缩小收集信息的范围。通过了解行业与职业及发展趋势，掌握岗位对应的就业能力要求、职业探索的内容与途径，主动把握个人职业生涯发展，做出科学的职业生涯决策。

第一节　职业的基本认知

一、认知行业

　　行业是指从事国民经济中同性质的生产、服务或其他经济社会的经营单位或者个体的组织结构体系，又称产业。但从严格定义来说，产业概念范畴比行业要大，一个产业可以跨越(包含)几个行业。行业可以通过从事国民经济中同性质的生产或其他经济社会的经营单位或者个体的组织结构体系的详细划分来分类。行业分类可以解释行业本身所处的发展阶段及其在国民经济中的地位。

　　国民经济行业分类是中华人民共和国国家标准，规定了全社会经济活动的分类和代码。分类根据经济活动的同质性原则划分，每一个行业类别按照同一种经济活动的性质划分。分类共分为门类、大类、中类和小类 4 个层次，共包含门类20 个(分别是：农、林、牧、渔业，采矿业，制造业，电力、热力、燃气及水的生产和供应业，建筑业，批发和零售业，交通运输、仓储和邮政业，住宿和餐饮业，信息传输、软件和信息技术服务业，金融业，房地产业，租赁和商务服务业，科学研究和技术服务业，水利、环境和公共设施管理业，居民服务、修理和其他服务业，教育，卫生和社会工作，文化、体育和娱乐业，公共管理、社会保障和社会组织，国际组织)，大类97 个，中类 473 个和小类 1382 个。

二、认知职业与岗位

(一)职业

职业,是指从业人员为了获取主要生活来源所从事的社会工作类别。职业在特定的组织内表现为职位,每一个职位都会对应一组任务,作为任职者的岗位职责。要完成这些任务就需要这个岗位上的人,即从事这个工作的人,具备相应的知识、技能、态度等。

职业分类是指按一定的规则、标准及方法,按照职业的性质和特点,把一般特征和本质特征相同或相似的社会职业,分成并统一归纳到一定类别系统中去的过程。《中华人民共和国职业分类大典》编制工作于1995年初启动,历时4年,1999年初通过审定,1999年5月正式颁布。2015年7月29日,国家职业分类大典修订工作委员会召开全体会议审议、表决通过并颁布了新修订的2015版《中华人民共和国职业分类大典》。2022年7月,人力资源和社会保障部向社会公示新修订的《中华人民共和国职业分类大典》,此次大典修订工作是自1999年颁布首部国家职业分类大典以来的第二次全面修订。2022年版《中华人民共和国职业分类大典》在保持八个职业类别不变的情况下,净增了158个新的职业,职业数达到了1639个。如围绕制造强国,此次修订把工业机器人操作员和运维人员纳入大典当中;根据乡村振兴的需要,把农业数字化技术员和农业经理人纳入大典当中;结合绿色职业发展状况,及时将碳排放管理员、碳汇计量评估师等新兴职业纳入大典中。

《中华人民共和国职业分类大典》将我国职业归为8个大类,分别是:

第一大类:党的机关、国家机关、群众团体和社会组织、企事业单位负责人;

第二大类:专业技术人员;

第三大类:办事人员和有关人员;

第四大类:社会生产服务和生活服务人员;

第五大类:农、林、牧、渔业生产及辅助人员;

第六大类:生产制造及有关人员;

第七大类:军队人员;

第八大类:不便分类的其他从业人员。

(二)岗位

岗位设置:不同行业、不同性质、不同规模的企业对岗位的划分和理解也有很大的不同。通常,人事权威网站、职业分类大典、业内资深人士比较了解这个职业的具体岗位设置。

核心工作职责:这个职业一般都从事什么活动,哪些工作是这个职业必须做的。了解职业的核心工作内容,有利于了解完成工作内容必须具备的工作能力,这样就很容易找到和自己之间的差距。下面以毕业生主要从事的就业岗位为例进行简要分析:

1.技术岗位

技术岗位是指需要具备专业技术知识和技能的职位,如工程师、设计师、程序员等。技术岗位职责包括研发、设计、实施和维护相关技术项目。技术岗位需要具备以下能力:

专业知识和技能:具备相关领域的专业知识和技术能力,能够独立完成工作任务。问题解决能力:能够快速分析和解决技术问题,提出有效的解决方案。创新能力:具备创新思维,能够提出新颖的技术方案和改进措施。团队合作能力:能够与团队成员密切合作,共同完成项目任务。

2.销售岗位

销售岗位是一个组织中与客户直接接触的职位,负责销售产品或服务。在这个岗位上,职责包括开发销售渠道、与客户洽谈、促成交易等。销售岗位需要具备以下能力:

市场分析能力:能够分析市场需求和竞争情况,制定销售策略。客户关系管理能力:善于与客户建立和维护良好的关系,了解客户需求并提供解决方案。谈判能力:具备良好的谈判技巧,能够与客户就价格、合同等事项进行有效协商。销售技巧:掌握销售技巧和方法,能够有效推销产品或服务。

3.行政岗位

行政岗位是一个组织中负责行政管理和支持工作的职位,如行政助理、人力资源专员等。在这个岗位上,职责包括文件管理、会议组织、日常行政支持等。行政岗位需要具备以下能力:

组织协调能力:能够有效组织和协调各项行政工作,确保工作的顺利进行。细致认真:具备细心和耐心,能够处理复杂的文件和数据。沟通能力:善于沟通和协调,能够与各部门和员工保持良好的合作关系。机密保密能力:具备处理机密信息和文件的能力,保证信息的安全性。

4.客户服务岗位

客户服务岗位是一个组织中负责与客户沟通和解决问题的职位,如客户服务代表、售后服务专员等。客户服务岗位职责包括解答客户疑问、处理客户投诉、提供售后服务等。客户服务岗位需要具备以下能力:

良好的沟通能力:能够与客户进行有效沟通,了解客户需求并提供解决方案。问题解决能力:能够快速分析和解决客户问题,提供满意的解决方案。耐心和细

心:具备耐心和细心,能够耐心倾听客户需求并细心地提供帮助。团队合作能力:能够与团队成员密切合作,共同解决客户问题。

第二节 初探职业世界

一、探索职业世界的重要性

1.深化自我认知,明确职业目标

探索职业世界是深化自我认知的重要途径。通过了解不同行业、职业的特点和要求,可以更加清晰地认识到自己的兴趣、优势和价值观。在这个过程中,可以尝试各种实习、兼职或志愿活动,亲自体验不同职业的工作内容和氛围,从而更加准确地明确自己的职业方向。明确的职业目标有助于更加有针对性地规划自己的学习和职业发展路径,避免盲目跟风和走弯路。

2.拓宽职业视野,发现更多可能性

探索职业世界可以接触到更多的职业机会和发展空间。在了解不同行业、职业的过程中,可以发现许多新兴职业和岗位,这些职业和岗位可能与之前的想象完全不同,但充满了挑战和机遇。拓宽职业视野有助于更加全面地了解市场需求和就业趋势,从而做出更加明智的职业选择。同时,个人也可以从中发现那些与自己兴趣、能力和价值观相契合的职业领域,为未来的职业发展打下坚实的基础。

3.提升职业竞争力,实现个人价值

探索职业世界可以了解到不同职业所需的技能和知识,从而有针对性地提升自己的专业素养和综合能力。这种有针对性的提升可以在求职过程中更具竞争力,更容易获得心仪的职位和机会。同时,不断地学习和实践还可以不断地提升自己的创新能力和适应能力,以应对未来职业发展的挑战。实现个人价值是探索职业世界的最终目的。在职业世界中,可以找到那些能够发挥优势和潜力的领域,通过努力工作和创新实践,实现自我价值的同时也为社会做出贡献。

4.应对职业变革,保持灵活性

随着社会的不断发展和科技的进步,职业世界也在不断地发生变革。通过探索职业世界,可以更加敏锐地捕捉到这些变革的趋势和动向,从而及时调整自己的职业规划和发展方向。这种适应性和灵活性对于个人在职业世界中的生存和发展至关重要。只有保持对职业世界的敏感度和好奇心,才能不断适应新的职业环境和发展趋势,保持自己在职业市场中的竞争力。

二、职业探索的内容与途径

职业探索除了要从行业、职业、岗位等方面探索之外,还要了解用人单位信息、职业环境、职业要求、待遇及发展、职业的局限性等信息。可以通过国家大学生就业服务平台、学校就业信息网、学校就业公众号、用人单位招聘官方网站等渠道查阅相关信息。

(一)用人单位信息

用人单位是指能运用劳动力组织生产劳动,并向劳动者支付报酬的单位组织。目前,适用于《中华人民共和国劳动法》的用人单位有企业、个体经济组织、国家机关、事业组织、社会团体。其中,企业指我国境内的所有企业组织,包括法人企业和非法人企业、国有企业和非国有企业、内资企业和外资企业;个体经济组织指在工商管理部门登记注册过,并聘用雇工的个体工商户;国家机关、事业组织和社会团体指通过劳动合同与其工作人员建立劳动关系的单位。用人单位按照不同的方法划分为不同的类型,企业法定分类的基本形态主要有独资企业、合伙企业和公司。

1.不同的用人单位的招聘差别

不同的用人单位对于人员的招聘有不同的要求,比如在薪资福利、解决户口等方面。大学生找工作时常面对的企业类型是国有企业、民营企业和外资企业这三种。

2.选择用人单位的方法

许多大学生在初次就业的时候,会盲目崇拜一些大企业、大公司,特别是外资企业。其实外资企业在选人、用人及培育人才方面有一套非常严格的体系,而且竞争压力很大,许多资质一般或发展不均衡的大学生往往无法通过第一轮的简历筛选,无疑增加了自己的就业成本。而在一些小公司、小企业的招聘中,公司往往看重的是有激情与特长的人,因此对于大学生来说就业成功的概率更大,而且在小公司中,分摊在每个人手里的工作更多,也能充分锻炼自己的能力。

民营企业是国家经济发展的基石和代表,虽然最开始薪资可能不高,但是加入小公司、小企业,能够让自己跟随公司一起成长,也是一件非常有意义的事情。不过,同学们对用人单位的具体选择见仁见智,需要结合自身情况,尤其在学历、专业、英语等方面存在劣势的同学,在求职时要尽可能地分析不同用人单位的特点和招聘规则,并扬长避短,尽可能地在自己喜欢的、适合自己的用人单位中获得就业机会。

3.职业环境

职业环境是指所选职业在社会大环境中的发展状况、技术含量、社会地位、未来发展趋势等,包括社会环境和组织环境。职业环境对一个人的工作体验有很大的影响,它直接关系着人们对工作满意程度的判断。

4.职业要求

外在素质:通过对职业外在素质要求的了解,对比自己是否能够胜任该工作,还有哪些要加强和补充的能力,从而可以将之规划到大学生活里。

内在要求:工作与思维方式及对个人的内在要求。工作与思维方式是个人做好工作的保证,有些工作对个人的内在要求很高,如责任心、投入程度等。这些是从个人内在来判断是否适合和喜欢一个职业的核心标准。

(二)待遇及发展

不同的行业、企业、岗位还有一些潜在的收入空间,建议大学生通过网络及已经就业的学姐、学长了解。

职业发展通道是用人单位为内部员工设计的成长与晋升管理方案,能显示出晋升的方式与机会,为自己的努力指明方向。在确定自己的职业后,就需要开始选择自己的职业发展通道。职业发展通道分为两种模式:一种是双通道职业阶梯模式,即选择是朝着行政管理方向发展,还是朝着专业技术方向发展;另一种是多通道职业阶梯模式,即除了选择行政管理方向和专业技术方向外,还有其他可供选择的发展方向。

(三)职业的局限性

通常职业的局限性是最容易被忽视的,然而,任何一个职业都有其局限性,正确地认识局限性(如行业前景的限制、工作平台的限制、思维方式的固化等),有助于未雨绸缪。当个体在职业世界中对于职业的限制有一定的觉察和思考时,就可以及时提醒自己,为接下来的调整做好准备。

如果想更深入地了解感兴趣的职业,还可以对职业标杆人物进行研究。职业标杆人物,就是这个领域的模范。研究职业标杆人物,可以了解他的奋斗轨迹,逐渐加深自己对职业的了解,也会找到在这个职业领域奋斗的途径。

三、专业发展与职业选择

专业发展与职业选择是紧密相连的两个概念。以下将从多个角度探讨这两者之间的关系及其重要性。

1.专业发展奠定职业选择基础

专业知识和技能是职业选择中的重要参考因素。通过专业学习,大学生可以掌握特定领域的核心知识和技能,为未来的职业选择提供有力的支持。同时,专业学习还能够培养思维能力和解决问题的能力,这些能力在职业发展中同样至关重要。扎实的专业基础可以让个人在职业选择时更加自信和有底气,能够更好地应对各种挑战和机遇。

2.职业选择促进专业知识应用

职业选择是专业知识应用和发展的具体体现。通过选择与自己专业相关的职业领域,可以将所学知识应用到实际工作中,检验和提升自己的能力。同时,职业选择还能够为增长专业知识提供新的方向和思路,推动自己在专业领域不断进步。在实际工作中,我们可以不断学习和实践新的知识和技能,以应对职业发展的需要和挑战。

3.专业发展与职业选择的相互促进

专业发展与职业选择之间存在着相互促进的关系。一方面,专业发展为职业选择提供了更多的选择空间和机会;另一方面,职业选择也促进了专业知识的应用和发展。这种相互促进的关系使得自己在职业道路上能够不断进步和成长。在职业发展中,可以不断学习和提升自己的专业素养和综合能力,以应对各种挑战和机遇;同时,也可以通过职业选择来不断检验和发展自己的专业知识和技能。

4.灵活调整职业选择,适应市场需求

在职业生涯中,可能会遇到各种挑战和机遇,需要不断地调整自己的职业选择。通过专业学习和实践经验的积累,可以更加敏锐地捕捉到市场变化和发展趋势,从而更加灵活地调整自己的职业方向和目标。这种灵活性和适应性对于职业生涯的成功至关重要。只有不断适应市场需求和变化,才能保持自己在职业市场中的竞争力和优势地位。

第三节 ◇ 未来职业世界

一、行业与职业发展趋势

(一)行业发展趋势

随着社会的不断进步和科技的快速发展,各个行业也在不断变化和演进。

1.数字化转型

随着互联网、大数据和人工智能的迅速发展,数字化转型成为各行业的共同趋势。企业纷纷加大对信息技术的投入,通过建立云平台、引入智能化生产设备,提高工作效率和质量。同时,数字化转型还带来了新的商业模式,如共享经济、电子商务等,改变了传统行业的经营方式。

2.绿色可持续发展

环境问题已经成为全球关注的焦点,绿色可持续发展成为各行业的发展方向。企业开始注重生态环境保护,提高资源利用率,推动清洁生产和循环经济发展。同时,消费者对环保产品的需求也在不断增加,为相关行业提供了新的发展机遇。

3.智能化技术应用

人工智能、物联网和机器人技术等智能化技术被广泛应用于各行各业。例如,在制造业中,机器人替代了人力进行重复性劳动,提高了生产效率和产品质量;在医疗行业中,智能医疗设备的应用使诊断和治疗更加准确和高效。智能化技术的应用不仅改变了工作方式,还推动了新的产品和服务的出现。

4.跨界融合

在当前激烈的市场竞争中,行业之间的融合成为一种趋势。不同行业之间的合作和交流不断加强,企业与其他领域的合作伙伴共同开发新产品、开拓新市场。跨界融合也带来了新的商业模式和产业链的重构,推动了创新和发展。

5.个性化定制

消费者对个性化和定制化产品的需求日益增加,因此个性化定制成为行业的一个重要发展方向。通过引入先进的生产技术和灵活的供应链管理,企业能够根据消费者的需求提供定制化的产品和服务。个性化定制不仅满足了消费者的需求,还提高了产品附加值和企业竞争力。

6.物联网的发展

物联网的兴起将改变各行业的生产方式和商业模式。物联网技术使得设备和产品之间能够实现互联互通,实现自动化控制和智能化管理。通过物联网技术,企业能够实时获取和分析生产数据,优化生产过程,提高资源利用效率。

行业发展趋势是多方面的,从数字化转型到绿色可持续发展,再到智能化技术应用、跨界融合、个性化定制和物联网的发展,将对各行业带来深刻的影响和机遇。只有紧跟时代的步伐,不断创新和适应变化,企业才能在激烈的市场竞争中保持竞争优势,并实现可持续发展。

(二)职业发展趋势

随着科技的飞速发展和社会的不断变化,职业的发展也呈现出一些明显的趋势,而且正日益多样化和个性化。以下是目前职业发展的几个主要趋势:

1.科技驱动

科技的发展成为职业发展的推动力。随着人工智能、大数据、云计算等技术的广泛应用,许多传统行业面临着巨大的变革和挑战。与此同时,新兴职业(如人工智能工程师、数据分析师、云计算专家等)正逐渐崭露头角,成为热门职业选择。

2.多领域交叉

职业发展日渐需要多领域的综合能力。如今的职业要求不仅包括专业知识和技术,还需要人们具备跨学科的知识和技能,比如沟通能力、团队合作能力、创新思维等。跨领域交叉的职业发展趋势正在加强,这也要求人们在学习和工作中注重综合素质的提升。

3.职业多元化

职业的选择和发展空间越来越多样化。人们不再受限于传统行业和职业的选择,而是更加注重自己的兴趣。新兴行业(如游戏设计、电子商务、社交媒体营销等)为人们提供了更多的职业选择,也促进了创业潮的兴起。

4.弹性工作

弹性工作模式逐渐成为趋势。越来越多的人选择自由职业、远程办公或项目合作等弹性工作方式。这些工作方式不受时间和空间的限制,给人们提供了更大的工作自主权和个人发展空间,更适应现代人的工作和生活需求。

5.跨国工作

全球化的发展为人们提供了更多的跨国工作机会。越来越多的人选择出国留学、入职跨国公司或参与国际项目,这也促使人们具备跨文化交流和管理的能力。跨国工作经历不仅可以丰富个人履历,还可以提升个人职业发展的竞争力。

二、机遇与挑战

职业世界正面临着前所未有的机遇和挑战。新质生产力是指在生产过程中引入新的生产要素、生产工具和生产方式,从而提高生产效率、降低生产成本并创造新的价值。人工智能作为一种先进的生产工具,其深度学习和自主决策能力能够极大地提升生产过程的智能化水平,从而推动新质生产力的形成。数字化、智能化

减少了人力投入,却也催生了很多新的就业机会。

(一)机遇

1.创造新的工作机会

人工智能技术和新质生产力为许多新的工作机会创造了条件。这些新兴职位需要专业知识和技能来开发、维护和优化。例如,在自动驾驶、智能家居等领域,人工智能技术有望实现更加广泛的应用和突破,同期催生的相关服务行业为人才提供了广阔的发展空间。

2.职业转型机会

人工智能技术和新质生产力为传统职业的从业者提供了转型的机会。例如,在制造业中,许多工厂已经引入了智能机器人来替代传统的人工操作,这些机器人能够不间断工作,且精准度高、出错率低,大大提高了生产效率。操作人员可以学习人工智能相关的知识,从而在机器维护、智能化生产管理等方面找到新的发展空间。跨领域的技能和合作变得尤为重要,促使人们学习新技能,以适应新的工作环境。

3.人机协作新模式

人工智能的发展并不意味着人类将被完全取代,相反,人机协作将成为未来的主要形式。充分发挥人工智能在提升效率、降低成本和创造价值方面的优势,并结合具体的应用场景和需求,人工智能可以帮助人们完成重复、烦琐的任务,使人们有更多的时间和精力去解决更具挑战性的问题。例如,在医疗领域,某医疗机构利用人工智能技术对大量的医疗影像数据进行分析和处理,提高了疾病的诊断准确性和效率。在金融领域,一些领先的金融机构借助人工智能技术来开发智能投顾产品,为投资者提供更加个性化、精准的投资建议。

4.创新与创业的机遇

人工智能技术的应用可以改善和优化许多领域,如医疗保健、物流管理、智慧城市等。创业者可以利用 AI 技术来开发新产品、提供新服务,并创造出新的商业模式。例如,在物流领域,人工智能技术被广泛应用于路径规划、车辆调度等方面。电商可以通过引入智能物流系统,实现对配送车辆的实时调度和路线规划,有效避免交通拥堵和重复路线,大幅降低物流成本。

(二)挑战

1.就业岗位减少

一些研究机构预测,随着人工智能技术的普及,将有大量传统岗位被替代。例如,自动驾驶技术的成熟将会导致许多司机岗位的消失。

2.技能要求的变化与转型

AI 的兴起对工作者的技能要求带来了革命性的改变。传统行业的从业人员需要不断学习和接受新技术的培训,以适应市场的变化。数据分析、机器学习、算法设计等新技能变得尤为重要。

3.社会差距的扩大

人工智能技术的普及可能导致社会差异的扩大。那些无法适应新技术变化的人群可能会面临更大的就业压力和社会边缘化风险。

4.伦理与社会责任问题

随着人工智能在职场中的普及,如何保障 AI 的公正性、透明性,以及在其发展过程中维护人的尊严,成为一个核心议题。这需要整个社会的关注和努力来解决。

人工智能对职业世界的影响是复杂而深远的。它既带来了许多新的机遇,也带来了一些挑战。为了应对这些挑战并抓住机遇,个人需要不断学习新技能、适应新环境;同时,社会也需要制定相应的政策和措施来保障技术的健康发展并维护社会公平与稳定。

第五章

探索生涯决策

学习目标

1. 了解什么是职业生涯决策。
2. 了解职业生涯决策相关理论。
3. 掌握职业生涯决策方法。

生涯寄语

一个人最高的本领就是适应客观世界的能力。

——阿尔伯特·爱因斯坦

生涯榜样

　　福耀集团创始人曹德旺，怀揣着"为中国人做一片自己的汽车玻璃"的初心而创业，打破了当时日本汽车玻璃对中国市场的垄断。他具备精确判断未来方向的智慧，注意观察自己周遭的情况，并搜集有效的数据信息，通过推演做出正确的判断，预测出未来的走向。

　　曹德旺的商业智慧不仅体现在其对市场的敏锐洞察上，还体现在他对企业文化的塑造和对员工的关怀上。他强调诚信经营，坚持质量第一，使得福耀集团的产品赢得了国内外客户的广泛认可。在企业内部，曹德旺倡导"以人为本"的管理理念，注重员工的培训和发展，为员工提供了良好的工作环境和成长空间。他的这些做法不仅提升了企业的核心竞争力,也为中国的制造业树立了标杆。曹德旺的故事告诉我们,一个企业家的远见和责任感,对于企业乃至整个行业的发展都具有不可估量的影响。他坚信,只有不断创新和进取,才能在激烈的市场竞争中立于不败之地。因此,曹德旺不断投入研发资金,引进先进技术,推动福耀集团不断向前发展。

在他的带领下,福耀集团不仅在国内市场取得了巨大成功,还积极拓展国际市场,成为全球知名的汽车玻璃制造商。曹德旺的创业精神和商业智慧,不仅为福耀集团赢得了荣誉和地位,也为中国的企业家树立了榜样。他的成功故事激励着无数年轻人勇敢追梦,不断挑战自我,为实现自己的梦想而努力奋斗。

 本章简介

职业生涯决策是个人职业发展中至关重要的环节,它涉及对自我认知、职业环境及未来目标的综合考量。在这一章节中,编者首先探讨了职业生涯决策的定义,明确了它作为个体在职业道路上做出明智选择的重要性。接着,分析了影响职业生涯决策的多种因素,包括个人兴趣、能力、价值观以及外部环境等。在此基础上,提出了职业生涯决策应遵循的原则,如目标导向、可行性及灵活性等。此外,本章还介绍了生涯决策理论,如丁克里奇职业生涯决策风格理论、PIC 模型理论及认知信息加工理论,为个体提供了科学的决策框架。最后,概述了掌握职业生涯决策方法的重要性,并阐述了决策步骤,旨在帮助大学生更好地规划职业路径,实现职业目标。

第一节 ◇ 职业生涯决策概述

职业生涯决策是职业生涯规划中非常重要的环节,既包含做决策的过程,也就是"如何做",也包含做决定的结果,也就是"做什么决定"。在经过自我认知、探索职业世界之后,大学生需要根据已经获取的信息做出初步的职业生涯决策,选择未来发展的大方向,再做细节的选择。

一、职业生涯决策的定义

在生涯规划理论中,决策指的是根据各种条件,经过一系列的活动而进行的目标决定,还有为了实现这一目标而制定优选的个人行动方案。总的来说,常见决策有以下三种:

一是确定无疑的决策,即所有的选择及其结果都非常清楚、明晰。

二是有一定风险的决策,即每种选择的结果并不能完全确定,但可以在一定程度上知道可能会有什么样的结果。

三是不确定的决策,即对于有哪些选择,各种选择会产生什么结果,几乎完全不清楚。

生活中的大多数决策都属于第二种,也就是说能获得一定的信息,做出某种预测和选择。当我们面临第三种决策时,可以先搜集信息,把它变成第二种决策。

在实际生活中,职业生涯决策的过程不是一个独立的步骤,而是一系列的过程,主要可以分为四个阶段:

第一个阶段:自我探索,包括对自身的职业兴趣、职业性格、职业技能、职业价值观的探索,以达到清晰的自我认知。

第二个阶段:职业探索,主要包括对职业信息的了解、对生涯发展路径的了解。

第三个阶段:资源探索,主要包括对自身可用资源的探索和评估。

第四个阶段:科学推理,在前三个阶段的基础上做出可行性推理,从而做出正确的决策。

科学推理阶段对大学生来说是最难的。首先,要在众多的选择中找到一个大方向,比如毕业后直接就业、考研、出国等,这里可以使用本章介绍的工具SWOT分析法、CASVE循环法;然后,需要在大方向中筛选出一些更为具体的小目标,比如想就职于哪个行业、哪个单位,想深造于哪所高校等,这里可以使用本章节介绍的工具"生涯决策平衡单";接下来,权衡不同的选择和小目标并做出决定,同时接受"决定""妥协"两个反复的阶段;最后,大学生要能够承担决策的风险,面对未知的

压力,对自己的决定负责。

二、职业生涯决策的影响因素

职业生涯决策非常重要,会持续影响大学生未来的职业和发展。更需要注意的是,决策过程对某些大学生来说非常困难。在一些特定的情况下,职业生涯决策会受到很多因素的阻碍和限制,影响大学生进行有效的决策。一般来说,职业生涯决策的影响因素包括个人因素、社会因素和其他因素。对于这些影响因素,大学生有的能觉察到,有的不容易意识到。这些因素对每个大学生来说影响的程度也不同,了解这些因素有助于大学生梳理问题、解决问题,做出合理的决策。

(一)个人因素

大学生是职业生涯决策的主体,个人因素起着决定性作用。个人与环境之间的高度复杂性是决策受多方面因素影响的原因,个人对环境以及对自身因素的判断与取舍,限制着职业生涯发展的宽度和广度。所以,在职业生涯决策的过程中,最关键的影响因素是个人因素,主要包括个人背景、内在涵养、职业能力和素养、经济需求、心理特征等方面。

(1)个人背景。不同年龄、性别、教育背景的大学生会经历不同的职业生涯过程,个人背景的差异性会导致决策的不同。

(2)内在涵养。内在涵养包括个人修养、文化素养、道德水平,以及在体育、美术、音乐等方面的特长或天赋。

(3)职业能力和素养。职业能力和素养包括认知能力、分析能力、表达能力、组织能力、逻辑思维能力、语言能力、社交能力、业务能力、决断能力、解决问题的能力等。知识技能是决策者将信心转化成最终决策结果的关键。有些大学生在决策前已具备很好的自我认识,对自己的各种选择也很了解,但做出了有偏差的职业生涯决策;也有的大学生曾经做了大量职业测试来了解自己的兴趣、天赋等个人特质,但依然做不出决策。这都是因为缺乏决策的必要知识技能。一些决策者常常由于决策经验有限或者对自身的决策能力缺乏自信而做出错误的决定。

(4)经济需求。薪酬决定着大学生的生活水平和事业发展的空间,影响着个人的精神生活和社会成就感,但过分看重起薪可能错失更适合自己的机会,甚至可能给职业生涯的后续发展造成巨大的麻烦。在做职业生涯决策时,应充分考虑自身的经济情况,做出既满足生活所需又有发展空间的选择。

(5)心理特征。心理特征包括在特定时期的心理环境、精神状况和情感因素。心理特征具有明显的不确定性和即时性。从职业心理学的角度来说,职业兴趣、职业性格、职业技能、职业价值观构成了稳定的心理特性和倾向。大学生处于快速成长的阶段,心理状态容易发生较大波动,面对职业生涯决策会感到压力和迷惘,及时调整好个人心理状态是把握好个人的前途和命运的关键因素。例如,大学生在决策过程中因为性格内向而产生抵触情绪,从而自卑,有可能做出错误或者存在偏差的职业生涯决策。有的大学生还会焦虑、缺乏自我胜任感以及产生动机冲突等。还有的大学生过高地估计了自己的能力,产生了自傲的情绪。例如,认为自己就应该处于高层管理者的位置,不屑到基层中工作。这种情绪可能使决策结果偏离客观事实,不具有可实现性。

(二)社会因素

不同的社会环境将对大学生的职业生涯决策产生不同的影响。政治形势,价值观,社会、经济、历史、文化环境等都能够影响大学生做出决策。同时,行业、用人单位对毕业生的需求、技能要求,以及专业在社会中的发展状况等也是影响大学生决策的重要因素。

很多大学生在进行决策时,也会考虑地域因素。总的来说,市场化水平和经济增长水平相对较高的区域是大学生职业生涯发展的主要阵地。大学生在做职业生涯决策时,应该结合区域经济的发展状况,选择或制定更加贴近自身状况的发展方案,实现职业生涯良好、有序地发展。

(三)其他因素

在影响职业生涯决策的所有因素当中,除了个人因素和社会因素之外,还有来自家庭方面因素和其他因素的影响。充分整合影响职业生涯发展的各个因素,有利于提高决策的合理性。

1.家庭因素

家庭因素对大学生的职业生涯决策有着直接的影响,既有积极的影响,也不乏消极的影响,其中主要包括家庭经济状况、家庭价值观和家庭社会关系三个方面的因素。

第一,家庭经济状况。家庭经济状况直接影响着大学生受教育的条件、对人生的态度、对精神生活的追求,对个人兴趣、性格、能力、价值观的形成都有着间接的影响。

第二,家庭价值观。父母在日常生活中所呈现出来的样子是大学生最先观察到的,大学生父母及其他亲人的价值观共同决定着家庭对大学生灌输的价值观,在很大程度上决定了大学生的发展方向。有的大学生学业和发展出现了问题,可能不仅仅是学生本身的问题,也是一个家庭的问题。家庭和人际关系面临困境势必会影响职业决策者的决策过程。

有些家长能够客观评价孩子的决策结果并给予一定的指导,鼓励学生完成职业生涯规划。也有的家长根据自己的经验(也可能是对某种客观事物的偏见)否定学生的决策结果。例如,一些家长认为做营销策划工作要经常出差,与各种商家打交道,非常不适合女孩子。甚至有的家长对学生的职业生涯决策进行强制干预,不考虑学生的兴趣、性格特征,只是按照自己的想法为学生规划未来,使学生的潜能不能得到有效的发挥。

研究发现,与家庭成员高度融洽或密切相关的大学生往往在决策中很难保持自己的情绪和心理上的独立。另外,家庭成员之间无法就义务、经济、责任、价值观等达成共识也会使学生的职业生涯决策出现问题。

第三,家庭社会关系。家庭社会关系能为大学生提供相关就业资源和行业相关信息,使决策存在很大的延展空间。因此,在做职业生涯决策的同时,大学生应充分利用家庭资源,提高职业生涯决策的科学可行性。

2.成长环境因素

大学生的朋友、同龄群体对其职业生涯决策的影响也是很大的,他们的职业价值观、对待个人发展的态度、思维、语言、行为特点等不可避免地会影响决策本人对职业的偏好、选择从事某一类职业的机会和变换职业的可能性等方面。

3.个人职业信息匮乏或膨胀

信息是决策的基础条件。在职业生涯决策过程中所需的信息包括决策者的职业价值观、天赋、兴趣、个性等自身条件,还包括决策者所倾向的职业的相关信息,如行业目前的发展形势、对其中具体的工作人员的专业素质和知识结构的要求、如何获得满意的工作岗位、进入该行业需要注意的事项等。

如果大学生缺乏信息基础,可能会影响职业生涯决策的有效性。同时大学生在决策过程中还要对职业信息具有一定的甄别能力。"互联网+"的信息呈现出过多以及过于复杂的现象,大学生可能受客观环境的影响而获取了错误的信息,这些信息可能对职业决策结果产生负面影响。

三、职业生涯决策原则

(一)社会需求原则

社会大环境要求大学生在做职业生涯决策时必须与社会需求相结合,以社会需求为出发点的决策才具备可行性和发展性,这是一个最基本的原则。一些传统行业在逐渐被信息化产品取代,这是决策中不能忽视的社会需求因素。

(二)兴趣发展原则

"兴趣是最好的老师",职业生涯决策的结果要符合大学生本身的喜好。做自己喜欢的工作,能够有效地将兴趣转化为动力,最终成为事业发展的长久动力。但大学生在做决策时,并非所有的决定都和兴趣有关。有的大学生对所学的专业或从事的工作并不感兴趣,但如果计划以此为职业,就应该尽快发展和培养职业兴趣。所以大学生在做决策时,不仅要选择自己喜欢的职业方向,更要主动培养职业兴趣,从学习和工作中找到乐趣。

(三)能力胜任原则

大学生在职业生涯决策过程中不仅要找到感兴趣的工作,更要找到擅长的工作。本书中前面的章节已经介绍了从事任何职业都要具备对应的职业技能,以便满足职业岗位的需要,同时也会让人有成就感。所以大学生在做职业生涯决策时,要对自己已经具备或即将具备的能力有所了解,根据自己的能力来判断是否适合这个职业,即使有的能力有欠缺,也可以努力去提升。

(四)利益整合原则

大学生进行职业生涯决策的目的是找到发展方向作为未来生活的依靠,满足自己在物质和精神方面的需求,获得幸福感。所以,职业回报、行业发展状况、生涯路径会使得大学生在职业生涯规划的全周期中实现收益的最大化。在进行职业生涯决策时,要考虑各方面利益的整合,如能否满足个人的物质需求和精神需求,职业发展前景怎么样,社会地位怎么样,个人的成就感如何,个人要付出的努力和代价是什么。这是一个整合的过程,最终来实现自己的利益最大化。

第二节　职业生涯决策理论

了解职业生涯决策理论有助于大学生更好地理解职业生涯决策的方法,本节重点介绍三种职业生涯决策理论。

一、丁克里奇职业生涯决策风格理论

19世纪,丁克里奇(Dinklage)通过访谈形式得出结论:个人决策的风格有八种类型。

(1)烦恼型。此种类型的大学生过度收集信息,使用信息时又过度担心,甚至会花很多时间和精力来收集信息,确认有哪些选择,向咨询师咨询,反复比较却难以做出决定。烦恼型的大学生收集再多的信息进行分析比较也效果甚微,可以思考是被什么样的情绪和非理性观念所困扰而犹豫不定。

(2)冲动型。此种类型的大学生容易冲动地选择第一个容易实现的职业目

标,不再考虑其他的选择或者进一步收集信息。其想法往往是先找到一份工作。冲动的决策方式风险太大,等到有更好的选择时大学生会非常后悔。

(3)直觉型。此种类型的大学生把自己的直觉感受作为决策的依据,这在无法获得大量信息的时候会比较有效,但可行性和规划的延展性可能不符合事实,甚至可能会因自身的偏见与职业目标产生较大的偏差,建议此种类型的大学生调整决策风格。

(4)拖延型。此种类型的大学生时间观念较差,不断往后推迟决策,直到最后一刻才做决策,甚至被迫做出可能不适合自己的决定。常见的"我还没准备好去就业,先深造吧""到最后都能找到工作,不用担心"是比较常见的拖延型决策,决策问题将由于拖延变得更难以解决。深造从根本上无法解决决策问题,不是每一次都有合理的借口来拖延决策。

(5)宿命型。此种类型的大学生自己不愿做决定,而把决定的权利交给别人或者命运,认为做什么选择都是一样的,直到机会到来时才做出决定。此类大学生大多比较无助,容易成为外部环境变化的受害者,应该主动说出决策问题,以寻求帮助或者鼓励。

(6)顺从型。此种类型的大学生过于依赖外界的指导,虽然想做决定,但是无法坚持己见,常会屈从于他人或是跟随大多数人的决定,可能在群体中获得了安全感,不过在决策过程中会忽略自身的独特性,将导致决策结果不适合未来职业的发展。

(7)瘫痪型。此种类型的大学生在接受决策任务时,会由于压力而过于焦虑,担心决策结果,不愿意为结果负责,选择停滞不前来逃避做决策。这种心理可能与家庭在其成长过程中的教育和行为培养方式有关。

(8)计划型。此种类型的大学生是这些决策类型中最好的,能够准确、全面地说出自己对职业目标的选择标准和依据,以做出适当且明智的决策,同时还会对周围的人或事产生一定的积极影响,是应当积极提倡的决策类型。此种类型的大学生会意识到决策对个人职业生涯发展的重要性,从而积极地收集职业信息,会使用标准化决策模型所推荐的理性策略主动解决问题。此种类型的大学生还会根据具体的情形调整自己的选择。

二、PIC 模型理论

PIC 模型理论是由以色列职业心理学家盖蒂(Getty)提出的,理论基础是排除理论,在生涯决策理论与实践中具有一定的参考与实践意义。P 代表排除阶段(Pre-screening)、I 代表深度探索阶段(In-depth Exploration)、C 代表选择阶段(Choice)。

PIC 模型理论对于大学生职业生涯决策方案的选择通常都是多属性的,在选择过程的每一阶段,要挑选出某一属性或某一方面,根据其重要性做出评价,排除不符合决策要求的属性,在以后的比较选择中不再继续考虑,直到剩下某种未排除的方面或属性时,再做出最后的选择。

1.排除阶段

很多大学生在做职业生涯决策时,备选的决策方案是很多的。排除阶段的目的就是将这些备选的决策方案数目减少,达到可操作的水平,以便决策者能够为每个方案收集广泛的信息,并且有效地加工这些信息。排除阶段可以分为三个步骤:

第一,初定有可能的方案。寻找有可能的方案是建立在个人对有关方面的偏好这一基础之上的,如个人的职业价值观、兴趣、能力、工作环境、培训时间、工作时间、人际关系类型等。

第二,根据重要性排序。按照自身的重视程度给出可能的排序方案。

第三,排除不易操作的方案。根据重要性排序情况思考方案可接受的水平,排除与个人偏好不符的方案,直到剩余"有可能方案"的数目在可操作的范围内。

2.深度探索阶段

这个阶段的目的是找到一些不仅是有可能的,而且是合适的方案,获得深度探索阶段的方案清单。首先,大学生要考察自己是否能够真正达到方案核心层面规定的要求;其次,要考虑自身的教育背景、实践经验是否能够支撑方案的实施;最后,要考虑每个方案的先决条件,比如相关的从业资格证书等。

3.选择阶段

根据以上两个阶段的分析,选择对于自身来说最合适的方案。首先,要注意关注第二阶段得出方案的特点,将方案的优缺点进行比较,考虑方案之间的平衡,挑选其一;其次,使用收集到的信息,评估实现该方案的可能性,如果存在不确定性,建议回到前面的步骤,搜寻更多的、可能被认为是"次等的"但仍然适合的方案。

三、认知信息加工理论

1991 年,美国心理学家盖瑞·彼得森(Gary Peterson)、詹姆斯·桑普森(James Sampson)和罗伯特·里尔登(Robert Reardon)在著作《生涯发展和服务:一种认知的方法》(*Career Development and Services：A Cognitive Approach*)中详细阐述了思考生涯发展的新方法——认知信息加工(Cognitive Information Processing,CIP)方法。

认知信息加工理论是职业生涯选择和职业生涯发展理论体系中的一个非常重要的理论,是基于"在生涯问题解决和决策制定过程中大脑如何接收、编码、储存和利用信息和知识"这一理念而形成的理论,强调大学生要关注职业生涯问题的解决和职业生涯决策的思维、记忆过程。它将职业生涯规划的过程视为学习信息加工

能力的过程。

认知信息加工理论的核心观点是金字塔模型和 CASVE 循环。在本章后续的内容中,将详细讲解 CASVE 循环法在职业生涯决策中的应用。之所以认知信息加工理论在大学生职业生涯决策中具有很强的实践作用,主要是因为其在知识领域的完善、生涯决策的改进、元认知技能的改善三个方面所发挥的积极作用。

什么是金字塔模型呢? 金字塔模型如图 5-1 所示。

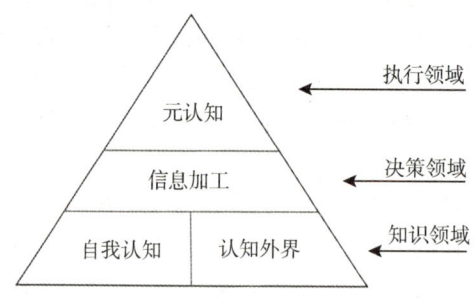

图 5-1　金字塔模型

位于金字塔底部的是知识领域,包括自我认知(对自身兴趣、性格、技能、价值观等的了解)和认知外界(对工作世界的认识)。金字塔的中间是决策领域,即一般性的信息加工技能,包括沟通(Communication)、分析(Analysis)、综合(Synthesis)、评估(Valuation)、执行(Execution)五个阶段,构成了决策的 CASVE 循环。最上层的领域是执行领域——元认知,是个人对自身认知过程及结果的知识、体验和调节,包括个人所具有的关于自身思维活动和学习活动的知识、对自我的觉察和对自己进行认知活动的过程与结果的监督控制。

在认知信息加工金字塔中,知识领域相当于计算机的数据文件,需要大学生在日常的学习和生活中进行存储;决策领域相当于计算机的程序软件,让大学生对所存储的信息进行加工处理;执行领域则相当于计算机的工作控制功能,操纵电脑按指令执行程序。在这三个领域中,知识领域是基础,没有较全面而准确的自我认知和职业知识就无法做出合理的职业生涯决策;执行领域则对上述两个领域的状况进行监控和调节。

第三节 ◇ 职业生涯决策方法

一、职业生涯决策方法概述

(一)SWOT 分析法

SWOT 分析法的提出者是哈佛商学院的安德鲁斯(Andrews)教授,主要用于为企业中长期发展制定战略。近年来,它常用于职业生涯决策、管理、营销等领域,对大学生所处的情景进行全面、系统、准确的研究,从而根据研究结果制定相应的规划、战略、对策。SWOT 分析法在职业生涯决策中是一个非常有用的工具,大学生通过 SWOT 分析,会较清楚地知道自己的优缺点,评估自己所感兴趣的不同职业道路的机会和威胁。总的来说,这种分析方法在实际运用中具有明显的科学、合理性。因此,分析结果可作为职业生涯决策的主要依据。

SWOT 分析法中,S(Strengths)代表优势、W(Weaknesses)代表劣势、O(Opportunities)代表机会、T(Threats)代表威胁。优势、劣势属于内部因素。机会、威胁属于外部因素。由此,SWOT 分析法可以分为两部分:第一部分为 SW,主要用来分析个人条件;第二部分为 OT,主要用来分析外部条件。内外结合才能将个人的职业目标、个人条件、内外部环境有效结合起来。SWOT 矩阵分析表如表 5-1 所示。

表 5-1　SWOT 矩阵分析表

个人优势	个人劣势
实际的机会	潜在的威胁

SWOT 分析主要包括以下四步:

第一步:评估自身的优势和劣势。大学生要根据自己的价值观、性格、兴趣和技能找出自己的优势和劣势,也可以通过职业测评软件得出直观的分析结果。之后要努力去发挥优势,改善劣势;同时,要敢于放弃那些自己不擅长的、能力要求不易达到的职业,规避自己的劣势,在不断提高自己的职业能力的过程中提高职业素养。

第二步:找出自身的职业机会和威胁。机会与威胁是并存的,不同的行业、公司、职位都面临不同的外部机会和威胁,这些机会与威胁在很大程度上制约着职业生涯的发展。找出这些外界因素,对大学生找到一份适合自己的工作是非常重要的,因为这些机会和威胁会影响第一份工作和职业的发展。

第三步:确立中长期职业目标。列出五年内的职业目标,对所期望的每一个职

95

业目标进行 SWOT 分析,同时思考自己想从事哪一种职业,希望拿到的薪酬范围等,实现这些目标必须能发挥出自身优势,与行业提供的工作机会相匹配。

第四步:论证职业目标的可行性。为所列出的职业目标拟订一份具体的行动计划,结合 SWOT 分析中内外因素的优势与劣势,详细分析实现职业目标的可能性。分析为了实现每一个目标要做的每一件事,何时完成这些事,如果需要外界帮助,那么需要何种帮助和如何获取这些帮助。比如,分析技术职位需具备的业务能力和创新能力,要获得预期的报酬需要具备的相关职业素养、专业技能等,这些需要大学生结合自身情况进行探讨,并对职业计划和行动进行理性的分析。

(二)CASVE 循环

无论在人生规划的哪个阶段,CASVE 循环都是解决职业生涯决策问题的良方,它可以当作进行生涯决策的一个经典例子。同时,CASVE 循环还是信息加工理论的核心观点之一,与金字塔模型一起组成了认知信息加工理论的核心观点。

解决职业生涯问题不是一件事,而是一个过程,即一个包括了五个步骤在内的 CASVE 过程。C 代表沟通(Communication)、A 代表分析(Analysis)、S 代表综合(Synthesis)、V 代表评估(Valuation)、E 代表执行(Execution)。在开始这五个步骤之前,大学生一定要对自我认知有较清晰的定位,对职业环境有较全面的探索。CASVE 循环如图 5-2 所示。

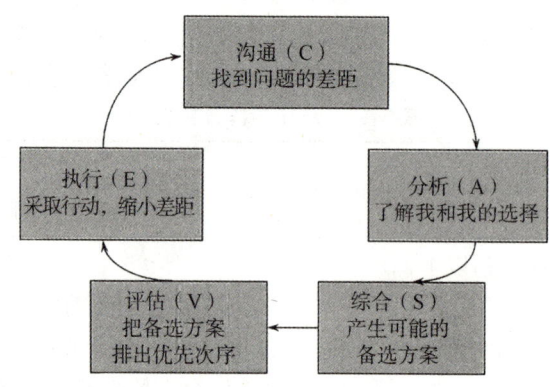

图 5-2　CASVE 循环

第一步,沟通。沟通是职业生涯决策的开始,可以通过内部沟通和外部沟通来完成,其目的是要明确自己需要做出选择的各个阶段,开始寻找理想和现实之间的差距。为了做好沟通,大学生可以尝试问自己以下三个问题:

第一个问题是:理想与现实的差距到底在哪儿呢?

例如,你想毕业时收获丰厚的待遇,现实中,这可能会实现吗?你想毕业时去国外顶尖的大学深造,你觉得凭借以往的学习状态,这可能会实现吗?对于可以实现的目标,可以定得再稍微高一点,只要更努力一下就会有实现的可能;但对于很难实现的目标,我们要注意实现的可行性,一定要基于充分的自我认知和职业探索来思考可行的路如何走。也就是说,要管理好自己的野心和欲望。

第二个问题是:对于未来的选择,已经迷茫很久了,要最晚在什么时间做出抉择?

很多人喜欢拖延,如果不讲求时间的限制,那么谈职业生涯决策就无从说起,因为根本没有尽头,迷茫会一直存在,直到外界的因素迫使大学生做出不得不接受的决定,这也会让大学生感到很被动。所以,要注意管理好自己的时间。

第三个问题是:可以自由选择未来路的权利有多大?

这是要帮助大学生理清职业生涯决策中"决策权"的问题。比如,家人希望你继续深造,但是你想毕业后直接就业,那到底要如何选择未来的路呢?这就不是一个决策性的问题,而是一个适应性的问题。沟通可以化解适应性的问题,从而让大学生更有底气对未来说"Yes"。

第二步,分析。通过沟通,大学生发现了理想与现实的差距,在分析阶段,就要考虑自己的选择会出现的各种可能性。这个步骤很重要,但是在很多实际的生涯与就业咨询案例中,有的大学生会简化或者跳过这个环节,直接过渡到下一个步骤,这样会弱化决策的根基,也就失去了规划的意义。

做分析时需要把握住最核心的问题,即以最终目标为主线。这会帮助大学生一边规划,一边想明白自己的选择会出现的各种可能性,从而分析好每条路上可能出现的问题。建议大学生问自己三个问题,来明晰最终目标:

一是:我最不想做什么样的工作、过什么样的生活?二是:我最期待的工作和生活状态是什么样的?家人、朋友如何看待这种状态?三是:我最佩服的人有什么生涯目标?

第三步,综合。综合主要是根据分析步骤得出的信息,设计出符合要求的方案,确定解决问题的方法。大学生对于未来会有很多设想,在深入分析后可以得出许多与自身较匹配的职业方向。综合就业是要去做减法,发散思考每一种方向的可能性,最后将目标方向压缩到3~5个,以选择最有效的可行方向。

第四步,评估。评估是对综合得出的目标进行详细的评估和排序。大学生需要评估自己从事目标行业的适应性以及对家庭的影响,按照优先原则排序,比如可以问自己:"这个行业为什么适合我?""对我的家人来说,我的选择会带来什么?"等等,可以参考本节内容"生涯决策平衡单"进行评估。

第五步,执行。任何目标的实现,都少不了踏踏实实的行动。执行是CASVE循环的最后一步,前四步都是为执行做出的铺垫。要实现职业生涯的成功发展,关键还是要在执行步骤中将所有规划付诸实践。在执行过程中,既需要制订可行的计划,还要积极地尝试并付诸行动。在行动中要评估设定的目标是否合理,是否符合自己的实际情况;如果不是,就要进行新的决策过程,再次回到沟通阶段,开始新一轮的 CASVE 循环,直到职业生涯中的问题被解决为止。

职业生涯规划是一个动态变化的过程,CASVE 循环正是通过循环思考引导大学生不断发现问题、解决问题,达成最终目标。

(三)生涯决策平衡单

在职业生涯决策中,大学生常会犹豫应该取舍什么职业目标。

生涯决策平衡单(Janis & Mann,1977)能帮助大学生具体分析每一个可能的方案,把各种规划进行细化、分析、整理,从而通过数据化的排序,直观做出应该选择哪个职业目标的判断。CASVE 循环中的"评估"步骤可以通过生涯决策平衡单来进行。

生涯决策平衡单主要将决策的评估方向分为四个部分:个人物质方面的得失、他人物质方面的得失、个人精神方面的得失、他人精神方面的得失。生涯决策平衡单具体使用步骤如下:

(1)选择想要比较的发展目标,比如考研、求职、基层就业、出国等。

(2)明确四个部分的具体内容。如表 5-2 所示,针对某一个可供选择的职业发展方向,列出自己所有的考虑因素,从对自己、其他重要的人等不同的角度,分析会带来怎样的得与失,分析这些得与失是否可以接受,为什么。

(3)拟定各因素的加权分值。根据自身情况考虑各因素的重要性,根据考虑因素的重要程度,分别设定 1~5 的权重系数,重要程度越高,分值越高。

(4)为因素打分。因素的计分范围为-5~5 分。对大学生越重要的因素,分数越高;反之越低。将分数填在对应栏中,然后与权重相比得出加权分数。

(5)计算总分并进行决策。将各选项加权分数合计得出总分,一般总分最高的方案即为最优选择,但是在实际操作中大学生常会因为某个因素调整选择。

生涯决策平衡单的应用

同学们可以参考表5-2内容对自己的生涯决策平衡单进行打分：

表5-2 生涯决策平衡单

生涯决策平衡单(举例)				
选项	生涯选项一:工作		生涯选项二:深造	
考虑因素	+	−	+	−
个人物质方面的得失				
个人收入(4)	8(+32)			−6(24)
健康状况(2)		−6(−12)	3(+6)	
自由时间(3)		−1(−3)		−2(−6)
发展情况(2)	2(+4)		6(+12)	
升迁情况(1)	1(+1)		4(+4)	
社交范围(3)	3(+9)			−1(−3)
他人物质方面的得失				
家庭收入(5)	3(+15)			2(−10)
个人精神方面的得失				
所学应用(2)	5(+10)		5(+10)	
深造需求(3)	1(+3)			−1(−3)
调整生活方式(3)		−4(−12)	6(+18)	
具有挑战性(4)	2(+8)		3(+12)	
成就感(5)	3(+15)		3(+15)	
他人精神方面的得失				
父亲支持(4)	6(+24)		3(+12)	
母亲支持(3)	5(+15)		5(+15)	
朋友支持(2)		−8(−16)	2(+4)	
总分	83		62	

结论:生涯选项"工作"的总分高于"深造",那么对于这位决策者来说,更应该着重考虑先去工作。

(四)5W 归纳法

5W 归纳法也是职业决策过程中经常使用的方法,在日常的学习生活中,可以依次回答 5 个问题,并通过答案的交集来进行生涯决策。

问题 1:我是谁?(Who am I?)

这个问题的目的是引导大学生对自己进行深刻的反思,充分了解自己的优点,对自己有一个全面、客观、清醒的认识,把自己的性格特征、特长、能力等方面的优势挖掘出来,更加清晰地明确职业目标。

问题 2:我想做什么?(What do I want to do?)

这个问题的目的是引导大学生清楚地知道想要什么样的职业和什么样的生活。虽然随着年龄和经历的增长,每个人在不同阶段的兴趣不完全相同,但兴趣对职业的发展有重要的导向作用,可根据兴趣来锁定一个人的职业发展方向。

问题 3:我能够做什么?(What can I do?)

这个问题的目的是引导大学生清楚自己能做什么或者哪些方面可能有发展的潜力,是对自己能力的考量。如果说个人职业的定位必须以自身的实力、能力作为根基,那么职业发展空间则取决于自身潜力的大小。除了要考虑个人的性格和特长等因素,对自身潜在能力的分析和预测也十分重要。职业的成功依赖于个人的能力,但职业发展的空间往往受个人潜力的限制。通过对潜能的考察,可以进一步缩小职业决策的目标范围。

问题 4:环境支持或允许我做什么?(What can support me?)

这个问题的目的是引导大学生思考周围的环境资源哪些能够对自己有所支持,这种支持将有助于自我发展,可以从政治环境、经济环境、法治环境、科技环境、文化环境、朋友关系、社会人脉等方面进行综合考量。

问题 5:我最终的职业目标是什么?(What can I be in the end?)

这个问题的目的是引导大学生通过对前四个问题的思考,形成一个可行的职业生涯目标,以此来指引职业生涯规划的实施,从而确立个人职业生涯发展的最佳方向。

二、职业生涯决策的步骤

大学生职业选择决策的具体过程主要是在自我认知、职业认知的基础上,通过分析专业、职业选择、职业定位、行业与职业外部环境需求与机遇等问题,面对外部客观职业世界的需要,知道自己的职业发展乃至人生发展的需要,最后做出决策的过程。结合本章关于职业生涯决策的定义、影响因素、理论、方法的讲解,现在总结出大学生在职业决策制定之前以及制定过程中一般需要完成的七个步骤,如图 5-3 所示。

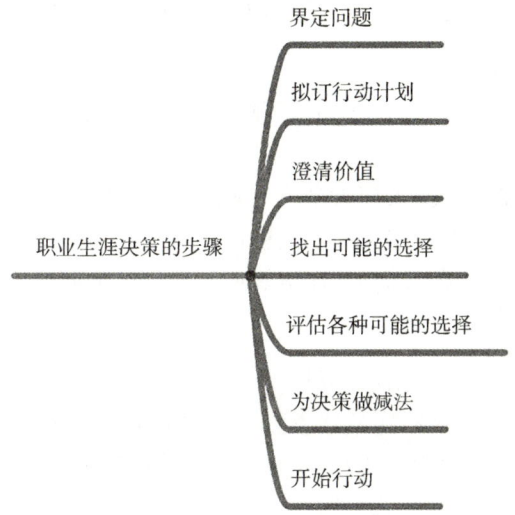

图 5-3　职业生涯决策的步骤

(一)界定问题

　　界定问题即认识自我的过程,明确自己想要什么,自己对此存在哪些优势与劣势,在此基础上制定出明确的目标和实现目标的时间表。

　　在这一步,大学生应注重自我职业决策意识的激发。只有当个人自觉意识到职业决策的重要意义,才不会人云亦云,并且这种意识的培养必须从大学低年级开始。大一学生对于职业发展前景的信息常常存在一定的盲目性和不完备性。这就要求学生应该根据自身特点,包括身体、心理、兴趣以及能力等各个方面的特点,尽早确定职业方向;同时还要注重参加学校组织的相关课程指导的学习,通过课堂学习、生涯人物访谈、职业实践认知等方面的锻炼,加深对所学专业的了解;通过与专业教师的交流来了解本专业的职业定位,使自己的所学与社会职业相联系;通过社会实践活动和职业实习,真实地参与相应的职业活动,获得更多的工作经验,从而激发自我主动思考职业,提高职业决策意识和决策能力。

(二)拟订行动计划

　　拟订行动计划即收集与目标或目的有关的信息资料,在明确自己需求目标的基础上,思考可能达到目的的各种行动方案,并规划达成目标的流程。

　　在这一步,要注意直面一定会存在的决策风险。决策风险,是指在决策活动中,由于主体、客体等多种不确定性因素的存在而导致决策活动不能达到预期目的的可能性及其后果。如何降低决策风险,减少决策失误,是大学生在进行职业生涯规划中的主要顾虑之一。同样在职业生涯决策中,也存在着一定风险,既不能因为怕承担风险而迟迟不去做决定,也不能因为总会有风险而莽撞地做出决定。

(三)澄清价值

澄清价值即界定个人的选择标准,明确自己最想要的是什么,以此作为评量各项方案的依据。

澄清职业价值是一个深入探索个人在职业生涯中所持有的道德观念、行为准则以及职业目标和理想的过程。这个过程旨在帮助个体清晰地认识自己在工作中所重视的原则、信念和价值取向,从而更好地指导自己的职业选择和职业发展。

(四)找出可能的选择

找出可能的选择,即广泛收集资料,估算个人对于每个行动方案的喜好程度。

在这一步,大学生应及时完整地收集有关职业决策和职业发展的信息,从而充分认识职业社会和真实的职场情况,还必须意识到职业决策是一个循环的过程,贯穿于整个在校学习期间。

(五)评估各种可能的选择

评估各种可能的选择即依据自己的选择标准和评分标准,逐一评价各种可能的选择,选择其中的一个方案执行。

在这一步,要注意通过信息收集、自我评估以及实际的规划制定过程来不断检验,对于决策结果做出及时调整。

(六)为决策做减法

为决策做减法即要系统地删除不适合的方案,选择其中的最佳方案。

在这一步,大学生需要注意加强自身心理素质的培养,培养乐观开朗、积极向上的生活态度。在学习生活中应注意自身压力的排解,积极参加集体活动,加强与同学的交流;自己在生活中不能处理的问题或矛盾应及时与家长或老师沟通。尤其在职业规划过程中应敢于发现自己的问题,并向老师、家长寻求帮助。

(七)开始行动

开始执行行动方案,以达成选定的职业目标。如果没有成功,则可继续调整,采用其他可行的办法,做到随机应变。

前三节的学习内容对职业生涯决策有了一个由表及里的分析和讲解,但是很多大学生在即将落实到行动上的时候开始打了退堂鼓,原因主要是存在职业生涯决策困难,导致无法有效做出明智的职业生涯决定。

在这一步,要注意三点:

一是,要学会向特定的职业生涯决策困难妥协。

职业心理学家戈特弗里德森(Gottfriedson)提出的职业抱负发展理论认为职业

抱负发展经历两个过程：范围限定和妥协。所谓范围限定，就是一个从可能的职业范围中逐渐去除不可接受的工作，从而建立"可接受领域"的过程，即从所处文化允许的范围内开辟出一个可选空间的过程。所以职业选择考虑的首先应是社会，然后才是心理自我。妥协则是个体放弃他们最为优先考虑的选项的过程，是调整自己的期望以适应外在现实的过程。所以从某种意义上说，能够妥协是职业成熟的表现。

建议大学生有准备地在三个方面进行职业妥协：发展机会、人职匹配和社会期望。有研究表明在职业妥协的这三个方面，人职匹配对工作投入的负面影响最大，其次是发展机会，社会期望不会对工作投入产生显著影响。因而建议在进行职业决策时，一要考虑职业与自身的兴趣、技能和知识等的匹配程度；二要考虑未来的发展机会，他人和社会的看法只作为参考。从妥协的角度来说，建议首先妥协他人和社会的看法，其次是未来的发展机会，最后是人职匹配。

对于大学生来说，有的人在职业妥协时显得很不理性，盲目听从他人观点，或者绝不妥协。这些不理性的妥协行为会影响个人的职业发展。但是需要注意的是，并不是每个人都要按照固定的顺序来进行职业妥协，而是应该根据自己的实际情况，选择最适合自己、最适合当下的方式。

二是要勇于为自己的选择负责任。

大部分的决策都不可能让我们了解到全部信息，都有需要预测的部分，都具有不确定性和风险。因此，做决策就意味着要承担风险，要承担后果，为自己的选择负责任。

如果认为自己是一个凡事求稳妥的人，建议给自己设定一个底线，在有底线的基础上去冒险。

例如，你决定毕业后先工作，可以先给自己设定一个底线——只要找到一份能支付自己生活费的工作就行，然后在这个基础上为自己更想要的选择做准备。如果将来你希望能进一所重点中学做老师，那么现在可以先做兼职家教，也可以去一些校外辅导机构实习，积累教学经验。

如果你是一个非常喜欢冒险的人，也建议给自己设定一个底线，在底线的基础上可以去冒险。如果不设定底线，就需要充分做好承担失败后果的准备。

三是要学会应对未知的焦虑。

在生涯决策的过程中，有很多时候会面临未知，人面对未知的世界难免会产生焦虑。例如你决定要考研，但不确定自己是否能考上，就需要积极面对自身的焦虑。如果这份焦虑已经影响到正常的生活和学习，这时就需要专业求助。

第六章

制定职业生涯规划

学习目标

1.掌握大学生涯规划的核心要素。
2.掌握职业生涯规划的基本流程与核心要素。
3.学会制定大学生涯规划和职业生涯规划。

生涯寄语

　　人一定要有梦想,有了梦想之后,还要能一步一步地付诸实践,要给自己设定一个又一个的可行目标,再加上长时间的坚忍不拔。梦想说起来容易,做起来难,放到口头上是没有用的,怎么能够落实到实际学习和工作中?要看五年、想三年、认真做好一两年。

　　　　　　　　——雷军,共青团中央主办的"活力中国说"大型公益演讲启动仪式

生涯榜样

　　袁隆平,这位在中国乃至全球备受尊敬的杰出科学家,被誉为"杂交水稻之父"。他毕生致力于杂交水稻的研究与推广,为解决全球粮食问题做出了巨大贡献。袁隆平于1930年9月7日出生于湖南省长沙市。自幼对农业有浓厚兴趣的他,在大学期间专攻农学专业。他的人生目标的确立,可以追溯到童年时期的经历和教育背景。袁隆平成长于中国农村的一个贫困家庭,目睹了农民因粮食短缺而遭受饥饿的困境,这激发了他对农业科学的浓厚兴趣和改善农民生活的强烈愿望。因此,他立志考入农学院,在那里学习期间,他接触到了现代农业科学的理论和实践,并深刻理解到提高粮食产量的重要性。他决心成为一名农业科学家,致力于解决中国乃至全球的粮食安全问题。在研究生阶段,袁隆平选择了杂交水稻研究作为自己的研究方向。他不懈地探索与创新,经过多年的实验和研究,成功培育出高产、抗逆境、品质优良的杂交水稻品种。这一成就不仅使他成为中国农业科学领域的杰出代表,也赢得了国内外的广泛赞誉和尊重。

本章简介

　　职业生涯规划对人的发展、成长至关重要,合理有效的职业生涯规划能让人在成功的道路上如虎添翼。广义的职业生涯规划包括近期规划和远期规划。近期规划主要是指大学生在校期间为职业生涯发展而做的规划,即大学生涯规划。远期规划主要是指大学生针对毕业后的长远职业发展所做的规划,即狭义的职业生涯规划。本章将通过介绍如何制定大学生涯规划和职业生涯规划,引导大学生明确职业生涯规划对个人发展的重要性,掌握职业生涯规划的基本流程与核心要素,让大学生学会根据个人情况和目标调整职业生涯规划。

第一节 大学生涯规划

一、学业发展规划

学业发展规划是大学生涯规划的核心部分,直接关系到大学生在校期间的学术成就和职业发展基础。学业发展规划的主要目标是帮助学生合理选择课程和学术活动,提升学术研究能力和培养创新思维,同时注重语言和职业技能的培养。

(一)课程选择与学业目标

课程选择与学业目标是学业发展规划的核心部分,合理的课程选择和明确的学业目标能够帮助大学生高效利用大学资源,提升学术水平和职业竞争力。

1.了解专业与课程设置

大学生要全面了解专业要求和课程结构。每个专业都有其特定的课程设置和学分要求,大学生需要全面了解这些要求,以便合理安排自己的课程选择。

(1)查阅专业课程指南。阅读学校发布的专业课程指南和学分要求,了解必修课程和选修课程的具体内容和安排。

(2)咨询学业导师。定期与学业导师或专业指导老师沟通,了解课程设置和学术规划的建议。

(3)参加专业宣讲会。参加由学院或学校组织的宣讲会,获取最新的课程信息和学术动态。

2.设定学期和年度学习目标

要设定明确的学期和年度学习目标。明确的学习目标可以帮助大学生有针对性地选择课程,并在学习过程中保持动力和方向感。

(1)制订学习计划表。根据课程指南,制订每学期的详细学习计划,列出所选课程、学分和学习任务。

(2)设定具体的学业目标。为每门课程设定具体的成绩目标,如"本学期高等数学目标成绩为 85 分以上"。

(3)平衡学业负担。合理安排每学期的课程数量和难度,避免过度负担,确保学习效率和效果。

3.积极参加课堂学习与课外学术活动

要充分利用课堂学习和课外学术活动。课堂学习是获取知识的主要途径。课外学术活动可以进一步拓展知识面,提升学术素养。

(1)积极参与课堂讨论。在课堂上积极发言,参与讨论,提升理解和表达能力。

(2)利用课外资源。参加学术讲座、研讨会和学术论坛,了解学术前沿动态,拓宽知识面。

4.选修跨学科课程

拓展知识领域,选修跨学科课程,完成必要的知识储备,以确保实现职业生涯决策目标。选修跨学科课程可以帮助学生拓宽视野,培养综合素质,增强创新能力。

(1)了解选修课程资源。查阅学校提供的选修课程列表,了解各类跨学科课程的内容和要求。

(2)选择感兴趣的课程。根据个人兴趣和职业目标,选择相关的跨学科课程,如心理学、经济学、计算机科学等。

(3)合理安排时间。确保跨学科课程与主修课程的时间安排合理,避免时间冲突和过度负担。

5.定期评估与调整

定期评估学业进展,灵活调整规划。定期评估学业目标的实现情况,根据评估结果调整学习计划,确保学业发展规划的持续有效。

(1)每学期期末进行总结。每学期期末对课程学习和学术活动进行总结,评估目标达成情况。

(2)调整学习计划。根据期末总结结果,调整下一学期的学习计划和目标,确保规划的灵活性和可行性。

(3)寻求导师反馈。定期与学业导师沟通,获取反馈和建议,持续优化学业发展规划。

(二)学术研究与创新能力培养

学术研究与创新能力培养是大学生涯规划中至关重要的部分。它不仅能提升大学生的学术素养,还能培养他们独立思考和解决问题的能力。

1.参与科研项目

大学生应积极规划参与科研项目。参与科研项目是培养学术研究能力的重要途径,大学生可以在导师的指导下学习科研方法,积累科研经验。

(1)主动联系专业导师。主动联系专业导师,表达参与科研项目的兴趣和意愿,了解导师的研究方向和项目内容。

(2)申请加入导师的科研团队。申请加入导师的科研团队,积极参与团队讨论和研究工作,学习团队协作和科研技能。

（3）承担具体的科研任务。在科研项目中承担具体的科研任务,如文献查阅、数据收集与分析、实验操作等,逐步提升科研能力。

2.参与创新竞赛

大学生应积极规划参加各类学术和创新竞赛。创新竞赛是培养创新思维和团队合作能力的重要平台,大学生可以通过参加竞赛来展示自己的学术成果和创新能力。

（1）选择合适的竞赛项目。关注学校和社会组织的学术和创新竞赛信息,选择与自己专业相关且感兴趣的竞赛项目。

（2）组建竞赛团队。组建或加入竞赛团队,与团队成员分工合作,制订竞赛计划,积极备赛。

（3）准备竞赛作品。根据竞赛的要求,设计和制作创新作品或撰写研究报告,展示自己的创新思维和研究成果。

3.撰写学术论文

撰写学术论文是展示研究成果的重要途径。通过撰写和发表学术论文,大学生可以提升学术写作能力和学术影响力,从而为职业发展奠定基础。

（1）选择研究课题。根据自己的研究兴趣和专业方向,选择有意义的研究课题,开展深入研究。

（2）撰写研究报告。根据研究过程和结果,撰写详细的研究报告或学术论文,遵循学术写作规范和格式要求。

（3）投稿学术期刊。将完成的学术论文投稿到相关领域的学术期刊,争取发表,扩大研究影响力。

4.参与学术交流与合作

学术交流与合作是提升学术水平和创新能力的重要途径,通过与他人交流和合作,大学生可以拓宽视野,获取新的研究思路和方法。

（1）参加学术会议。积极参加国内外学术会议,聆听专家讲座,参与学术讨论,展示自己的研究成果。

（2）与同专业的学生和学者交流合作。与同专业的学生和学者交流研究心得,探讨合作研究的可能性,共同开展学术研究。

（3）加入学术类社团。加入相关学术类社团或研究小组,参与社团活动和研究项目,提升学术影响力和合作能力。

（三）语言与技能提升

语言与技能提升是大学生涯规划中的重要组成部分。它不仅包括提升外语水平,还包括学习职业相关技能和获取专业资格证书。

1.提升外语水平

外语能力,特别是英语能力,是现代职业发展的重要基础。良好的外语水平可以帮助大学生获取更多的学术资源和就业机会。

(1)参加语言考试。根据自己的需求,选择适合的语言考试,如英语四六级、雅思、托福、GRE 等。根据考试时间和内容,制订详细的备考计划,包括学习时间安排、重点知识复习、模拟考试等。如果需要,可以参加专业的语言培训课程,系统地提升听、说、读、写能力。

(2)利用各种语言学习资源。阅读外文书籍、杂志和报纸,增加词汇量,提高阅读理解能力,或者使用各类网络资源和数据库学习资源。

(3)语言角和语言交换活动。参加学校或社区的语言角活动,与母语者进行交流,提升口语表达能力。加入学校的外语学习社团,参加社团组织的外语学习和交流活动。寻找外语学习伙伴进行语言交流,互相帮助提高语言能力。

2.学习职业相关技能

根据职业发展的需求,学习计算机、数据分析、编程等职业相关技能,提升职场竞争力。

(1)选修相关课程。选修计算机基础课程,学习办公软件、编程语言、数据库管理等基本技能。选修数据分析课程,学习数据处理、统计分析和可视化工具,如Excel、Python 等。根据自己的专业方向,选修相关的专业技能课程,如工程设计、市场营销、财务管理等。

(2)参加技能培训与认证考试。利用学校或社会培训机构提供的技能培训班,系统学习相关职业技能。参加相关的认证考试,如计算机等级考试等,获取权威认证证书。

3.获取专业资格证书

根据所学专业和职业目标,考取相关的专业资格证书,如注册会计师证、律师资格证、教师资格证等。了解所需专业资格证书的考试内容、报名条件和考试时间。与专业导师或职业指导老师沟通,获取报考建议和信息。

二、 实践成长规划

实践成长规划是大学生涯规划的重要组成部分,通过社会实践和志愿服务、学生组织和社团活动,以及实习和兼职工作,大学生可以提升社会责任感和实践能力,锻炼组织协调能力和团队合作精神,积累实际工作经验,为未来的职业发展奠定基础。

（一）社会实践和志愿服务

参与社会实践和志愿服务活动,不仅能够提升大学生的社会责任感和实践能力,还可以积累宝贵的社会经验,提升大学生的社会适应能力和增强服务意识。

1.选择合适的社会实践活动

选择适合自己的社会实践活动,有助于提升个人的实践能力和社会适应能力。

（1）关注学校组织的社会实践项目。学校通常会在寒暑假期间组织各种形式的社会实践活动,如乡村支教、企业参观、社会调研等。大学生可以根据自己的兴趣和专业方向选择参加。参与社会调研项目,通过实地调查和数据分析,了解社会现象和问题,提升分析问题和解决问题的能力。

（2）参与社区服务和志愿活动。参加社区组织的志愿服务活动,如去敬老院当义工,参加社区环保行动、社区教育等,提升社会服务意识和能力。参与各类社会公益活动,如义卖、捐赠、环保宣传等,增强社会责任感,培养公益心。

2.参与公益志愿服务

公益志愿服务不仅有助于提升个人的社会责任感和实践能力,还能培养奉献精神和团队合作能力。

（1）参加志愿者活动。参加志愿者培训,学习志愿服务的基本知识和技能,提升服务水平。参与校内外的志愿服务活动,如校园义工、环保宣传、社会公益讲座等,丰富志愿服务经历。

（2）参与志愿服务活动策划。参与志愿服务活动的策划和组织,提升活动策划、组织协调和团队管理能力。

3.定期总结与反思

通过总结和反思,大学生可以不断提高自己的社会实践和志愿服务能力,增强实践效果。

（1）撰写活动总结报告。每次社会实践和志愿服务活动结束后,要撰写总结报告,记录参与过程、收获和感悟,梳理活动经验。整理活动过程中拍摄的照片和视频,作为活动总结的一部分,直观展示活动成果。

（2）定期反思与改进。定期反思自己的社会实践和志愿服务经历,找出不足之处,总结改进措施,不断提升实践能力。通过与导师、同学和活动组织者交流,获取他们对自己实践活动的反馈和建议,丰富反思视角。

4.综合评估与规划调整

根据实际情况和发展需求,综合评估实践活动的效果,及时调整实践成长规划,确保目标的实现。

（1）制订评估计划。每学期期末对社会实践和志愿服务活动进行综合评估，检查目标的达成情况和实践效果。制定评估标准，如参与活动的数量和质量、个人能力的提升程度、社会影响力等，确保评估的客观性和科学性。

（2）记录实践成果。记录每次社会实践和志愿服务的过程和成果，包括参与活动的内容、收获和反思，积累实践经验。定期汇总实践成果，如参与的活动、获得的奖项和证书、撰写的总结报告等，展示个人实践能力。

（3）调整实践成长规划。根据评估结果和实际情况，调整实践成长规划的目标，确保目标的现实性和可行性。根据评估和反思结果，优化实践方法，如改进活动参与方式、增加参考高质量的实践活动等，增强实践效果。

（二）学生组织和社团活动

参与学生组织和社团活动，可以锻炼大学生的组织协调能力和团队合作精神，提升领导力和沟通能力，丰富大学生活。

1.选择合适的学生组织和社团活动

选择适合自己兴趣和发展需求的学生组织和社团活动，有助于全面提升个人能力和社交技能。

（1）多样化选择。学校通常有各种类型的学生组织和社团，涵盖学术、文化、艺术、体育、公益等多个领域。大学生可以根据自己的兴趣和专业方向选择参与。

（2）参观招新活动。参加学生组织和社团的招新活动，了解各个组织的宗旨、活动内容和成员构成，选择适合自己的加入。

2.提升组织协调能力和团队合作精神

参与学生组织和社团活动能够培养大学生的组织协调能力和团队合作精神，是发展领导才能和团队合作能力的有效途径。

（1）担任干部职务。积极参与学生组织的干部竞选，负责组织管理和活动策划，锻炼领导才能和管理能力。

（2）参与团队项目。参加学生社团的团队项目和活动，如组织文化节、主持讲座、策划公益活动等，提升团队协作和执行能力。

3.扩展人际网络和提升社交技能

通过参与学生组织和社团活动，大学生可以扩展人际网络，结识志同道合的朋友和行业内的前辈，提升社交技能和人际交往能力。

（1）组织活动交流。参与学生组织和社团的活动交流，与成员和其他组织的同学建立联系和合作关系，扩展人脉资源。

（2）社交技能培养。参加组织的社交活动，如年会、座谈会、联谊活动等，锻炼自己的社交技能和人际交往能力，建立良好的人际关系。

4.定期总结与反思

通过定期总结和反思,大学生可以及时调整参与学生组织和社团活动的策略和方式,提升参与效果。

(1)活动效果评估。每次组织或参与活动结束后,要进行活动效果评估和总结,分析活动成功因素和改进空间,提升组织和参与质量。

(2)个人成长反思。反思个人在组织活动中的角色和表现,总结个人成长和能力提升,为未来的发展做好准备。

5.综合评估与规划调整

根据实际参与情况和发展需求,综合评估学生组织和社团活动的参与效果,及时调整个人实践成长规划,确保目标的达成和个人能力的全面提升。

(1)实践目标评估。定期评估参与学生组织和社团活动的实践目标达成情况,如领导力、团队合作能力等,及时调整目标设定和发展方向。

(2)行动计划优化。根据评估结果,优化学生组织和社团活动的参与方式和行动计划,提升个人发展潜力。

(三)实习和兼职工作

利用寒暑假和课余时间参加实习和兼职工作,可以帮助大学生积累实际工作经验,了解职业领域的实际情况,提升就业竞争力。

1.制订实习与兼职计划

制订合理的实习与兼职计划是参与实践活动的关键步骤,有助于学生在校期间有序地获取工作经验和职业技能。

(1)规划实习时间和机会。利用寒暑假参加相关领域的实习,深入了解行业运作和职场文化。安排课余时间参与兼职工作,如校内助教、研究助理或外部企业实习生等,丰富工作经验。

(2)寻找实习与兼职机会。利用学校提供的就业信息平台和职业指导服务,寻找与个人专业和兴趣相关的实习与兼职机会。通过校外招聘网站、社交媒体和职业展会等渠道,积极寻找符合条件的实习与兼职岗位。

2.培养实践技能与职业素养

参与实习和兼职工作可以有效培养学生的实践技能和职业素养,为将来顺利就业打下基础。

(1)学习专业技能。通过实习工作,学习和掌握专业领域的实际操作技能,提升专业能力和增加实际工作经验。在实习过程中,积极向导师请教,获取行业内最新的技术和知识。

（2）发展职业素养。通过实习和兼职工作,提升与同事和客户沟通的能力,学会有效表达和解决问题。参与团队项目和工作,锻炼团队合作精神和协调能力,提高在多人合作环境中的效率和贡献度。

3.实习经验总结与反思

实习经验总结与反思是学生在实践过程中不可或缺的环节,有助于提升实习效果和个人职业发展。

（1）撰写实习报告。每次实习结束后要撰写实习报告,总结实习期间的学习经历、遇到的挑战和解决方案,分析实习成果。整理实习过程中完成的项目、参与的活动和取得的成绩,形成实习成果展示材料,为将来的求职和职业发展做准备。

（2）反思和改进。反思个人在实习过程中的表现和不足,分析导致成功或失败的原因,制定下一步的发展计划和改进策略。与实习导师进行定期反馈和交流,获取专业建议和职业发展指导。

4.综合评估与职业规划调整

根据实习和兼职经历的实际效果和个人职业发展需求,及时调整职业生涯规划,确保个人发展目标的实现和职业竞争力的提升。

（1）职业目标评估。评估实习和兼职经历对于个人职业目标的贡献,如技能提升、行业理解和职业定位等。

（2）调整发展策略。根据评估结果,调整职业发展策略和下一步行动计划,为未来的职业生涯发展做好准备。

三、就业实习规划

就业实习规划是大学生职业生涯规划中的重要环节,特别是在毕业前阶段,有针对性的实习活动可以帮助学生更好地探索职业方向、积累相关工作经验,并提升就业竞争力。

（一）职业探索与目标设定

职业探索与目标设定是大学生就业实习规划中至关重要的一步,它能帮助学生明确个人的职业发展方向,为选择合适的实习机会和职业路径打下基础。

1.职业测评与职业咨询

在职业探索阶段,大学生可以通过各种职业测评工具和问卷调查来深入了解自己的兴趣、价值观和个人特质,把握毕业前实习的重要锻炼机会,明确实习方向。除了个人的兴趣和能力外,大学生还须深入研究不同行业的特点和发展趋势。

（1）理解个人兴趣与能力。通过分析测试结果,确定个人在不同职业领域的兴趣点和优势。

（2）确认适合的职业路径。基于个人的性格特质和兴趣爱好,确定适合自己发展的职业方向。

（3）行业调研与分析。通过阅读行业报告、参加行业研讨会和对网络资源的查阅,了解各个行业的发展前景、市场需求和关键趋势。

（4）了解职业路径。探索不同职业在同一行业中的职业路径和晋升机会,为将来的职业规划提供清晰的方向。

2.设定个人职业目标

在对个人兴趣和行业了解的基础上,大学生应该设定长远的职业愿景,并且需要制定短期的就业实习目标。

（1）设定长远的职业愿景。确定自己希望从事的具体职业或行业,例如 IT 行业的软件开发、金融行业的投资分析等。制定具体可行的职业目标,包括职位级别、行业领域和发展时间表。

（2）制定短期的就业实习目标。根据个人职业目标和兴趣选择合适的实习岗位和公司,以便获取相关行业的实际工作经验。确保每个实习岗位都能提供所需的关键技能和知识,以支持未来的职业发展和竞争。

（3）与专业顾问或学术导师交流。积极与学校的职业指导顾问或学术导师交流,获取关于职业探索和目标设定的专业建议和指导。

（4）持续更新和调整。职业目标应随着个人成长和行业变化而调整。定期审视和更新职业规划,确保它们与当前的市场需求和个人的职业发展目标保持一致。

（二）实习机会的获取与选择

在大学生就业实习规划中,获取与选择合适的实习机会是至关重要的步骤。通过积极参与实习,大学生能够获取实际工作经验,拓展职业人脉,并验证自己的职业兴趣和能力。

1.积极寻找就业实习机会

大学生应主动出击,积极寻找就业实习机会,丰富职业经验,为未来求职打下坚实的基础。

（1）利用校园资源。通过就业指导中心和在线平台,查找和申请实习机会。定期参加校内组织的招聘会和职业展览会,直接与企业代表交流,获取实习机会和面试机会。通过与导师联系,获得关于实习岗位的推荐信。

（2）拓展校外渠道。利用专业的网络招聘平台,搜索和申请符合自己兴趣和能力的实习岗位。定期访问感兴趣公司的官方网站,了解其实习项目和职位空缺情况,直接在网站上提交申请。

（3）社交媒体和专业社区。通过社交媒体平台，加入和关注与自己专业领域相关的专业组织和页面，获取实习机会和行业动态的信息。参与专业论坛和社区，与同行和从业者交流，了解行业内的最新动态和实习机会。

2.选择适合的实习单位和岗位

适合的实习单位和岗位可以为大学生提供充足的学习和发展机会。在与专业相关的实习岗位上，大学生能够学习和应用实际工作中所需的专业技能，如编程、市场调研、财务分析等。这些技能的掌握不仅提升了实习生的职业能力，还为日后的工作打下了坚实的基础。在实习过程中，大学生有机会通过实际项目和任务的执行，提升自己的实践操作能力。这种经验不仅是对理论学习的补充，更是对学生实际操作能力的锻炼和检验。

（1）对比和评估。在申请实习之前，认真研究感兴趣的行业和公司，了解其文化、价值观和工作环境，确保实习机会符合个人的职业发展目标。选择与自己专业相关且能够提供所需技能和经验的实习岗位。考虑实习的职责和预期收获，确保能够在该岗位上发挥自己的优势。

（2）与实习导师和前辈交流。通过与实习导师、公司内部员工和前辈交流，获取关于实习岗位和公司文化的详细信息，了解实习的具体情况和职业发展机会。请教他们关于成功申请和表现优异的实习技巧和建议，为顺利开始实习做好准备。

（3）多样化申请策略。不要只依赖于一种申请途径，而是要通过多种渠道获取实习信息，增加成功申请的机会。根据不同的实习岗位要求，定期更新和调整个人简历和求职信，确保反映个人最新的技能和经验。如果被拒绝，不要气馁，通过反馈和经验教训进行改进，下一次再申请。成功获得实习机会后，要准备好迅速适应和投入实习工作。

（三）职业技能与素质提升

在大学生就业实习规划中，职业技能与素质提升是实习期间至关重要的一部分。通过注重技能的培养和素质的提升，大学生能够在实习过程中不断成长，提升自身的竞争力和拓宽职业发展道路。

1.技能培养与应用

根据所在实习岗位的要求和公司的业务特点，积极学习和应用相关的专业技能，如软件开发、市场分析、财务管理等。

（1）实践操作能力。通过实际项目和任务的执行，提升实际操作能力和解决问题的能力，学会在真实的工作环境中应对挑战和压力。

（2）职业素质的培养。提高沟通和表达能力，能够与团队成员、上级和客户进行高效的交流和协作。在跨部门或跨团队的合作项目中，学习团队合作技能，包括协调、合作和解决冲突能力。培养解决问题的能力,善于分析和解决在工作中遇到的各种复杂问题。

2.人际关系和职场经验积累

在实习过程中,与导师、同事以及行业内其他专业人士建立联系,他们不仅可以为实习生提供职业指导和建议,还可能成为未来职业发展中的重要资源。

(1)建立职业人脉。积极与实习导师、公司内部同事和前辈建立良好的关系,获取职业指导和行业洞察能力。参加行业会议、讲座和专业活动,拓展职业人脉,增加在行业内的影响力。

(2)职场经验的积累。参与并管理实习项目,学会有效的时间管理、资源分配和目标达成。在实习过程中,认识到个人职业发展的重要性,制定长期的职业目标和发展策略。

3.持续学习和反思

在实习过程中,持续学习和反思具有重要的意义。它不仅能帮助实习生在实习期间获取更多的知识和经验,还能促进个人职业成长和提升未来就业竞争力。实习是将理论知识应用到实践的机会。持续学习能够帮助实习生深入理解和掌握所学的专业知识,了解行业最新发展趋势和技术变化。

(1)实习经验总结。定期对实习经验进行总结和反思,记录自己在工作中的成长和遇到的挑战,分析自己的优势和劣势。

(2)继续学习和进步。根据反馈和总结,制订个人学习计划,不断提升自己的技能水平和职业素质,为未来的职业发展做好准备。

第二节　职业生涯规划

职业生涯规划是大学生在进入职场前需要认真制定的规划,通过明确的目标和详细的行动步骤,确保在未来的职业道路上能够稳步前行。本节将介绍如何进行职业目标管理、制订和执行行动计划、调整行动计划,以及撰写职业生涯规划书。

一、职业目标管理

职业目标管理是职业生涯规划中的关键步骤,通过明确职业目标并进行系统化的管理,能够帮助个人更有效地实现职业发展。本部分将介绍职业目标管理的方法和如何持续管理职业目标。

（一）职业目标管理的方法

职业目标管理的方法是职业生涯规划中的重要步骤,通过科学的方法设定和管理职业目标,可以确保职业生涯规划的有效实施。

1.SMART 原则

SMART 原则是制定职业目标时常用的标准,其涵盖了目标设定的五个关键特性。

（1）具体的（Specific）。目标必须明确、具体,避免模糊不清。明确的目标能够提供清晰的方向和努力的重点。

例如,不要仅设定"提升职业能力"这样模糊的目标,而要具体到"在两年内获得 PMP 认证"。

（2）可衡量的（Measurable）。目标应当可以量化,这样才能评估目标的进展和完成情况。

例如,设定"每月参加一次专业培训"或"每季度完成一个项目",便于衡量进度。

（3）可实现的（Achievable）。目标应该是现实且可达成的。确保目标在现有资源和能力范围内可实现。

例如,"在三年内晋升为团队主管"是一个合理且可实现的目标。

（4）相关的（Relevant）。目标应与个人的职业愿景相关联。确保目标对职业发展有实质性的帮助。

例如,"提升管理能力以实现职业晋升"符合个人长期职业发展方向。

（5）有时限的（Time-bound）。目标应该有明确的时间限制。设定时间期限有助于激励个人及时完成目标。

例如,"在一年内通过相关行业认证考试"可以促使个人在规定时间内集中精力实现目标。

2.短期目标与长期目标结合

职业目标应包括短期和长期两个层次,既要有近期可实现的目标,也要有远期的发展规划。

（1）短期目标。它是指在较短时间内（如六个月至一年）可以实现的目标。这些目标应具体且可操作,能够为长期目标的实现打下基础。

例如,"完成当前项目并获得客户满意反馈"是一个可在短期内实现的目标。

（2）长期目标。它是指需要较长时间（如三至五年）才可以实现的目标。这些目标通常涉及个人的职业发展方向和重要成就。

例如,"在五年内达到管理层职位"或"创立自己的公司"是较为典型的长期目标。

3.分阶段设定目标

职业目标的实现通常是一个逐步推进的过程,因此需要分阶段设定目标,以便于逐步实现整体职业目标。

(1)起步阶段目标。它涉及基础能力和知识的提升,如获得基本职业资格证书、参加行业基础培训等。

例如,"在毕业前获得 CPA 认证"可以作为起步阶段目标。

(2)中期阶段目标。它涉及专业能力和实践经验的积累,如承担更多项目责任、提升专业技术水平等。

例如,"在两年内成为项目主管,负责团队管理"是中期阶段目标。

(3)高级阶段目标。它涉及职业生涯的高级成就,如进入管理层、完成高难度项目等。

例如,"在五年内晋升为部门经理,全面负责部门运营"是高级阶段目标。

4.制订具体的行动计划

为了确保职业目标的实现,需要制订具体的行动计划。行动计划应包括步骤分解、资源配置和时间安排。

(1)步骤分解。将职业目标分解为具体的步骤和任务,明确每一步的内容和要求。

例如,"每周完成一章 PMP 认证教材的学习,每月进行一次模拟考试"。

(2)资源配置。确定实现每个步骤所需的资源,包括时间、人力、财力等。

例如,"申请公司培训预算用于参加 PMP 认证培训班"。

(3)时间安排。制定合理的时间表,确保每个任务在规定的时间内完成。

例如,"在六个月内完成所有 PMP 认证课程并参加考试"。

5.持续跟踪和调整

职业目标管理是一个动态的过程,需要不断跟踪和调整,以应对变化和新的挑战。

(1)定期评估。建立评估周期(如每季度、每半年或每年),对职业目标的进展情况进行系统性评估。

例如,"每季度与导师进行一次职业目标进展评估"。

(2)获取反馈。定期与上级、导师或职业顾问交流,获取对目标进展的反馈和建议。

例如,"每半年进行一次职业咨询,获取专家建议"。

(3)调整目标。根据实际情况和评估结果,适时调整职业目标和行动计划,确保其现实性和可操作性。

例如,"根据行业变化,将 PMP 认证目标调整为更具前景的 Scrum Master 认证"。

(二)如何持续管理职业目标

持续管理职业目标是职业生涯规划中的关键步骤,通过不断的评估、调整和优化,确保职业目标能够适应不断变化的环境和个人发展的需要。

1.定期评估和反馈

持续管理职业目标需要科学制定评估周期,并按照周期获取及时反馈。

(1)季度评估。每季度对职业目标进行一次评估,检查目标的进展情况和存在的问题。季度评估可以帮助识别短期内的偏差和调整需求。设置固定的评估时间,例如每季度最后一个月的第三周,对照年初设定的职业目标,逐项检查完成情况。

(2)上级和导师的反馈。定期与上级、导师或职业顾问交流,获取对目标进展的反馈和建议。他们的经验和视角可以为我们提供宝贵的指导。安排定期的职业发展会议,例如每半年与上级进行一次职业目标进展评估会议,记录反馈和建议。

(3)同事和同行的反馈。参加行业会议、专业协会或同行交流活动,获取同行对目标和计划的意见和反馈。加入行业协会,定期参加行业内的交流会议或工作坊,积极参与讨论并记录有益的意见。

2.保持灵活性

持续管理职业目标需要不断应对变化,持续学习。

(1)适应环境变化。职业目标在实施过程中可能会遇到外部环境变化,如行业变动、市场需求变化等。保持灵活性,根据实际情况及时调整目标。每年进行一次行业和市场分析,了解行业趋势和市场需求的变化,及时调整职业目标以适应新环境。

(2)提升能力。利用在线课程、工作坊、专业培训等资源,不断学习新知识、新技能,以适应职业目标的变化和提升目标的实现可能性。每年制订个人学习计划,例如每季度完成一门在线课程或参加一次专业培训,记录学习成果和心得体会。

3.记录进展

持续管理职业目标需要坚持做好工作日志和进度表跟踪记录。

(1)日常记录。通过工作日志记录每日的工作任务和目标进展,便于回顾和总结。工作日志不仅是记录的工具,更是反思和改进的依据。每天工作结束后,用 15 分钟记录当天的主要工作内容、进展情况和遇到的问题,周末回顾一周的日志,总结经验教训。

（2）系统记录。使用进度表或项目管理工具,系统记录各阶段目标的完成情况,及时发现并解决问题。为每个职业目标创建任务卡片,将其分解为具体的行动步骤,设置截止日期和提醒功能,定期检查任务完成情况。

4.自我激励

持续管理职业目标需要设立奖励机制,建立支持系统。

（1）阶段性奖励。在达成阶段性目标时,给予自己一定的奖励,例如休假、购买心仪的物品等,以激励自己继续努力。为每个季度设定奖励,例如完成季度目标后,奖励自己一次周末旅行或购买一件心仪的物品。

（2）团队支持。与志同道合的同学或同事组成支持小组,互相激励,共同进步。团队支持可以提供情感上的支持和实际的帮助。组建一个职业发展小组,每月定期聚会,分享各自的进展情况、困难和成功经验,互相鼓励和帮助。

二、制订和执行行动计划

制订行动计划是实现职业目标的具体步骤,通过详细的计划和执行,可以确保职业目标的有效实施。本部分将介绍如何制订行动计划、行动计划的执行与跟踪。

（一）行动计划的制订

制订行动计划是将职业目标转化为具体行动步骤的关键环节。一个详细且可行的行动计划能够帮助大学生明确具体任务、时间安排和资源需求,确保职业目标的顺利实现。

1.分解目标

制订行动计划的要旨是将长期目标分解为阶段性目标,将短期目标分解为具体任务。

（1）将长期目标分解为阶段性目标。长期目标通常是指需要三年至五年甚至更长时间实现的目标,如"在五年内晋升为部门经理"。阶段性目标是指根据长期目标,分解为每年或每季度需要完成的具体任务和目标。

例如,第一年目标:完成相关的管理课程学习,获得管理基础知识;第二年目标:参与实际管理项目,积累管理经验;第三年目标:提升专业技能,承担更多管理职责。

（2）将短期目标分解为具体任务。短期目标通常指需要六个月至一年时间完成的目标,如"在一年内通过PMP认证"。其具体任务是将短期目标分解为每月、每周甚至每日需要完成的任务。

例如,每月任务:学习一部分PMP课程内容,完成相关章节的练习题;每周任务:参加一次PMP在线培训课程,复习所学内容;每日任务:阅读PMP教材中的一章内容,做笔记并总结。

2.明确资源需求

行动计划的制订需要厘清资源需求,包括时间管理、人力资源、财力资源等。

(1)时间管理。估算每个任务所需的时间,确保时间安排合理。制订每日、每周、每月的学习和工作计划,分配每个任务的具体时间段。根据任务的重要性和紧急程度合理安排优先级。使用时间管理工具,如 GTD、番茄工作法,确保重要任务优先完成。

(2)人力资源。确定需要哪些人的帮助和支持,如导师、职业顾问、同事等。定期与导师或顾问沟通,获取指导和建议。确定需要组建哪些团队或参与哪些团队,确保任务顺利完成。组建学习小组或项目团队,明确每个成员的职责和任务。

(3)财力资源。估算实现目标所需的财务支持,如培训费用、考试费用等。制订详细的预算计划,确保资金使用合理。确定如何获取所需的财务资源,如申请奖学金、培训补助等。

3.制定时间表

(1)短期时间表。制定每日的任务清单和时间安排,确保每天的工作和学习有序进行。使用日程表或日历工具,记录每日的任务和时间安排。制订每周的工作和学习计划,确保每周的目标和任务明确。每周末制订下一周的计划,确保每周任务的合理安排。

(2)长期时间表。制定每年的任务和目标,确保年度目标的实现。每年年初制订年度计划,明确每个季度的具体任务和目标。制定每季度的目标和任务,确保季度目标的实现。每季度初制订季度计划,明确每个月的具体任务和目标。

4.制定具体步骤

行动计划的制订需要明确操作步骤和任务分配。

(1)操作步骤。将每个任务分解为具体的操作步骤,确保每一步都有明确的执行方案。确定每个步骤的具体执行方案和要求,确保每个任务有明确的操作流程。制定详细的操作指南或任务清单,确保每个步骤的顺利执行。

例如,准备 PMP 认证考试的步骤可以包括购买教材、制订学习计划、参加培训班、进行模拟考试、报名正式考试。

(2)任务分配。明确每个任务的具体负责人和执行人,确保每个任务都有明确的责任人。制定任务分配表,明确每个任务的负责人和执行人。确定每个任务的协作安排,确保团队成员之间的顺利协作。制订协作计划,明确每个成员的协作任务和职责。

（二）行动计划的执行与跟踪

制订了详细的行动计划之后，接下来的关键步骤是有效执行与持续跟踪。执行与跟踪是确保计划得以落实、目标得以实现的关键环节。

1.任务执行

行动计划的执行既要严格按照计划，也要灵活应对变化，并有效利用资源和工具。

（1）严格按照计划执行。确保所有任务按照时间表和操作步骤严格执行，避免拖延和推迟。每天早上设定具体的目标和任务，并在晚上检查完成情况。避免分心，保持持续的工作和学习节奏，确保任务按时完成。

（2）灵活应对变化。在执行过程中，可能会遇到突发情况，需要灵活调整计划，但总体目标不变。确保在遇到不可预见的问题时，能够迅速调整策略，找到替代方案。

（3）有效利用资源和工具。使用如 Trello、Asana、JIRA 等项目管理工具来分配任务、跟踪进度、管理团队协作。使用时间管理工具，帮助安排日常任务和时间管理。

2.进度跟踪

要善于建立进度表，做好任务记录和进度标记，也要善于使用项目管理工具，并定期检查。

（1）建立进度表。记录每个任务的开始时间、结束时间和完成情况，以确保所有任务都有据可查。在进度表中标记已完成的任务、正在进行的任务和未开始的任务。

（2）使用项目管理工具。使用看板方式管理任务，将任务分为"待办""进行中""已完成"三个板块，直观了解进度。分配任务给不同的成员，设置截止日期，并追踪任务完成情况。

（3）定期检查。每周检查一次任务进度，确保所有任务按时完成，调整未完成任务的时间安排。每月进行一次全面检查，评估月度目标的实现情况，调整下月计划。

3.定期评估

行动计划的执行要进行短期评估和长期评估，同时要兼顾自我评估、上级反馈和团队评估。

（1）设定评估周期。每周或每两周进行一次评估，检查短期目标的实现情况。每季度或每半年进行一次评估，检查长期目标的实现情况。

（2）评估方法。每次评估时，进行自我反思，查找任务完成情况、工作效率和问题所在。定期向导师或上级汇报进度,获取反馈和建议。如果任务是团队协作,应进行团队内部评估,确保所有成员的任务都得到有效执行。

4.问题解决

行动计划的执行要善于解决进度延误、资源不足、执行障碍等问题,并随时进行调整。

(1)识别问题。查找任务未按时完成的原因,找出影响进度的问题。检查任务执行过程中是否存在资源不足的问题,如时间、人力、财力等。识别执行过程中遇到的具体障碍,如技术难题、团队协作问题等。

(2)制定解决方案。根据识别的问题及时调整计划,确保任务按时完成。如果存在资源不足的问题,积极寻求额外资源支持,如申请更多的时间、增加人手或资金。针对执行障碍,优化执行流程,简化操作步骤,提高工作效率。

(3)实施解决方案。一旦制定了解决方案,应迅速实施,确保问题得到及时解决。在实施解决方案的过程中,持续监控其效果,确保问题得到彻底解决。

三、调整行动计划

在职业生涯规划中,调整行动计划是非常重要的一环。外部环境、个人发展需求或项目要求的变化,可能需要对原来制订的行动计划进行调整,以确保自己仍能有效地向设定的职业目标前进。这种灵活和适应能力是现代职业发展中不可或缺的技能,能够帮助个人在不断变化的环境中保持竞争力和持续进步。在实际应用中,通过定期的评估和反思,及时发现和解决问题,是成功调整行动计划的关键。

(一)根据实际情况调整计划

在职业生涯规划中,调整计划是确保目标实现的重要环节。随着个人发展、市场变化和外部环境的变化,调整计划可以帮助个人适应新的挑战和机遇,保持目标的前瞻性和可行性。

1.定期评估和反思

根据实际情况调整计划需要依托于定期评估和反思。

(1)设定评估周期。确定适合自己的评估周期,可以是每月一次、每季度一次或每半年一次。这种周期性评估有助于及时发现问题和调整方向。

(2)自我反思。在每次评估中进行深入的自我反思。评估自己的工作进展、成就和遇到的困难。反思可以帮助大学生了解自己在执行计划过程中的表现,并发现潜在的改进空间。

(3)问题识别。识别当前计划执行中的问题和挑战。可能的问题包括资源不足、时间安排不合理、技能短板等。只有清楚了解问题的本质,才能有针对性地进行调整。

2.调整目标和策略

根据实际情况调整计划要重新审视职业目标并按照优先级排序。

(1)重新审视职业目标。根据评估的结果,重新审视设定的职业目标是否仍然符合个人的价值观和职业发展需求。有时个人的职业兴趣可能会发生变化,或者市场需求也可能会有所调整,因此职业目标需要做出相应调整。

(2)按照优先级排序。根据目标的重要性和紧迫性重新排列任务和活动的优先级。确保最重要的任务和活动得到优先处理,最大限度地推动职业生涯向前发展。

3.引入新的资源和策略

根据实际情况调整计划要引入新的资源和策略。

(1)资源调整。根据新的需求和目标,调整资源的配置。资源包括时间、人力、财务等方面。如果发现自己在某些方面资源不足,可以考虑增加资源投入,提高执行效率和质量。

(2)技术工具和策略更新。引入新的技术工具或策略来支持调整后的计划。现代技术工具如项目管理软件、时间管理工具等,可以帮助大学生更高效地执行计划,并实时跟踪进度。

4.灵活性与适应能力

根据实际情况调整计划要具备灵活性与适应能力。

(1)保持灵活性。面对不断变化的职业环境和个人发展需求,保持开放的心态和灵活的调整能力是至关重要的。不要固守原有计划,而是随时准备适应新的挑战和机遇。

(2)适应环境。在调整计划时,充分考虑外部环境的变化和影响。了解行业发展趋势、经济状况以及竞争环境,有助于更精准地调整计划,增加成功的可能性。

5.持续学习和改进

根据实际情况调整计划要持续学习和改进。

(1)学习经验教训。从每次调整计划的过程中学习经验教训。分析调整前后的效果差异,找出成功的因素和改进的空间。

(2)改进执行策略。根据学习到的经验,改进自己的执行策略和方法。持续学习和改进能够提升个人的执行能力和职业竞争力。

(二)调整过程中的注意事项

在职业生涯规划中进行调整是一项复杂而关键的任务。调整计划需要细致分析和有效执行,以确保在变化的环境中仍能实现设定的职业目标。

1.保持目标的连贯性和一致性

调整过程中要注意保持目标的连贯性和一致性。

(1)核心价值观。调整计划时,要确保新设定的目标与个人的核心价值观和长远职业愿景保持一致。这有助于避免在追求短期目标时忽视长远发展。

(2)评估职业目标。定期评估和更新职业目标,要确保它们仍然反映当前个人和市场的需求。如果发现原定目标不再适合或不切实际,应及时调整为更具可行性的目标。

2.有针对性地进行资源分配和优化

调整过程中要注意有针对性地进行资源分配和优化。

(1)资源评估。在调整计划时,评估当前可用的资源,如时间、资金、技能等,并根据新目标重新分配资源,确保每个资源都用在最能推动目标实现的地方。

(2)技能强化。如果发现执行计划中存在技能短板,就要考虑通过培训、学习或实践来强化这些技能。技能的不断强化能够提升应对变化和挑战的能力。

3.管理风险和挑战

调整过程中要注意管理风险和挑战。

(1)风险识别。分析调整计划可能面临的风险和挑战。这些可能包括市场竞争加剧、技术变革或个人能力不足等。有意识地制定应对策略,降低风险对计划执行的影响。

(2)应对措施。为可能出现的问题制定应对措施,建立应急预案,以便在实施调整计划时能够及时应对突发情况,并最大限度地提高计划的成功率。

4.团队协作和沟通

调整过程中要注意团队协作和沟通。

(1)团队动员。如果调整计划涉及团队或他人的协作,就要确保所有相关方都理解和支持新的方向。定期与团队成员沟通,共同制订和调整计划,以确保团队目标的一致性和协调性。

(2)有效沟通。有效沟通是成功调整计划的关键。清晰地传达调整计划的理由、目标和影响,减少误解和减小不必要的阻力,提高团队成员的参与度和执行效率。

5.持续学习和改进

调整过程中要注意持续学习和改进。

(1)学习经验。在调整过程中,积极学习和总结经验教训。分析调整前后的效果差异,找出成功的因素和改进的空间,以便未来更好地应对类似情况。

(2)改进执行策略。根据学习到的经验和反馈,及时改进自己的执行策略和方法。持续学习和改进能够提升个人在调整计划时的适应能力和决策质量。

四、撰写职业生涯规划书

职业生涯规划书不仅是一个实用工具,更是一个反映个人职业发展愿景和策略的重要文件。通过系统性撰写和持续调整,大学生能够为职业生涯发展成功奠定基础。

(一)职业生涯规划书的内容

在撰写职业生涯规划书之前,需要对自己进行深入的自我认知和职业生涯条件分析,以确定清晰的职业目标并制订可行的行动计划。以下将引导大学生从多个方面了解自己,分析外部职业环境,明确未来的职业发展方向,最终形成一份具体实用的职业生涯规划书。

一份优秀的职业生涯规划书,其体例因人而异,但一般应包含如下内容:

1　引言

2　自我认知

2.1　个人基本情况

2.2　职业兴趣及性格

2.3　职业技能

2.4　职业价值观

3　职业生涯条件分析

3.1　就业现状调研

3.2　行业动态分析

3.3　职业分析

3.4　职场偶像

3.5　生涯成长路径探索

4　职业目标定位

4.1　职业目标的确定

4.2　职业目标的分解与组合

5　评估调整

5.1　评估的内容

5.2　评估的时间

6　结束语

1.自我认知部分

自我认知部分包括个人基本情况、职业兴趣及性格、职业技能、职业价值观等要素。

(1)个人基本情况。它包括个人的基本信息,如姓名、学校、专业、联系方式等。

(2)职业兴趣及性格。描述个人的职业兴趣及性格特点,这些因素会影响到未来的职业选择和发展方向。

(3)职业技能。分析个人已掌握的职业技能,包括学术技能、专业技能和实习经验等。

(4)职业价值观。探讨个人的职业价值观和对职业生涯中重要因素的看法,如工作动机、社会责任感等。

2.职业生涯条件分析部分

职业生涯条件分析部分包括就业现状调研、行业动态分析、职业分析、职场偶像、生涯成长路径探索等要素。

(1)就业现状调研。分析当前就业市场的情况,包括就业形势、就业率、行业需求等。

(2)行业动态分析。研究个人所在行业的发展趋势和变化,包括技术进步、市场需求、政策法规等。

(3)职业分析。深入探讨个人感兴趣的具体职业岗位,包括职责、薪酬、发展前景等。

(4)职场偶像。研究和学习成功职场人士的经验和故事,为自己的职业生涯规划提供借鉴。

(5)生涯成长路径探索。探讨个人在职业生涯中不同阶段的发展路径和可能的转型选择,为长远规划提供参考。

3.职业目标定位部分

职业目标定位部分包括职业目标的确定、职业目标的分解与组合等要素。

(1)职业目标的确定。确定个人短期和长期的职业目标,并明确目标的具体内容和时间节点。

(2)职业目标的分解与组合。将长期职业目标分解为短期可达成的目标,并规划达成每一个阶段目标所需的具体行动步骤和时间安排。

4.评估调整部分

评估调整部分包括评估的内容、评估的时间等要素。

(1)评估的内容。分析个人在职业生涯规划执行过程中所取得的成效和遇到的困难,评估是否需要调整原来拟订的计划。

（2）评估的时间。确定评估职业生涯规划的时间节点和频率，以确保计划的及时性和有效性。

（二）职业生涯规划书的撰写过程

职业生涯规划书是一份详尽的文件，不仅记录了个人的职业发展目标和路径，还包括达成这些目标所需的具体步骤和时间安排。

1.明确书写目的和读者对象

在开始撰写之前，要明确职业生涯规划书的目的和预期读者对象。确定书写目的有助于保持书写的针对性和清晰度，而考虑读者对象可以决定信息的深度和风格选择。对于大学生而言，通常的读者对象包括自己、导师、招聘者或潜在雇主等。

2.结构和内容安排

职业生涯规划书结构要严谨合理。作为一份正式文档，它要包含封面、目录等要素。正文部分则包含引言、正文主体、结语等。

（1）引言。在总论部分已经提到引言的重要性，引言部分应该简要介绍书写的背景和目的，概述职业生涯规划书的整体结构和内容安排。

（2）正文主体。根据前面章节中提到的各个要素，详细阐述自我认知、职业生涯条件分析、职业目标定位等内容。每个章节都应该有清晰的标题，如"第一章 自我认知""第二章 职业生涯条件分析"等，便于读者快速定位。

（3）结语。总结和结束语部分，不仅要简要回顾规划书中的重要内容和核心观点，还应强调未来的行动计划和实施步骤。

3.语言和风格

职业生涯规划书宜使用简洁明了的语言，避免语言过于专业化，确保内容易于理解和阅读。也可采用正式的书面语风格，但要保持亲和力和自然度，让读者感到真诚和专业性。

4.具体内容的撰写方法

职业生涯规划书要呈现出丰富的撰写技巧，使之兼具可读性和实用性。

（1）清晰的信息呈现。每一部分都应该清晰地陈述相关信息，包括数据、研究结果、个人评估等。

（2）实际案例和经历分享。如果可能，可以通过实际案例或个人经历来支持观点和决策过程，增强可信度和说服力。

（3）具体的行动计划。职业目标定位部分尤其重要，确保列出具体的行动步骤和时间表，以实现每一个阶段的目标。

5.审阅和修改

撰写完成后,务必进行仔细的审阅和修改。检查逻辑结构是否连贯,语法是否正确,内容是否全面和准确。最好找一位有经验的导师或职业顾问进行审校以获取宝贵的建议。职业生涯规划书不是一成不变的文档,随着个人成长和职业发展,可能需要定期更新和调整。保持灵活性和适应性是成功的关键。

第二篇

就业指导

第一章

职业素养与职业能力

学习目标

1. 理解职业素养与职业能力的内涵。
2. 掌握并践行职业道德规范。
3. 增强沟通与团队协作能力。
4. 培养创新思维与问题解决能力。

生涯寄语

职业素养与职业能力的提升对于个人的职业发展和成长具有至关重要的作用。职业素养的内涵丰富，不仅包括专业技能和知识，还涵盖了沟通、合作、领导力等多个方面。在本章中，我们将深入探讨如何通过学习、实践和反思，不断提升职业素养，以实现个人的成长和发展。

我们将从多个角度为读者提供一些策略和方法来培养自己的职业能力，包括学习专业课程以获取专业知识、通过通识教育来拓宽视野，以及通过社会实践来提升实际操作能力。这些都是帮助读者提升个人职业素养和职业能力的重要途径。我们鼓励读者采取积极的行动，通过学习和实践，提升自己的职业素养和能力，以获得职业生涯的成功。

第一节　职业素养与职业能力的要求

一、职业素养的内涵与要求

(一)职业素养的内涵

职业素养也称职业修养,是一个人在职场上待人处事时所表现出来的内心的、习惯的、本来的、时常会不自觉展现出来的基本品性。

职业素养与职业素质有相似之处,也有区别。两者都用来描述职场人的内在基本品性,但职业素质的概念主要从某人具备的基本品性的角度来描述,侧重于拥有性;而职业素养的概念主要从某人表现出来的职业素质的角度来观察和阐述,侧重于表现性。

综上,我们这样定义:职业素养就是人们在职场上为了更好地适应工作、成长与成功而对资源集聚的需求,进行价值判断与做人做事,选择的内在价值观、学问与修为。人们在某一领域或事务上的职业素养越高,对他人和资源的集聚力就越强。这种集聚力往往表现为对周围人与事物以友善为基本态度、以建设性为基本前提的连接,即便是必要的争论,也会以大局为重,以争取尽可能的合作为目标,以不失风度与人格为限度。

由于职业素养表现出的对人与事物友善连接的特性,受欢迎的职场人就应该具备高度的敬业意识,因此具有职业素养的人必然具备劳动精神和工匠精神,到了堪为楷模的时候就体现为劳模精神。

职业素养是一个人的基本品性在职场上的表现。这些品性不仅会在职场中展现出来,也会在生活中表现出来。职业素养既需要在职场中培养,也需要在生活中培养。从广义的概念讲,做人本身也是一种"职业"。职场与生活虽然有所区别,却是不可分割的。职业素养的培养和影响,在工作和生活之间既有所区别,又相互关联。

(二)职业素养的功能内涵

世界著名的《韦氏大词典》(*The Merriam-Webster Dictionary*)指出,一个人要想把工作完成得优秀,就应该通过训练,去获得"技能""优良的判断力""有教养的行为",这就是职业素养。根据中国的具体情况,本书将职业素养的内涵划分为三大功能,即一个人在职业上表现出来的思想导向、工作方法和品行范式。

思想导向是指如何"做人做事"。当在职场上遇到一件事时,如何判断它的好坏与对错,如何判断它的重要程度,哲学上称之为"价值观"。实际上,就是教会我们当一件事情摆在自己面前时,该怎样判断、怎样对待这件事——到底是该喜欢还是该厌恶,是该积极处理还是该逃避。导向掌握好了,才会有好的心态去面对他人和事务。

工作方法是指"技能",即做某件事需要具备的专门技术,如果延伸理解的话,包含使用技能的程序流程、基本规范和忌讳等。掌握好了通用的工作方法和自己所从事行业的专门技巧,可以准确和高效地开展工作,做到事半功倍。

品行范式是指当出现在某件事情和他人面前时,我们拥有怎样的仪态举止和行为方式。良好的仪态举止和行为方式可以给他人留下良好的印象。

(三)职业素养的核心

1.爱岗乐岗、忠于职守的敬业意识

所谓敬业,就是珍惜和忠实于自我的职业,具有较强的职业自豪感和责任感,立足本职扎扎实实地为社会做贡献。高素质的劳动者应怀着强烈的敬业精神,热爱本职工作,忠实履行职业职责。一个人只有爱岗敬业,以高度的职业荣誉感和自豪感,焕发出对本职工作的激情,把身心融化在职业活动中,才能在工作中充分发挥自我的聪明才智,取得出类拔萃的成绩。一个人只有把职业当成自己的事业,而不仅仅是谋生的手段,做到干一行、爱一行,才能成为社会的有用之才。因此,爱岗乐岗、忠于职守是奉献社会实现人生价值的重要途径。

2.讲究质量、注重信誉的诚信意识

讲究质量、注重信誉是社会主义职业道德的重要规范,也是市场经济体制中竞争者应遵循的最基本的规则。它要求从业者立足于以质取胜、以信立本,反对忽视质量、不讲信誉、对消费者及用户不负责任的作风和行为。讲信誉要求从业者务必严格践约,对于自我向社会、向他人做出的承诺务必认真履行。它既是一种经营策略,又是一种合乎道德的举措。质量问题关系到人民和国家的根本利益,也是企业顺利发展的前提和条件。

3.遵纪守法、公平竞争的规则意识

遵纪守法、公平竞争要求从业者在职业实践中自觉遵守法律和法规,遵守职业纪律,自觉抵制各种行业不正之风。只有每个人都自觉遵守市场法则,公平竞争的市场秩序才能得到保证。遵纪守法、公平竞争体现了从业者对国家、对人民以及对职业利益的尊重与保护。它不仅是发展社会主义市场经济的客观要求,也是抑制部门和行业不正之风的需要,因而是社会主义职业道德的一条重要规范。

4.团结协作、顾全大局的合作意识

团结协作、顾全大局是处理职业团体内部人与人之间,以及协作单位之间关系

的一条道德规范。社会的进步和事业的发展,是千千万万职业劳动者共同的任务,劳动者彼此之间和协作单位之间需要互相支持、互相帮助。这是一种在共同利益、共同目标下进行的相互促进的活动。

5.刻苦学习、不断进取的钻研精神

职业技能是人们进行职业活动、履行职业职责的潜力和手段。它要求所有从业人员努力钻研所从事的专业,孜孜不倦、锲而不舍,不断提高技能。因为没有丰富的业务知识和熟练的服务技能就不可能有优良的服务质量,也就体现不出良好的职业道德。同时,现代科学技术发展迅猛,知识不断更新,社会发展的速度日益加快,学习型社会、学习型组织逐步建立。劳动者只有勤于探索、不断学习,才能紧跟时代发展的步伐。

6.艰苦奋斗、勤俭节约的创业精神

艰苦奋斗、勤俭节约是我国劳动人民的传统美德,也是人类发展的共同精神财富。习近平总书记指出:"不论我们国家发展到什么水平,不论人民生活改善到什么地步,艰苦奋斗、勤俭节约的思想永远不能丢。"新征程上,全党全国各族人民要坚持以习近平新时代中国特色社会主义思想为指导,大力弘扬艰苦奋斗、勤俭节约精神,以中国式现代化全面推进强国建设、民族复兴伟业。这要求我们不断提高管理水平、产品质量,减少能源消耗,降低成本。

(四)职业素养在工作中的地位

中国知网(CNKI)将职业素养定义为:职业素养是指职业内在的规范和要求,是职业人在从事某种职业时所必须具备的综合品质,包含职业道德、职业技能、职业行为、职业作风和职业意识等方面。很多业界人士认为,职业素养至少包含两个重要因素:敬业精神及合作的态度。敬业精神就是在工作中将自己作为公司的一分子,不管做什么工作一定要做到最好,发挥出实力,对于一些细小的错误一定要及时更正。敬业不仅仅是吃苦耐劳,更重要的是用心去做好公司分配给自己的每一项工作。态度是职业素养的核心,好的态度比如负责的、积极的、自信的、建设性的、欣赏的、乐于助人的等,是决定成功的关键因素。所以,职业素养是决定一个人职业生涯成败的关键因素。

企业已经把职业素养作为对人进行评价的重要指标之一。如某企业招聘时,要综合考察毕业生的五个方面:专业素质、职业素养、协作能力、心理素质和身体素质。其中,身体素质是最基本的,好身体是工作的物质基础;职业素养、协作能力和心理素质是最重要和必需的;而专业素质是锦上添花的。职业素养可以通过个体在工作中的行为来表现,而这些行为以个体的知识、技能、价值观、态度、意志等为基础。良好的职业素养是企业必需的,是个人事业成功的基础,是大学生进入企业的"金钥匙"。

1.职业知识技能

职业知识技能是做好一份职业应该具备的专业知识和能力。俗话说"三百六十行,行行出状元",如果没有过硬的专业知识和精湛的职业技能,就无法把一件事情做好,也就更不可能成为"状元"了。所以要把一件事情做好,就必须坚持不懈地关注行业的发展动态及未来的走向;就要有良好的沟通能力,懂得上传下达、左右协调,从而做到事半功倍;就要有高效的执行力。我们研究发现:一个企业的成功,30%靠战略,60%靠企业各层的执行力,只有10%靠其他因素。中国不缺少战略家,缺少的是执行者。执行能力也是每个成功职场人必须修炼的一种基本职业技能。还有很多需要修炼的基本技能,如职场礼仪、时间管理及情绪管控等,这里就不一一罗列了。各个职业有各个职业的知识技能,每个行业还有每个行业的知识技能。总之,提升职业知识技能是为了让我们把事情做得更好。

2.职业行为习惯

职业行为习惯就是在职场上通过长时间的学习→改变→形成,而最后变成习惯的一种职场综合素质。职业行为习惯是指一个人在长期从事某种职业的过程中,逐渐形成的、与职业活动密切相关的、稳定的、自动化的行为方式。这些习惯可以是积极的,也可以是消极的。积极的职业行为习惯有助于提高工作效率、提升工作质量和职业发展,而消极的职业行为习惯会阻碍个人和组织的进步。积极的职业行为习惯主要包括时间管理、自我激励、持续学习、有效沟通、团队合作、批判性思维、适应变化、自我反思、组织规划、专业行为、健康管理、求助与合作、创新思维、风险管理、情绪管理等。

培养积极的职业行为习惯是职业发展的重要组成部分。它有助于个人在工作中更加出色,同时也有助于维护个人的职业健康和幸福感。只有意识到自己的习惯,并努力改进和培养积极的习惯,个人才可以在职业生涯中取得更大的成功。要让正确的职业道德、良好的技能发挥作用,就需要不断地练习,直到成为积极的职业行为习惯。

3.职业情感

职业情感(Occupational Emotion),是指人们对自己所从事的职业所具有的稳定的态度和体验。有强烈职业情感的人,能够从内心产生一种对自己所从事职业的需求意识和深刻理解,因而无限热爱自己的职业和岗位。

情感作为一种心理现象,包含了人类心理活动的一般特征。

(1)积极的职业情感。它是指从业者从自身工作的社会意义和性质上去认识职业,不计较个人得失,怀有满腔的热忱和爱心,并善于克服各种困难,表现出强烈的职业责任意识,并能以极大的精力付诸行动。积极的职业情感对个体履职尽责行为有重大的动力和强化功能,表现在外就是对职业的赞扬、热爱、尽力和完善等,"引诱"个体不断激发内心本能,激发个体潜能,以良好的心态、稳定的情绪和意志,努力实现客体职业与主体生命的完美结合。这是我们在实际工作当中应着力培养的职业情感,是符合时代形势和人类发展需要的积极的情感。

(2)消极的职业情感。它是指从业者把自身工作仅仅当作谋生的手段,较多地考虑个人得失和物质待遇,流露出对职业的不满情绪,对工作怀着消极的情感,缺乏强烈的职业责任感。消极的职业情感无疑会对职业行为产生负面影响,起着减力的作用。消极的职业情感集中表现为缺乏冲劲和拼劲,稍遇阻力便止步不前、半途而废、患得患失,"当一天和尚撞一天钟",得过且过。消极的职业情感使人与职业产生离心力,让人从感情上厌恶、抵触职业。同时,这种消极的情感易"污染"健康的职业环境,影响同职业人员的情绪,从而大大降低了工作效率。这是应在生活、工作当中极力克服和纠正的不健康心理情感。

在现代社会,随着职业竞争的加剧和工作压力的增大,职业情感管理越来越受到重视。企业和组织通过各种方式,如提供心理支持、改善工作环境、增加员工参与决策的机会等,来培养和维护员工的正面职业情感。

(五)职业素养的要求

1.优良的个人品质

对企业而言,员工的品质就是企业的"品质"。所谓做事先做人,有德无才要误事,有才无德要坏事,德才兼备方成事。良好的品质是对每一个大学毕业生的基本要求。很多企业宁愿要品质优秀而专业知识成绩一般的人,也不愿要专业知识优秀而人品低劣的人。因为专业知识欠缺,可以通过企业的各种培训、深造机会进行弥补,但低劣的人品是无法弥补的。

2.敢于拼搏、吃苦耐劳的精神

企业和社会非常欣赏勤奋、上进、肯吃苦的年轻人。大学毕业生在未来的道路上会碰到这样或那样的困难,在学生时代就要有长期忍受痛苦的思想准备,要耐得住寂寞、敢于拼搏、敢于冒险、吃苦耐劳、经得起各种困难的考验、不断进取并有百折不挠的精神。

3.不断创新的意识和能力

企业对人才能力的需求已由过去的一般能力要求,发展到以创新能力为核心的特殊要求。那些善于运用自己的大脑去不断探索、开拓和创新的大学毕业生是企业最看重的人才,因为他们永远不满足于现状,会孜孜不倦地向更新、更高、更强的目标发起挑战。

4.强烈的事业心和责任感

强烈的事业心和责任感是企业和社会对大学毕业生最基本的素质要求,也是大学毕业生成才的基础、事业腾飞的起点。企业和社会希望并要求大学毕业生把选择的职业当作长期追求的事业,要热爱、投入和执着,要与企业同甘苦、共患难、荣辱与共,而不仅仅是赚钱谋生的工作和临时落脚点。一个有强烈的事业心和责任心的大学毕业生,不是仅仅关注企业能够为自己提供什么条件,而是考虑自己能够为企业带来什么价值。

5.较好的心理素质

心理素质的好坏,直接影响到大学毕业生是否能够在艰苦或不利的环境中很快调整自己的状态,保持旺盛的斗志,朝气蓬勃,积极进取。大学毕业生要学习和掌握一定的心理知识,培养自信、豁达、乐观的思想素质,坚强、果断的意志品质和广泛的兴趣爱好,友好地进行人际交往,使自己的精神生活充实健康,自我个性意识稳定发展,从而增强自我调节心理状态的能力,能经受各种挫折和压力,以适应未来的社会竞争。

6.扎实的专业技能

虽然学习成绩不是企业用人的唯一标准,但仍然是企业衡量大学毕业生的一项无可替代的重要标准。熟练掌握或精通某项专业技能,打下坚实的专业知识基础,永远都是大学毕业生最基本的要求之一。

二、职业能力的种类与要求

职业能力(Occupational Ability)是人们从事某种职业的多种能力的综合。职业能力主要包含三个基本要素:一是为了胜任一份具体职业而必须具备的能力,表现为任职资格;二是在步入职场之后表现出来的职业素质;三是开始职业生涯之后具备的职业生涯管理能力。由于职业能力是多种能力的综合,因此,职业能力可以分为一般职业能力、专业能力和职业综合能力。

(一)职业能力的种类

1.一般职业能力

一般职业能力,也称为通用职业能力,是指在不同职业和行业中都普遍需要的能力。这些能力对于个人的职业发展和成功至关重要,尤其是核心能力。具体来说,核心能力就是人们在教育或工作等各种不同的环境中培养出来的可迁移的、从事任何职业都必不可少的跨职业的技能。该能力可以提高人们工作的效率、灵活性、适应性和机动性,是个人获得就业机会、事业发展的重要保障。核心能力对于各种职业而言,是从事任何职业的人要想取得成功都必须具备的能力。由于核心能力适用于所有的职业,因此当职业岗位发生变更或者劳动组织发生变化时,这一能力依然能够起作用,使大学生较快地适应新的职业岗位。此外,由于核心能力具有可迁移的特点,也有助于形成个人终身不断学习进步所必备的能力,在变化了的环境中不断地自我充实、提高、发展,跟上技术进步、经济发展的步伐,增强可持续发展的能力和适应市场变化的能力,真正具有应变、生存、发展的能力,从而有助于提高大学生在社会实践中的竞争力,也有助于克服对专业技能教育的定向性和社会需求多样性不适应的困难。

2.专业能力

专业能力主要是指从事某一职业的专业能力。在求职过程中,招聘方最关注的就是求职者是否具备胜任岗位工作的专业能力。例如:一个人去应聘教学工作岗位时,对方最看重的是这个人是否具备最基本的教学能力。

3.职业综合能力

这里介绍国际上普遍注重培养的"关键能力",主要包括四个方面:

(1)跨职业的专业能力

从以下三方面可以体现出一个人跨职业的专业能力:一是运用数学和测量方法的能力;二是计算机应用能力;三是运用外语解决技术问题和进行交流的能力。

(2)方法能力

一是信息收集和筛选能力;二是掌握制订工作计划、独立决策和实施的能力;三是具备准确的自我评价能力和接受他人评价的承受力,并能够从成败的经历中有效地汲取经验教训。

(3)社会能力

社会能力主要是指一个人的团队协作能力、人际交往和善于沟通的能力。在工作中能够协同他人共同完成工作,对他人公正宽容,具有准确裁定事物的判断力和自律能力等,这是岗位胜任和在工作中开拓进取的重要条件。

(4)个人能力

随着我国经济体制改革的深入、法制的不断健全和完善,人的社会责任心和诚信将越来越被重视,假冒伪劣将越来越无藏身之地,一个人的职业道德会越来越受到全社会的尊重和赞赏,爱岗敬业、工作负责、注重细节的职业人格会得到全社会的肯定和推崇。

（二）职业能力的要求

1.明确职业方向

首先,大学生需要明确自己的职业方向和发展目标,了解自己感兴趣的行业和职位,从而有针对性地培养相应的职业能力。其次,大学生需要认真学习专业知识和技能,不断提高自己的知识水平和解决问题的能力。最后,大学生要有长远的规划和目标,不要只关注眼前的利益,要考虑到未来的职业发展和个人成长。

2.参加实践经历

大学生可以通过参加实习、社会实践、学生组织等方式积累实践经验,了解工作场景和职业环境,提高自己的职业技能和综合素质。不能只停留在理论学习上,要通过实践经历的积累不断提高自己的职业技能和素质水平。

3.学习社交技巧

大学生需要学习社交技巧和沟通能力,如演讲技巧、领导力、团队合作等,以便在未来的职业生涯中更好地适应和胜任工作。要有全面的素质和能力。不要只注重专业知识的学习,要注重综合素质和能力(如社交技巧、领导力、创新能力等方面)的培养。

4.培养创新思维

大学生需要培养创新思维和创业精神,不断开拓进取,积极面对未来的职业挑战和机遇。在发展过程中,注重自我反思和评估。要经常进行自我反思和评估,找出自己的不足之处并加以改进,不断提高自己的创新思维水平。

（三）职业能力对职业的影响

一定的职业能力是胜任某种职业岗位的必要条件。

任何一个职业岗位都有相应的岗位职责要求,一定的职业能力则是胜任某种职业岗位的必要条件。因此,求职者在进行择业时,首先要明确自己的能力优势以及胜任某种工作的可能性。在条件允许的情况下,可以由专业职业指导人员帮助分析,根据求职者的学历状况、职业资格、职业实践等来确定求职者的职业能力,必要时可以将心理测试作为参考,在基本确定求职者的职业能力和发展的可能性的基础上帮助求职者进行职业选择。

职业实践和教育培训是职业能力发展的前提。

1.职业实践促进职业能力的提高

一个人长期从事某一专业劳动,能促使人的能力向高度专业化发展。例如,计算机文字录入人员的职业能力是在实践的基础上得到发展和提高的,随着工作的熟练和经验的积累,录入的速度会越来越快,准确性也会越来越高。个体的职业能

力只有在实际工作中才能不断得到发展、提高和强化。

2.教育培训促进职业能力的提高

个体职业能力除了在实践中磨炼和提高之外,最有效的途径就是接受教育和培训。像我们所熟悉的职业教育、专科教育、大学本科教育、研究生教育等,大学生通过对有关知识和技能的掌握,对以后更好地胜任本职工作会有极大的帮助。

3.职业能力、职业发展与职业创造之间的关系

职业能力是人的发展和创造的基础。前面讲到能力是成功地完成某种任务或胜任工作必不可少的基本因素,没有能力或能力低下,就难以达到工作岗位的要求。个体的职业能力越强,各种能力越是综合发展,就越能促进人在职业活动中的创造和发展,越能取得较好的工作业绩,越能给个人带来职业成就感。

第二节　职业素养的提升路径

拥有良好职业素养的人,不仅具备了必要的专业知识和技能,还能以正确的职业行为准则为基础,与他人更好地沟通协作、处理问题,并能在工作中保持高度的责任感和积极的工作态度。在现代职场中,职业素养越来越受到重视,它对于个人发展和职业成功的重要性越来越显著。许多企业和组织在招聘和选拔人才时,都会将职业素养作为重要的参考因素。

因此,提升职业素养是每个从业者都应该努力追求的目标。职业素养可以通过以下几个方面来提升。

一、自我认知与定位

自我评估:通过自我反思、职业兴趣测试、性格分析等方式,深入了解自己的兴趣、优势、价值观及职业倾向。

明确目标:基于自我评估结果,设定清晰的职业目标,包括短期、中期和长期目标,确保职业发展的方向性。

职业定位:结合市场需求和个人优势,明确自己在职业领域中的定位,为后续的学习和成长奠定基础。

二、专业知识与技能精进

持续学习:利用在线课程、工作坊、研讨会等多种渠道,不断学习新知识、新技能,保持与行业发展的同步。

实践应用:将所学知识应用于实际工作中,通过项目实践、案例分析等方式,深化对专业知识的理解和掌握。

反馈与调整:定期收集来自同事、上级和客户的反馈,根据反馈结果调整学习策略和工作方法,不断优化自己的专业表现。

三、沟通与协作能力提升

有效沟通:学习并掌握有效的沟通技巧,包括倾听、表达、非言语沟通等,确保信息传递的准确性和高效性。

团队协作:积极参与团队活动,学会与不同背景、不同性格的团队成员合作,共同完成任务。

领导力培养:通过承担团队项目、担任小组负责人等方式,锻炼自己的领导力和团队协作能力。

四、问题解决与决策能力强化

批判性思维:培养批判性思维能力,学会从不同角度分析问题,提出创新性的解决方案。

决策制定:学习决策制定的基本流程和原则,掌握风险评估和决策优化的方法,提高决策的科学性和准确性。

应对挑战:面对工作中的挑战和困难时,要保持冷静和乐观的心态,积极寻找解决方案,不断提升自己的抗压能力。

五、职业道德与职业态度塑造

诚信为本:坚守职业道德底线,保持诚实守信的品格,树立良好的职业形象。

责任心:对待工作认真负责,尽职尽责地完成每一项任务,勇于承担责任和后果。

积极态度:保持积极向上的心态,对待工作充满热情和活力,不断追求卓越和进步。

六、持续反思与自我提升

定期反思:定期对自己的工作表现进行反思和总结,找出存在的问题和不足之处。

设定新目标:根据反思结果设定新的学习目标和发展方向,不断挑战自我、超越自我。

寻求反馈:主动寻求来自同事、上级和客户的反馈意见,将反馈作为自我提升的重要参考依据。

以上六个方面的努力和实践,可以系统地提升自己的职业素养,为个人的职业发展和企业的持续竞争力奠定坚实的基础。总之,职业素养是一个综合的概念,涵盖了多个方面,是从业者在职场中必备的品质和能力。通过不断提升自己的职业素养,可以更好地适应职场环境,提升自己的竞争力和个人价值。

第三节 职业技能的提升路径

职业技能提升是职业规划中的重要一环。它是指通过学习和实践,提高个人在特定职业领域内的技能和能力,以提升职业竞争力,实现职业发展目标。在快速变迁的职场环境中,职业技能的提升是每位职场人士实现个人成长与职业发展的关键。

一、能力提升训练方式与途径

(一)能力提升的必要性

职业能力在人的职业生涯中对专业能力的运用和个体的发展都扮演着极其重要的角色。特别是随着科技的发展,现代就业形势的需要,培养和提高学生的职业能力已是大势所趋。在现代社会的职业生活中,从业人员的知识老化周期与产品的生命周期相似,专业知识和技能也有一个生命周期。有关资料显示:知识的更新周期为 3~5 年,如果一个人不具有接受再教育的能力,就不能及时更新自己的知识,也不能很好地调整知识结构。随着社会的进步,一个人目前所拥有的许多有价值的知识和技能很快就会被淘汰。因此,获取知识的能力比获取知识的数量更为重要,职业能力的提高比吸收知识的数量更为重要,通用技能的掌握比专业技能的掌握更为重要。只有具备职业能力的人,才能够适应变化的环境,把握新的机遇。因此,注重通用技能的培养,是新的历史发展时期对大学生培养目标提出的必然要求。

从就业的角度看,随着新技术革命带来的科学技术和社会生产力的飞速发展,产业结构的变动更为频繁,市场竞争更为激烈,人们面临失业和转岗的压力更大,就业不再是从一而终,从业人员会经常面临失业、转岗、从业这样一个循环过程。"一技在手,终身受用"的传统观念在高速发展的现代社会中已很难行得通。高等教育的技能培养目标,除了考虑具体行业和职业岗位的需要外,还必须考虑学生日后会遇到的职业变更、技术更新及个人发展的需要。既要重视"专业技能",又要重视获取技能的能力。

由于职业能力适用于所有的职业生活,因此,当职业岗位发生变更或者当劳动组织发生变化时,学生所具有的这一能力依然能够起作用,这样就能较快地适应新的职业岗位。另外,其也有助于形成个人独立的终身不断学习进步所必备的能力,使之在变化的环境中不断自我充实、提高、发展,跟上技术进步、经济发展的步伐,提升学生可持续发展的能力和适应市场变化的能力,使学生真正具有应变、生存、发展的能力,从而有助于提高他们在社会实践中的竞争力,同时也有助于克服专业技能教育的定向性和社会需求多边性的不相适应。

(二)能力提升的训练方式

1.学习专业课程

虽然目前在就业时已经淡化了专业的概念,并且在现实中也有很多毕业生从事着与自己的专业不甚相关的职业,但这并不意味着就可以不学习或不努力学习专业知识。相反,专业知识的学习和掌握在就业中仍占有重要的地位。第一,成绩的好坏仍是专业型用人单位选择的重要标准;第二,当今社会需要的是复合型的人才,毕业生在专业能力的基础上拥有合理的知识结构,这无疑会使其在就业市场中赢得更多的就业机会。

要加强自己的理论研究能力。学海无涯,专业理论的学习绝不能停留在课程学习的层面上,"纸上谈兵"远不能满足飞速发展的社会对毕业生专业理论的要求。职业能力需要在工作和学习中得到体现和提高。只有基于在校期间对于理论知识进行集中学习,我们才可以继续学习工作中要求更高的专业知识,最后还可以通过社会培训和参加社会实践来培养专业能力。总之,努力学习专业知识,提高专业能力对于提升自身竞争力和个人发展具有重要的意义。

2.通过通识知识的学习来培养职业能力

通识知识是指在普遍的条件下,工作和进行与工作相关的生活、学习等方面所必须具备的基本知识,是一个人开展工作、活动的前提,具有普遍的适用范围。通识知识是一个人的基本能力形成的基础。随着职业要求的不断提高,单纯的专业能力不能满足工作的发展需要,因此需要从业人员具有广博的综合知识和基本能力,能够辅助工作顺利开展。通识知识的学习能够培养大学生适应社会的能力、组织管理能力、沟通协调能力、创新能力等。通过通识知识的学习来培养职业能力可以从以下几个方面着手:

首先,要积累知识。离开知识积累,能力就成了无源之水。因此大学生在校学习期间一定要注意拓宽自己的知识面,勤奋学习,正如王充所说"智能之士,不学不成,不问不知"。一个人才能的大小首先取决于其掌握知识的多少、深浅和完善程度。

其次,要勤于实践。能力是在实践过程中培养形成并在实践过程中表现出来的,通过实践才能更好地运用专业技能和知识,积累经验,培养分析和解决问题的能力,因此实践是培养能力的重要途径。

最后,要适当地发展个人兴趣。兴趣对培养能力相当重要,古今中外许多著名的科学家、文学家、艺术家,都是在强烈的兴趣驱动下取得事业成功的。杨振宁博士在总结科学家的成功之路时说:"成功的秘密是兴趣。"因此大学生要围绕所学专业发展自己的兴趣爱好,并以这些兴趣为契机,加强相关知识的学习,注重发展自己的优势能力。

3.通过加强社会实践来培养自己的职业能力

社会实践活动对于培养一个人的能力具有重要作用。社会实践活动能够积累社会经验,提高基本能力。它还能够加强实际应用能力,提高专业技能,通过社会实践活动,能够促进学生的专业理论学习与实践更紧密地结合,促使学生更系统地了解领域的知识结构,巩固和拓宽所学的专业知识,培养分析问题和解决问题的能力、创新能力,提高专业知识的应用能力、实践动手能力和创业能力,使之对本专业建立感性认识。参与社会实践活动主要有三种形式:

一是参与社团活动,这是最主要的形式。学生社团是高校校园文化的重要载体,是高校第二课堂的重要组成部分。参与学生社团,是学生丰富校园生活、培养兴趣爱好、参与实践活动、扩大求知领域、扩大交友范围的重要方式。

二是勤工助学参与社会实践。它不仅能够获取劳动所得,减轻家庭的经济负担,还能够通过接触社会,为将来就业打下基础,因此是一种重要的社会实践方式。

三是毕业实习。实习也是大学毕业生马上要面临的,是大学生在校学习期间的最后一次实习作业,是一门必不可少的必修课。通过实习,大学生可以了解行业、单位的业务内容和工作方法,向有经验的工作人员学习先进的工作经验。

此外,大学生在实践的过程中要有明确的目标,并且心态要积极,沟通要主动,准备要充分,实践要勤奋。

职业能力的培养要求我们有扎实的专业基础知识,以适应未来的发展,还要有广博的知识,即通识知识和能力,为专业能力的发展添砖加瓦,更好地发挥自己的专业能力。另外,这些知识和能力的获得还需要通过实践才能得到巩固和发展,因此三者在个人职业能力培养中有着重要意义。培养职业能力是当代教育的根本,立德立本,才能更好地为祖国建设做贡献。

(三)能力提升途径

1.明确兴趣与职业目标

大学生需要明确自己的兴趣和职业目标,了解自己的优势和劣势,从而有针对性地制订职业能力提升计划。

2.学习专业知识与技能

大学生需要认真学习专业知识和技能,通过课程学习、实验实践等方式提高自己的专业水平和实践能力。在知识方面,深化专业知识是至关重要的。大学生应该深入学习并掌握所学的专业知识,同时也要关注行业动态,持续学习与行业趋势保持同步的知识和技术。只有不断地提升自己的专业水平,才能在激烈的职场竞争中立于不败之地。

3.多元化技能的培养

除了专业知识外,多元化的技能培养也是必不可少的。大学生应该培养与专业相关的技能,如外语、计算机编程、写作以及项目管理等,以提升个人的市场竞争力。这些技能的掌握不仅可以增加就业的机会,还可以让大学生在职场中脱颖而出,赢得领导的青睐。

4.参加社会实践与实习

实习和兼职经验也是大学生提升职业能力的重要途径之一。大学生可以参加社会实践和实习活动,了解工作场景和职业环境,积累实践经验,提高自己的职业技能和综合素质。通过实习和兼职,大学生可以将理论应用于实践,丰富个人履历,展现自身价值。这些经验不仅可以提升他们在职场中的竞争力,还可以帮助他们更好地适应工作环境。

5.学习社交技巧与提高综合能力

大学生需要注重培养自己的社交技巧和综合能力,如沟通技巧、团队协作、领导力、创新能力等,以便更好地适应未来的职业挑战和机遇。在个人综合素养方面,大学生还应该注重领导力和团队协作能力的培养。参与学生组织或志愿活动,可以锻炼他们的领导力和团队合作能力,为将来在职场中的人际交往和团队合作打下坚实的基础。

6.培养积极的心态和良好的职业素养

大学生需要培养积极的心态和良好的职业素养，如责任感、自律性、适应性、积极性等，不断提高自己的职业能力和素质水平。在心态方面，大学生应该树立正确的职业发展意识。随着职业教育的市场化和高等教育的大众化，大学生需要不断更新就业观念，明确职业目标，并以积极的态度面对未来的职业生涯。一个积极乐观的心态能够帮助他们克服困难，保持对未来的信心。

7.做好职业规划

制定职业规划也是大学生提升职业能力的关键。了解个人兴趣和目标，制定清晰的职业规划，有助于大学生在大学期间和毕业后更有针对性地追求职业机会。通过规划，大学生可以更好地把握自己的发展方向，为实现职业目标制订有效的行动计划。

二、职业核心能力的提升

（一）职业核心能力的定义

职业核心能力是人们职业生涯中除岗位专业能力之外的基本能力。它适用于各种职业，适应岗位的不断变换，是伴随人终身的可持续发展能力。德国、澳大利亚、新加坡称之为"关键能力"；美国称之为"基本能力"，全美测评协会的技能测评体系称之为"软技能"；中国香港称之为"基础技能""共同能力"等。职业核心能力是成功就业和可持续发展的"关键能力"，是当今世界发达国家、地区职业教育和人力资源开发的热点。

1998年，我国劳动和社会保障部在《国家技能振兴战略》中把职业核心能力分为八项，称为"八项核心能力"，包括：与人交流、数字应用、信息处理、与人合作、解决问题、自我学习、创新革新、外语应用等。

职业核心能力可分为职业方法能力和职业社会能力两大类：

职业方法能力是指主要基于个人的，一般有具体和明确的方式、手段的能力。它主要指独立学习、获取新知识技能、处理信息的能力。职业方法能力是劳动者的基本发展能力，是在职业生涯中不断获取新的知识、信息、技能和掌握新方法的重要手段。职业方法能力包括自我学习、信息处理、数字应用等能力。

职业社会能力是指与他人交往、合作、共同生活和工作的能力。职业社会能力既是基本生存能力，又是基本发展能力，它是劳动者在职业活动中，特别是在一个开放的社会生活中必须具备的基本素质。职业社会能力包括与人交流、与人合作、解决问题、创新革新、外语应用等能力。

（二）核心能力的提升的必要性

教育部在〔2006〕16号文件中指出，要"教育学生树立终身学习理念，提高学习能力，学会交流沟通和团队协作，提高学生的实践能力、创造能力、就业能力和创业能力"，可见职业核心能力培养的重要性。教育部在《关于深化教学改革，培养适应21世纪需要的高质量人才的意见》中也明确指出："在知识传授与能力和素质培养的关系上，树立注重素质教育，融传授知识、培养能力与提高素质为一体，相互协调发展、综合提高的思想。"强调了高等教育在强调职业知识和职业技能培养的同时，加强职业核心能力培养，是加强职业综合素质教育的有效抓手；是实现职业教育培养目标的重要途径；是促进人的全面和可持续发展的内在要求。重视职业核心能力培养，改革教育教学工作，将促进我国职业教育的健康、可持续发展，有利于提高我国职业教育的质量，有利于职业人才培养。

（三）核心能力的提升途径

大学生核心能力的提升是大学教育的重要目标之一。这些能力不仅关乎学业成就，更对未来职业生涯和个人发展具有深远影响。以下是一些提升大学生核心能力的途径：

（1）积极参与课堂学习与讨论

认真听讲，做好笔记，积极参与课堂讨论，主动提问和回答问题，这有助于提升批判性思维和口头表达能力。

与老师和同学建立良好关系，利用课后时间进一步探讨课程内容，深化理解。

（2）自主学习与探索

设定学习目标，利用图书馆、在线资源等自主学习新知识，培养自我驱动的学习能力。

参与科研项目、学术竞赛或社团活动，通过实践探索未知领域，提高解决问题的能力。

（3）团队合作与领导力培养

加入学生组织、社团或项目团队，通过协作完成任务，学习如何与他人有效沟通、分工合作。

争取担任团队领导角色，锻炼组织协调、决策和领导力。

（4）实习与实践经验

利用假期或课余时间进行专业相关的实习，将理论知识应用于实际工作中，提升专业技能和职业素养。

参与志愿服务、社会实践等活动，拓宽视野，增强社会责任感和公民意识。

（5）跨文化交流与国际视野

参加国际交流项目、海外游学或在线国际课程，了解不同文化背景下的思维方式和工作方式。

学习外语，提高跨文化沟通能力，为未来的国际合作与交流打下基础。

（6）数字技能与信息技术

掌握基本的计算机操作和办公软件应用技能，如 Word、Excel、PowerPoint 等。

学习编程、数据分析等高级技能，以适应数字化时代的需求。

利用互联网资源获取信息、解决问题，提升信息素养。

（7）心理健康与压力管理

关注自身心理健康，学会识别和处理负面情绪，保持积极乐观的心态。

学习时间管理和压力调节技巧，合理安排学习和生活，避免过度劳累。

（8）职业规划与自我认知

通过职业测评、职业咨询等方式了解自己的兴趣、优势和价值观，明确职业目标。

制定职业规划，参加就业指导课程或活动，为未来的职业发展做好准备。

综上所述，大学生核心能力的提升是一个多维度、全方位的过程，需要学生本人、学校和社会的共同努力。通过积极参与各种学习和实践活动，学生可以不断提升自己的综合能力，为未来的成功奠定坚实的基础。

三、职业能力与职业技能

职业能力与职业技能之间存在着紧密且不可分割的联系，二者相互依存、相互促进，共同构成个体在特定职业领域内高效完成工作任务所需的综合能力框架。职业能力，作为个体在特定职业范畴内完成任务的核心能力，其内涵超越了单一技能或操作的范畴，广泛涵盖了专业知识、技术技能、职业态度、实践经验等多个维度。而职业技能，则具体指向在某一职业领域内执行任务和进行操作的实际能力，通常以一系列精细的技术动作和操作方法为外在表现。

职业能力的培养，需历经系统的学习与实践历程，这是一个既长期又复杂的过程。在此过程中，个体不仅需深入掌握相关专业知识，还需通过持续不断的实践锻炼，逐步提升自身的技能层次。相应地，职业技能的增进则依赖于反复的练习与丰富的经验积累，通过在实际岗位中的多次操作与应用，个体能够逐步精进自身在特定领域内的专业水平。

通常而言，拥有较强职业能力的个体，往往也具备较高的职业技能，反之亦然。然而，职业能力的范畴更为宽泛，它不仅包含职业技能，还涵盖了沟通能力、团队协作能力、问题解决能力等关键要素。这些能力在当下社会环境中显得尤为重要，因为它们能够助力个体在复杂多变的工作情境中更好地适应与应对各种挑战。

在科技日新月异、职业岗位持续变化的现代社会,职业能力的培养显得尤为关键。唯有具备强大职业能力的个体,方能在不断变迁的职业环境中保持竞争优势。而职业技能的提升,则有助于个体在特定领域内达到更高水平的专业成就,进而赢得更佳的职业发展机遇。

综上所述,职业能力与职业技能相互辅助、相互成就,共同构成了个体职业发展道路上的坚实支撑。通过不懈的学习与实践,不断提升职业能力与职业技能,个体方能在激烈的职场竞争中脱颖而出,顺利实现职业目标。在此过程中,个体应不仅关注具体技能的提升,更应重视综合素质的培养,以确保自身在不断变化的职业环境中始终保持强劲的竞争力。

四、多维技能提升图谱

(一)多维技能提升图谱的含义

1.基于个体的能力

基于个体的能力包含两个:发现和追寻意义的能力;实践和实现个人意义的能力。前者体现了个体的自我省视、自我质询。正如赫拉克利特所言,"我已经找寻过我自己"。这种找寻在很大程度上和现实的"效用"无关,但与个人的意义、美德有关。长久以来,人类对理性的偏执导致目的和手段的分离甚至倒置,能力模型中见物不见人(如图7-1所示)。求真往往与功利性目的结合,善和美则被弃之不顾,人们逐步丧失了发现美、施行善的能力。因此,个体自主行动的能力必须与求真、求善、求美结合起来。这是建构能力模型的灵魂,决定着个体对工具的态度以及与外部互动的方向和方式。

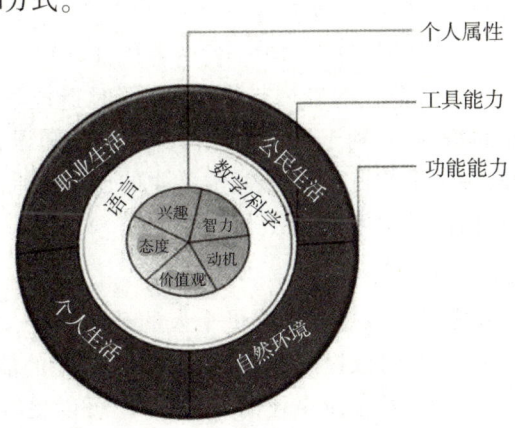

图7-1　能力模型的三重结构

2.个体运用工具的能力

在科技发达的时代,个体必须树立科学的思维方式,正确认识和运用科学技术。语言本身不仅仅是一种与外部交流的工具,更体现为一种文化,具有民族性和区域性的特点。因此,需要把语言的运用与当地的文化结合起来,发展对本地文化及多元文化的认知和理解能力。

3.个体与外部环境互动的能力

个体所处的外部环境越来越复杂,职业需求、政治参与、个体生活、与环境相处等需要个体掌握更复杂、更多元的能力予以应对。但个体与环境的互动不仅受外部压力的影响,更受个人对人生意义的认识的影响。

(二)多维技能提升的重要性

1.适应社会需求

社会的发展和变化需要具备多维技能的人才。例如,未来的工作可能需要跨领域的知识和技能,而不仅仅是单一领域的专业知识。培养多维技能可以更好地发挥自身的科学文化知识和技能。在追求高效率和不断变化的现代社会中,用人单位对人才的要求也越来越高。用人单位需要的不仅仅是专业领域的能手,更需要有着多维技能的人才。无论是掌握专业技术能力还是沟通、承上启下的能力,角色的转换以及能力提升的速度非常快,也就是说能在岗位上很快地发挥潜能,有很强的可塑性。可见,企业已经把多维技能作为对人进行评价的重要指标。

2.增强竞争力

在竞争日益激烈的就业市场中,具备多维技能的人才将更具竞争优势。这类人才不仅可以在专业领域内找到工作,可以适应不同的工作环境和任务,在其他领域也有更多的就业机会。传统的高等教育采取的是"精英教育"的模式,强调学生对理论知识的掌握、共性的发展,忽略学生个性的养成,因而造成大量高文凭、低能力的"人才"充斥于企业,给企业的发展带来阻碍,同时造成学生缺乏适应能力。对学生进行多维技能的培养,有利于学生结合自身特点对知识、能力、素质的学习和提高,有利于充分发掘学生的自我潜能,培养学生的创新思维、创新意识,锻炼学生的自主创业能力,从而提升学生的社会竞争力。

3.促进个人发展

多维技能的学习和提升可以更好地促进个人的全面发展,不仅可以提高学生的知识水平和技能水平,而且可以提高创新能力和解决问题的能力,还可以树立正确的择业观,正确定位。根据社会及企业的需求,学生可以更客观、科学地规划自己的职业生涯,合理安排在校的学习时间、学习资源,增强学习效能,实现人与职业的合理配置,有效缩短从"校园人"到"职业人"转变的时间,实现由择业、就业逐步发展到职业、事业的终身的可持续发展。

4.促进社会进步

社会的进步需要各种技能的人才。只有拥有多维技能,才能承担起社会的责任和义务,积极主动地投身实践活动中,更好地发挥自身作用,为社会的发展贡献力量。

五、多维技能提升模式理论

(一)技能提升金字塔模式

技能提升金字塔模式是一种将技能提升和职业发展可视化的方法。它通常包括不同的层次,每个层次又代表了技能发展的不同阶段。这种模式有助于个人和组织明确发展目标,规划提升路径,并评估进展。

(1)基础技能:这是金字塔的底层,包括基本的读、写、算等能力,以及特定职业所需的基础技能,如使用特定软件或工具的能力等。

(2)专业技能:在基础技能之上,专业技能涉及更深层次的专业知识和能力,如专业领域的术语、概念、流程和实践。

(3)高级技能:这一层涉及更复杂的技能,如项目管理、领导力、战略规划等,这些技能通常需要多年的工作经验和深入的专业知识。

(4)创新思维与领导力:金字塔的顶层通常涉及创新思维与领导力,这些能力使个人能够在组织内领导变革、推动创新和指导他人。

我国政府高度重视技能人才的培养和发展,因而实施了一系列政策和措施来提升技能人才的培养质量和规模。例如,实施"技能中国行动",大规模开展职业技能培训,推动技工教育发展,提升技能人才的待遇水平和社会地位,以及建立技能人才职业发展贯通机制。

此外,技能提升金字塔模型也提到了从被动到主动的学习方式,包括听讲、阅读、视觉辅助学习、演示、小组讨论、实际操作和教授他人等,这些层次反映了不同学习活动的信息留存率和学习效率。

在职业教育领域,新修订的《中华人民共和国职业教育法》提出了很多人才培养新理念,包括培养高素质技术技能人才,使受教育者具备从事某种职业或者实现职业发展所需要的职业道德、科学文化与专业知识、技术技能等职业综合素质和行动能力。

综上所述,技能提升金字塔模式不仅有助于个人技能的提升,也是职业教育和技能人才培养的重要参考框架。通过这种模式,大学生可以更清晰地规划和实施技能提升计划,以满足个人职业发展和经济社会发展的需求。

(二)技能提升基石建设模式

技能提升基石建设模式通常指的是为技能人才的成长和发展打下坚实基础的各种措施和制度。这种模式涉及教育培训、实践锻炼、评价激励、职业发展、政策支持、社会认可等多个方面,旨在构建一个全方位、多层次、相互衔接的技能人才培养体系。

(1)教育培训:加强技能人才的基础教育和职业培训,推广工学一体化、企业新型学徒制等教育模式,确保技能人才具备扎实的理论基础和实践能力。

(2)实践锻炼:鼓励企业设立职工培训中心,支持企业与职业院校共建实训中心,提供实际操作的机会,使技能人才在实践中不断提升技能水平。

(3)评价激励:建立健全技能人才评价体系,实施职业技能等级认定,开展职业技能竞赛,对优秀技能人才给予表彰和奖励,提高技能人才的社会地位和待遇。

(4)职业发展:拓宽技能人才的职业发展通道,建立职业资格、职业技能等级与相应职称、学历的双向比照认定制度,促进技能人才在职业生涯中有更广阔的发展空间。

(5)政策支持:政府提供必要的政策支持,包括资金投入、税收优惠、就业服务等,为技能人才的培养和发展创造良好的外部环境。

(6)社会认可:提高社会对技能人才的认可和尊重,通过媒体宣传、公共教育等方式,改变对技能工作的偏见,提升技能人才的职业吸引力。

这些措施可以为技能人才的成长打下坚实的基础,构建起一个有利于技能人才发展的生态系统,从而推动经济社会的高质量发展。

(三)技能提升从经验到知识模式

技能提升从经验到知识模式是一种将实践中获得的经验转化为系统化、理论化知识的过程。这种模式强调的是知识的社会化、外显化、组合化和内隐化。以下是这一模式的几个关键步骤:

(1)经验积累:在工作和学习中积累经验,这些经验包括解决问题的方法、操作技巧等。

(2)经验分享:通过交流和讨论,将个人经验分享给他人,促进知识的传播。

(3)知识提炼:将经验中的隐性知识转化为显性知识,如通过写作、教学、创建教程等方式。

(4)知识体系构建:将提炼出的知识点组成有逻辑的知识结构,形成知识体系。

(5)知识应用:将知识体系应用于实践,解决实际问题,创造新的价值。

(6)持续迭代:根据新的经验和反馈,不断更新和完善知识体系。

在这个过程中,个人可以通过多种方式提升自己的技能,如参加培训、阅读专业书籍、参与在线课程、实际操作练习等。同时,组织和企业也可以通过建立知识管理体系、鼓励知识分享、提供学习资源等方式,帮助员工提升技能。

在构建知识体系的过程中,重要的是要明确目标领域,寻找并筛选信息源,整理归纳信息,并不断更新迭代知识体系。此外,知识的结构化也是提升学习素养的重要方面,需要挖掘知识的内在结构,建立知识的横向结构,并厘清知识的结构。

通过这样的模式,个人和组织可以更有效地将经验转化为知识,提升技能,并在实践中创造更大的价值。

(四)技能提升速度创新模式

技能提升速度创新模式强调的是快速、高效地提升个人或团队的技能水平,以适应快速变化的工作环境和技术进步。这种模式通常包括以下几个关键要素:

(1)快速学习:鼓励个人通过在线课程、研讨会、工作坊等方式快速获取新知识。

(2)实践应用:强调将学到的新知识迅速应用于实践中,通过实际操作来巩固和提升技能。

(3)持续反馈:在实践过程中,通过同事、上级或客户的反馈来不断调整和优化技能。

(4)创新思维:培养创新思维,鼓励尝试新方法和解决方案,以提高工作效率和质量。

(5)团队协作:通过团队合作,共享知识和经验,共同解决问题,以实现技能的集体提升。

(6)技术利用:利用现代技术,如人工智能、大数据等,来辅助技能提升和创新。

(7)持续迭代:技能提升是一个持续的过程,需要不断地学习新知识、实践新技能,并根据反馈进行调整。

例如,一些企业通过建立技能创新工作室来促进人才培养和技能提升。这些工作室提供了一个平台,让员工可以通过实践、交流和合作来提升技能。同时,通过构建知识库和培训体系,可以系统地培养员工的技能,并实现知识的传承和创新。

此外,提升全民数字素养与技能也是当前的一个重要趋势。例如,上海市长宁区业余大学(社区学院)通过打造多个老年智慧学习场景,提供了沉浸式的学习体验,帮助老年人提升数字技能。

在提升技能的过程中,还需要注意创新能力的培养。可以通过培养创新思维、积累知识和经验、学习和实践创新方法和工具等方式来提升个人的创新能力。

总的来说,技能提升速度创新模式要求个人和组织能够快速适应变化,通过持

续学习和实践来提升技能,并在此过程中不断创新和改进。

在线技能评估工具在当今数字化和全球化的职场环境中发挥着至关重要的作用。它们提供了一种高效、灵活且成本效益高的方式来衡量和提升个人与团队的技能水平。对于企业而言,这些工具使得招聘过程更加精准,通过科学化的测试和评估,能够快速识别出真正符合岗位需求的候选人,从而提高招聘质量和效率。此外,在线技能评估也极大地便利了员工的培训和发展,通过提供定制化的学习路径和实时反馈,帮助员工在职业生涯中不断进步和成长。

在团队建设方面,这些工具能够帮助管理层深入了解团队成员的能力和潜力,从而做出更合理的工作分配和人才规划。对于个人来说,在线技能评估是一个自我提升的有力工具,它不仅能够帮助个人识别自己的优势和劣势,还能根据评估结果提供个性化的学习建议,进而有针对性地提升个人的职业技能。在线技能评估工具在远程工作日益普及的今天,为分布式团队提供了一个有效的沟通和协作平台,确保团队成员即便身处不同的地理位置,也能保持技能的同步提升和目标的一致性。在绩效管理方面,这些工具通过提供量化的数据和报告,帮助管理层基于客观数据做出更加明智的决策,如晋升、培训需求分析等。

在线技能评估工具还有助于减少招聘和晋升过程中的主观性和偏见,通过标准化的评估流程,确保所有候选人都在同等的标准下被评价。同时,它们也支持企业和个人适应不断变化的市场趋势,通过持续的技能评估,确保员工的技能与行业需求保持同步。

总而言之,在线技能评估工具通过提供即时反馈、技能认证、数据驱动的决策支持以及适应市场趋势的能力,已经成为提升职场竞争力、优化人力资源管理和支持终身学习的重要工具。

以下是一些推荐的在线技能评估工具:

Topin:专业的在线技能评估平台,提供定制化的技能测试和超过10000道精心设计的问题,覆盖100多种技能领域。

Test Portal:提供智能在线评估工具,支持 AI 题目生成和详细报告,适用于企业招聘、培训和教育考试。

SmartLifeSkills.AI:综合性技能提升平台,覆盖550多种技能领域,提供技能专属 AI 助手和互动学习系统。

ProProfs:提供招聘、入职、培训和员工参与的解决方案,支持从头开始创建评估或修改其100多种由专业人员设计的即用型和可定制的评估。

CodeSignal:主要用于 IT 部门的技术评估,支持70多种编程语言和工具,适用于编码专业人员、工程师和后端开发人员。

Think Exam:高级人工智能监考解决方案,适用于企业和教育机构进行就业前筛查。

ClassMarker：提供安全且可定制的测试解决方案，支持多种问题类型，并提供良好的报告和分析能力。

iSpring Suite：全面的学习管理解决方案，具有先进的功能，可以优化工作流程，甚至自动执行重复、耗时的任务。

GLIDER.AI：复杂的人工智能招聘平台，适用于医疗保健、技术、工程、金融和物流行业，提供技能和性格测试到 GDPR 和 CCPA 合规性评估。

Evalart：适用于各行各业的复杂评估软件，有一个庞大的评估库，包含数十种分为几类的测试，如编程技能测试、心理测试以及项目管理测试等。

SHL：提供技能测评和岗位模拟测评，使用经过专家验证的问卷和真实工作模拟对候选人进行技能评估。

这些工具可以帮助个人或企业进行有效的技能评估和提升。

在线技能评估工具在多个领域有广泛的应用案例：

（1）招聘和入职培训：企业使用在线技能评估工具筛选候选人，并进行入职培训。例如，ProProfs 提供了从招聘到员工参与的全面解决方案，包括自定义测试和评估的创建，以及提供即用型模板。

（2）IT 和软件开发技能评估：在技术领域，CodeSignal 这样的工具被用来评估编码专业人员、工程师的技能，通过实际编码挑战来衡量候选人的编程能力。

（3）教育和学习：在教育领域，人工智能正在改变教师的工作方式，例如通过自动评分工具来减少教师的工作量，同时提供个性化反馈。

（4）个性化学习路径：如使用在线评估来确定学生在哪些方面有困难，并提供个性化的学习路径来帮助他们提高成绩。

（5）企业技能提升：企业使用工具如 iSpring Suite 进行员工培训和技能提升，该平台提供了测验创建和学习管理系统的集成。

（6）合规性和认证考试：在线评估工具也用于合规性和认证考试，例如，通过 Think Exam 进行的远程监考，可以确保考试的完整性和安全性。

（7）智能化教育评估：在中国，智能教育软件评估指标体系的构建，为智能教育软件在教学测评中的应用提供了科学依据和理论指导。

（8）市场研究和预测：市场研究报告显示，在线就业前技能评估工具市场正在增长，预计到 2029 年将显著扩大，这表明在线技能评估工具在企业中的应用越来越广泛。

随着技术的不断进步，未来在线技能评估工具将变得更加智能化和个性化，通过集成人工智能和机器学习算法，提供实时反馈和自适应评估，同时加强安全性措施以确保评估的公正性和准确性。此外，这些工具将与学习管理系统无缝集成，提

供深入的数据分析和见解,帮助教育工作者和企业做出更有针对性的教学和培训决策。游戏化元素的加入将提升用户的参与度和动力,而移动设备的兼容性将使用户无论身在何处都能方便地进行学习。最终,这些趋势将推动在线评估工具成为教育和职业发展中不可或缺的一部分,为个人和组织提供更高效、更有针对性的技能提升途径。

第二章

高校毕业生就业政策与制度

学习目标

1.掌握就业政策含义、作用、主要内容及获取渠道。

2.学习毕业去向登记制度及其确认流程。

3.了解高校毕业生就业权利及义务、签订就业或劳动合同的法律常识，防范常见的就业陷阱。

生涯寄语

"就业是最基本的民生，事关人民群众切身利益，事关经济社会健康发展，事关国家长治久安。坚持把就业作为民生之本；坚持实施就业优先战略；坚持依靠发展促进就业；坚持扩大就业容量和提升就业质量相结合；坚持突出抓好重点群体就业；坚持创业带动就业；坚持营造公平就业环境；坚持构建和谐劳动关系。"

——习近平在中共中央政治局第十四次集体学习时强调

 本章综述

　　本章主要讲述了就业政策、毕业去向登记制度以及保护高校毕业生就业权益等内容。其旨在帮助当前高校毕业生掌握就业政策和制度的具体内容,帮助高校毕业生更好地理解政策导向,把握就业机会,提高政策解读和应用能力;帮助高校毕业生了解政策中关于就业技能培训、创业支持等方面的内容,激励高校毕业生积极参加相关培训,提升自身就业技能和创业能力。通过本章节的学习,高校毕业生可以了解就业过程中的法律法规和政策要求,规范自己的就业行为,避免陷入就业陷阱,保护自身合法权益。

第一节　　就业政策

一、就业政策的含义

　　就业政策是指政府和社会群体为了解决现实社会中劳动者就业问题而制定和推行的一系列方案及采取的措施。它是使失业人员和新生劳动力就业的政策手段。就业政策的直接目标可以概括为两个方面:一是解决失业人员的再就业问题,二是解决新生劳动力的初次就业问题。

　　就业政策通常包括鼓励企业增加就业岗位、扶持失业人员和残疾人就业、提供职业介绍和职业培训服务、实施就业援助计划等内容。政府还会通过制定有利于就业的财政政策、税收政策、金融政策等,为劳动者创造更好的就业环境。

　　此外,就业政策还涉及城乡统筹就业、高校毕业生就业、农民工就业等重点群体。政府会采取相应的措施,如鼓励高校毕业生到基层和中西部地区就业、支持农民工返乡创业等促进这些群体就业。

二、就业政策的作用

就业政策作为国家经济政策的一个重要组成部分,除了直接解决新生劳动力初次就业和下岗失业人员的再就业问题之外,对社会经济、政治也发挥着强大的调控作用。

1.保障社会稳定

规定就业规则,通过法律规章的实施保障求职者公平竞争工作岗位;促进经济发展,为初次就业和再就业的劳动者创造就业机会,解决劳动者生存发展所需的最基本的物质来源;为失业者提供基本生活保障;为求职者提供具体的服务项目,保障劳动者就业。就业政策的实施使劳动者充分就业;获得满意的工薪报酬,安心于工作岗位、努力工作,实际上也就从最基本的方面保障了社会的稳定。

2.促进人力资源的开发与利用

政府要制定和推行有效的就业政策,在创造就业机会、保障劳动力充分就业的同时,促进人力资源的合理开发与高效率利用,促进劳动力市场进一步完善,使劳动力在市场机制下合理流动,达到高效率配置。通过市场机制提供产业发展信息、劳动力需求信息,引导就业;通过有针对性的培训或再教育等手段,开发劳动力潜能,提高劳动力的综合素质与技能;通过考核、行业准入等手段,保障就业人员的质量;通过有关法律规章的制定和实施,让就业人员创造更高的价值。

3.调控供求总量平衡

在国民经济运行过程中,劳动力就业既紧密联系着社会供给,也紧密联系着社会需求。劳动力的充分就业,扩大产品的生产,将增加社会供给量,而就业者本身又是消费者,通过就业获取的工作报酬中又有相当的比例汇入社会消费需求。失业率过高,劳动力大量闲置,一方面必然降低社会供给,另一方面也会因为劳动者工作报酬的减少而降低社会消费需求。因此,就业问题也是供求总量平衡的重要问题。政府就业政策的有效实施,将对社会供求总量的平衡起到调控作用。

三、就业政策对高校毕业生的作用

1.提供更多的就业机会和更好的就业环境

通过实施就业优先政策,优先发展吸纳就业能力强的行业和产业,支持中小微企业和个体工商户,为高校毕业生创造了更多的就业机会。此外,国家鼓励高校毕业生到基层和中西部地区工作,提供政策支持和补贴,增加了就业渠道。

2.提升就业质量和公共服务体系

健全的就业公共服务体系,如公共就业服务制度的完善和公共就业服务网络的构建,提高了劳动力市场匹配效率,为高校毕业生就业提供了有力支持。

3.鼓励创业和灵活就业

国家出台了多项鼓励高校毕业生创业的政策,包括创业补贴和贷款贴息等,以创业带动就业。同时,灵活就业作为一种新型就业形式,也得到了政策和社会的支持,为高校毕业生提供了更多的就业选择。

4.帮扶重点群体

在就业工作中,特别关注家庭经济困难学生、残疾生和"不就业"毕业生等重点帮扶对象,消除影响平等就业的不合理限制和就业歧视,确保每名学生都有通过勤奋劳动实现自身发展的机会。

5.优化就业服务和指导

通过开设"绿色通道"、组织校园招聘会等方式,提供"一站式"服务,帮助高校毕业生更好地对接用人单位,实现充分就业。此外,加强就业指导和培训,提升高校毕业生的就业能力和竞争力。

四、就业政策的主要内容

1.促进就业创业政策

(1)就业优先政策

很多高校毕业生在校期间就已经具备了丰富的社会实践经历,在找工作的时候,有些实践经历是可以为自身加分的。比如国家就有"基层和中西部地区工作经历者优先就业"的政策。也就是说,在就业的时候,有这样一些工作经历的高校毕业生,是可以被优先录用的,而且入职之后可能还会有一些岗位补贴。另外,在公务员和事业单位考试中,会不断增加应届毕业生的招聘名额,这对于应届生来说是一件好事。此外,在一些地区,为了促进就业和引进人才,也会有很多优惠的政策。比如有的城市会给人才提供落地、安家费等福利。

(2)创业扶持政策

现在的高校毕业生越来越多,就业形势也是较为严峻的,所以国家也陆续出台了很多促进高校毕业生创业的相关政策。在很多地区,首次创业的高校毕业生,是可以享受一次性的创业补贴的。此外,符合条件的高校毕业生在创业贷款时,是可以享受财政贴息的。例如,在大连市的高校毕业生创办企业、从事个体经营和网络创业的,可申请个人最高 20 万元、小微企业最高 300 万元的创业担保贷款。

（3）引导和鼓励基层就业的政策

国家开展"特岗计划""大学生到村任职""三支一扶""大学生志愿服务西部计划"等基层项目，实施高校毕业生基层成长计划，进一步细化落实基层就业学费补偿、贷款代偿等优惠政策，引导更多毕业生到中西部地区、东北地区、艰苦边远地区和基层、乡村振兴一线就业创业。完善高校学生参军入伍优惠政策，鼓励大学生参军入伍。

2.扶持重点群体就业政策

（1）高校毕业生就业政策

高校毕业生就业一直是就业工作的重中之重。政府通过实施高校毕业生扩岗补助、用人单位吸纳就业社保补贴等政策，积极促进高校毕业生就业。同时，还大规模组织招聘对接服务，强化青年求职能力训练和学徒培训。

就业见习补贴：对于吸纳离校 2 年内未就业高校毕业生和 16 至 24 岁登记失业青年的单位，政府将提供一定标准的见习补贴。这些补贴可用于支付见习人员的生活费、保险费用及指导管理费用。如果见习单位的留用率达到了 50% 以上，补贴标准可能会得到进一步提高。这一政策旨在激励各单位吸纳更多年轻人，并为他们提供实践机会。

求职创业补贴：毕业学年有就业创业意愿并积极求职创业的低保家庭、贫困残疾人家庭、原建档立卡贫困家庭和特困人员中的高校毕业生和中等职业学校（含技工院校）毕业生，残疾及获得国家助学贷款的高校毕业生和中等职业学校（含技工院校）毕业生，给予一次性求职创业补贴。这不仅体现了社会对困难家庭的关怀，也鼓励了更多年轻人勇敢追逐梦想。

灵活就业社会保险补贴：为符合条件的灵活就业人员（包括离校 2 年内的高校毕业生）提供不超过其实际缴费的 2/3 作为社会保险补贴，期限最长可达 2 年。这极大地减轻了年轻人在刚入职时的经济压力。

（2）其他重点群体就业政策

退役军人就业服务保障：健全学历教育与职业技能培训、创业培训等体系，挖掘岗位资源，探索"教培先行、岗位跟进"的就业模式。同时，引导退役军人围绕国家重点扶持领域创业。

农村劳动力就业增收：壮大县域富民产业，推出新职业，注重引导外出人才返乡、城市人才下乡创业。推动农村低收入人口就业帮扶常态化，防止因失业导致规模性返贫。

困难人员就业援助制度：加大对大龄、残疾、较长时间失业等就业困难群体的帮扶力度，合理确定、动态调整就业困难人员认定标准，完善及时发现、优先服务、精准帮扶、动态管理的就业援助制度。

3.强化就业服务政策

(1)建立健全公共就业服务体系

为了提高就业服务的质量和效率,政府不断建立健全公共就业服务体系。通过提供职业咨询、技能培训等服务,帮助劳动者更好地实现就业。例如,强化针对性职业指导、职业介绍、技能培训等服务,形成衔接校内校外、助力成长成才的服务支撑。实施"青年就业启航""宏志助航"等专项计划,强化对困难毕业生的就业帮扶。利用数字技术提升人岗匹配效率和精度,如通过大数据、AI等技术实现简历和岗位的智能筛选与推送。举办网络招聘会、直播带岗等活动,提高招聘效率和质量。

(2)完善就业援助制度

针对困难人员就业问题,政府还完善了就业援助制度。通过建立就业困难人员认定机制、提供个性化就业援助等措施,帮助困难人员实现就业。例如,对通过正常渠道难以实现就业的困难人员,政府可按程序在公益性岗位上安置就业,并给予一定的岗位补贴和社会保险补贴。

4.保障劳动者权益政策

(1)完善劳动法律法规

为了保障劳动者合法权益,政府不断完善劳动法律法规体系。通过制定和实施劳动法律法规,规范劳动用工行为,维护劳动者合法权益。例如,《中华人民共和国劳动合同法》等法律法规的出台和实施,为劳动者提供了有力的法律保障。

(2)加强劳动保障监察

除了完善法律法规外,政府还加强了劳动保障监察工作。通过加大对违法用工行为的查处力度,维护了劳动力市场的公平秩序和劳动者的合法权益。例如,人社部门定期开展劳动保障监察执法活动,对违法用工行为进行严厉打击和处罚。

五、就业政策的主要获取渠道

1.政府官方网站

人力资源和社会保障部网站:该网站是获取国家层面就业政策的主要渠道,包括就业促进、失业保险、职业培训等方面的政策文件、解读及实施指南。

地方人力资源和社会保障厅(局)网站:各省、自治区、直辖市的人力资源和社会保障厅(局)网站也会发布当地的就业政策,包括就业援助、招聘活动、职业培训等信息。

2.公共就业人才服务机构

公共就业人才服务机构:这些机构通常会提供就业政策咨询、岗位信息、职业指导等公共服务。高校毕业生和失业人员可以前往当地公共就业人才服务机构进行求职登记和失业登记,获取相关政策服务。

高校就业指导中心:高校就业指导中心也会提供就业政策、招聘信息及就业指导等服务,是毕业生获取就业政策的重要渠道。

3.专项活动及招聘平台

全国公共就业服务专项活动:如"就业援助月""春风行动""职引未来——大中城市联合招聘高校毕业生专场活动"等,这些活动由各级人力资源社会保障部门联合相关部门组织,旨在促进高校毕业生等重点群体就业。

招聘平台:如国家高校毕业生就业服务平台、高校就业网站、国聘平台等,这些平台会发布各类招聘信息及就业政策,方便求职者获取相关信息。

4.其他渠道

新闻媒体:通过电视、广播、报纸、网络等新闻媒体,可以了解到最新的就业政策动态和解读。

社交媒体:通过微信、微博等社交媒体平台,可以关注相关政府部门、公共就业服务人才机构及高校的官方账号,获取最新的就业政策信息。

政策汇编及解读资料:一些政府部门、研究机构或社会组织会定期发布就业政策汇编及解读资料,这些资料通常会汇总最新的就业政策,并进行详细解读,方便求职者查阅。

第二节 ⬡ 就业制度

一、 毕业去向登记制度

规范做好高校毕业生去向登记是落实取消就业报到证改革的新要求,是客观反映高校毕业生就业状况的基础工作,是毕业生办理户籍和档案转递接收的重要依据。各地各高校已高度重视,规范有序地做好各环节相关工作。

1.明确毕业生去向登记办法

教育部委托学生服务与素质发展中心建立了全国高校毕业生毕业去向登记系统(https://dj.ncss.cn,以下简称"全国登记系统"),为毕业生提供去向信息自主登记、确认和查询核验功能,各地各高校已全面推广使用。

2.毕业生离校前做好去向信息自主登记

高校毕业生(含结业生,下同)应在离校前及时使用去向登记系统(由各省份确定的全国登记系统或省级登记系统）自主登记个人毕业去向信息。高校要严格审核把关登记信息，确保真实准确。毕业生去向信息登记后有变更的，需在当年8月31日前及时进行更新。实行定向招生就业办法的高校毕业生，省级教育部门和高校要指导其严格按照定向协议就业并登记去向信息。离校前各地各高校毕业生去向登记信息全部汇总至全国登记系统（包括使用省级登记系统的省份和高校）。

3.毕业生离校时要确认去向登记信息

高校毕业生应在离校时统一使用全国登记系统对毕业去向信息进行确认。确认时毕业去向、档案转递、户口迁移等信息有变更的，须在原有登记系统（全国登记系统或省级登记系统）更新，更新完成后再予以确认。确认后，毕业生可在全国登记系统查看（或下载）本人去向登记信息表。

4.做好去向登记信息上报汇总

高校承担本校毕业生去向登记信息的审核、上报和管理职责，在指导毕业生做好离校前去向登记、离校时信息确认的基础上，及时将本校毕业生去向信息报省级就业工作部门备案。各省级就业工作部门要做好本地高校毕业生去向登记监测管理、数据备案和核查工作，及时将本地毕业生去向信息报教育部汇总。

二、查询核验服务

提供毕业生离校时去向登记信息查询核验服务，是户籍和档案接收管理部门办理相关手续的重要支撑。全国登记系统依据毕业生去向信息生成毕业生去向登记信息表、转递编号和核验编号，根据有关部门需要和毕业生本人授权，提供相应查询核验服务。

高校要积极配合相关部门，按照有关规定有序做好离校时档案转递、户口迁移等工作。在转递毕业生档案时，需将就业单位、转递编号等信息（可在全国登记系统下载）提供给档案接收管理部门查询使用。

根据户籍或档案接收管理部门需要，毕业生可将本人去向登记信息表或核验编号、核验二维码（可在全国登记系统下载），提供给相关部门查询核验。户籍或档案接收管理部门可使用毕业生姓名、转递编号或核验编号在全国登记系统在线核验，或使用核验二维码在学信网App扫码核验。

毕业生登录：微信关注绑定"国家高校毕业生就业服务平台"公众号，点击"毕业生"菜单中"去向登记"选项直接登录系统；或通过电脑浏览器登录"全国高校毕业生毕业去向登记系统"（https://dj.ncss.cn），登录账号和密码与学信网相同，进入"去向登记确认"模块。

选择功能模块：毕业生登录账号后，进入选择功能模块界面。点击"去向登记确认"确认毕业去向信息,确认信息主要包括毕业去向以及单位名称;档案转寄类型以及档案转递单位名称;户口迁移信息等。

毕业去向确认:核对信息包括毕业去向信息、档案转递信息和户口迁移信息。核对无误后,先点击"信息无误,确认登记去向"按钮,再点击"提交"按钮,完成确认。如有信息需要更改,待修改成正确信息后再予以确认。如微信登录无法进行实名认证,请改用电脑登录确认。

第三节 就业权益保护

一、就业中的权利

毕业生作为就业过程中的一个重要主体,享有多方面的权利。根据我国在《中华人民共和国宪法》《中华人民共和国劳动法》(以下简称《劳动法》)《中华人民共和国高等教育法》(以下简称《高等教育法》)《普通高等学校毕业生就业工作暂行规定》等法律法规和政策中的有关规定,毕业生主要享有以下几方面的基本权利:

(一)接受就业指导权

学生有权从学校接受就业指导,学校应成立专门机构,安排专门人员对毕业生进行就业指导,包括向毕业生宣传国家关于毕业生就业的有关方针、政策;对毕业生进行择业技巧的指导;引导毕业生根据国家、社会需要,结合个人实际情况进行择业,使毕业生通过接受就业指导,准确定位,合理择业。

(二)获取信息权

毕业生获取信息权,应包括三方面含义:一是信息公开,指所有用人单位的需求信息必须向全体毕业生公开,任何单位和个人不得隐瞒、截留需求信息;二是信息及时,指毕业生获取的信息必须是及时、有效的,而不能将过时、无利用价值的信息传递给学生;三是信息全面,毕业生有权获得准确、全面的就业信息,以便对用人单位全面地了解和进行筛选,从而做出符合自身要求的选择。

(三)被推荐权

高等学校在就业工作中的一个重要职责就是向用人单位推荐毕业生。历年工作经验证明,学校的推荐往往在很大程度上会影响到用人单位对毕业生的取舍。毕业生享有被推荐权包含这样几方面内容:①如实推荐,即高校在对毕业生进行推荐时应实事求是,根据毕业生本人的实际情况向用人单位进行介绍、推荐。②公正推荐,学校对毕业生进行推荐应做到公平、公正,应给每一名毕业生以就业推荐的机会。③择优推荐,学校根据毕业生的在校表现,在公正、公开的基础上,还应择优推荐。

(四)知情权

毕业生在与用人单位签订协议前,有权了解用人单位的基本情况,包括生产经营、工作环境、生活条件和工资待遇等情况,以及用人单位的规模、地点和拟安排工作的岗位等情况。

(五)选择权

根据国家有关规定,实行招生并轨改革的高校毕业生在国家就业方针、政策指导下自主择业。毕业生只要符合国家的就业方针和政策,可以自主选择用人单位,学校、其他单位和个人均不得干涉。任何将个人意志强加给毕业生,强令毕业生到某单位的行为都是侵犯毕业生选择权的行为。毕业生可结合自身情况自主与用人单位协商,要求学校予以推荐,直至签订就业协议。

(六)平等待遇权

用人单位招录毕业生,应坚持公开、公平、公正的原则,任何凭关系、走后门以及性别歧视等都是对毕业生平等待遇权的侵犯。我国《劳动法》第十二条规定:"劳动者就业,不因民族、种族、性别、宗教信仰不同而受歧视。"第十三条规定:"妇女享有与男子平等的就业权利。在录用职工时,除国家规定的不适合妇女的工种或者岗位外,不得以性别为由拒绝录用妇女或者提高对妇女的录用标准。"

但在当前,毕业生平等待遇权受到很大的冲击,也最为毕业生所担忧。由于各项配套措施滞后,完全开放公平的就业市场尚未真正形成,用人单位录用毕业生还不同程度地存在不公平、不公正的现象,如女生就业难仍然是困扰女毕业生就业的一大问题。公平录用权是毕业生最为迫切需要得到维护的权益。

(七)违约、申诉、求偿权

毕业生、用人单位签订协议后,任何一方不得擅自毁约。如用人单位无故要求解约,毕业生有权要求对方严格履行就业协议,否则用人单位应对毕业生承担违约责任,支付违约金,毕业生有权利要求用人单位进行补偿。

1.解除协议权

当履行协议后毕业生的权益或人身自由、人身安全受到用人单位严重侵害时,毕业生可以主动提出解除协议。我国《劳动法》第三十二条规定:"有下列情形之一的,劳动者可以随时通知用人单位解除劳动合同:在试用期内的;用人单位以暴力、威胁或者非法限制人身自由的手段强迫劳动的;用人单位未按照劳动合同约定支付劳动报酬或者提供劳动条件的。"

2.申诉权

我国《劳动法》第七十七条规定："用人单位与劳动者发生劳动争议时,当事人可以依法申请调解、仲裁、提起诉讼,也可以协商解决。"第七十九条规定："劳动争议发生后,当事人可以向本单位劳动争议调解委员会申请调解;调解不成,当事人一方要求仲裁的,可以向劳动争议仲裁委员会申请仲裁。当事人一方也可以直接向劳动争议仲裁委员会申请仲裁。对仲裁裁决不服的,可以向人民法院提起诉讼。"第八十三条规定："劳动争议当事人对仲裁裁决不服的,可以自收到仲裁裁决书之日起十五日内向人民法院提起诉讼。一方当事人在法定期限内不起诉又不履行仲裁裁决的,另一方当事人可以申请人民法院强制执行。"此外,《中华人民共和国合同法》(以下简称《合同法》)第一百二十八条也规定："当事人可以通过和解或者调解解决合同争议。当事人不愿和解、调解或者和解、调解不成的,可以根据仲裁协议向仲裁机构申请仲裁。当事人没有订立仲裁协议或者仲裁协议无效的,可以向人民法院起诉。当事人应当履行发生法律效力的判决、仲裁裁决、调解书;拒不履行的,对方可以请求人民法院执行。"

3.求偿权

求偿权即向违约方要求承担违约责任、获得赔偿的权利。《合同法》第一百一十二条规定："当事人一方不履行合同义务或者履行合同义务不符合约定的,在履行义务或者采取补救措施后,对方还有其他损失的,应当赔偿损失。"第一百二十二条规定："因当事人一方的违约行为,侵害对方人身、财产权益的,受损害方有权选择依照本法要求其承担违约责任或者依照其他法律要求其承担侵权责任。"

二、就业基本义务

(一)服从国家需要的义务

虽然毕业生在就业时有了相当大的自主择业的权利,但是并不能排除服从国家需要的义务。当国家重点建设项目或某些行业急需人才的时候,毕业生应积极为国家的重点建设工程或项目服务,包括西部志愿者、三支一扶、服兵役。

(二)向用人单位实事求是介绍个人情况的义务

毕业生在向用人单位进行自我推荐、自我介绍和接受考察时,有义务全面地实事求是地反映个人情况,以利于用人单位的遴选,不得夸大其词、弄虚作假。

(三)接受用人单位组织的测试或考核的义务

用人单位为了招聘到符合要求的毕业生,一般都要通过一些测试或考核手段来了解毕业生的情况,通过比较,做出是否录用的决定。因此,毕业生应予以积极配合,充分展现自己的能力,接受用人单位的测试和考核。

(四)严格按照就业协议及其他合法约定履行相应的义务

《合同法》第八条规定:"依法成立的合同,对当事人具有法律约束力。当事人应当按照约定履行自己的义务,不得擅自变更或者解除合同。依法成立的合同,受法律保护。"毕业生应认真履行协议或合同,不得无故擅自变更或自行解除。如果单方违约,必须主动承担违约责任。

(五)依照职责完成工作的义务

劳动者应当根据自己的岗位职责和工作要求,认真完成所承担的劳动任务,这是劳动关系存在的基础。如果劳动者未能履行这些义务,用人单位可以依据劳动合同和相关法律法规采取相应措施,甚至解除劳动合同。例如,如果劳动者拒绝服从合理的工作安排,用人单位可以依据规章制度解除劳动合同。

(六)不断提高职业技能的义务

随着科技的进步和产业的发展,职业技能的要求也在不断提高。劳动者应当不断学习新知识、新技能,提高自身的职业技能水平,积极参加各类培训和学习活动,掌握先进的生产技术和管理知识,了解行业的发展动态和市场变化,把握职业发展方向,提高自身的竞争力。

三、 签约法律常识

(一)就业协议签约

1.就业协议是明确毕业生、用人单位、学校在毕业生就业工作中权利和义务的书面表现形式

就业协议与劳动合同均为用人单位使用毕业生时所订立的书面协议。在就业过程中,有些毕业生有时将两者等同,有时将两者割裂开来,因而有必要对就业协议与劳动合同进行分析、比较。

(1)主体不同。就业协议应用于应届毕业生与用人单位、学校三者之间;而劳动合同只适用于劳动者(含应届毕业生)与用人单位之间,与学校无关。

(2)内容不同。就业协议书的主要内容是毕业生如实介绍自身情况,并表示愿意到用人单位就业、用人单位表示愿意接收毕业生,学校同意推荐毕业生并列入就业方案;而劳动合同涉及的主要内容是劳动权利和义务的具体条款。

(3)时间不同。一般来说,就业协议签订在前,就业协议应在毕业生就业之前签订,而劳动合同往往在毕业生到用人单位报到后才签订。

2.就业协议主要条款

(1)毕业生应按国家规定就业,向用人单位如实介绍自己的情况,了解用人单位使用的意图,表达自己的就业意见,在规定的时间内到用人单位报到,如遇特殊情况不能按时报到的,需征得用人单位同意。

(2)用人单位要如实介绍本单位情况,明确对毕业生的要求及使用意图,做好各项接收工作。

(3)学校要如实向用人单位介绍毕业生的情况,做好推荐工作,用人单位同意录用后,经学校审核列入建议就业方案,报主管部门批准,学校负责办理离校手续。

(4)各方应严格履行协议,任何一方若违反协议,应承担相应的违约责任。

(5)如有其他约定,应在备注栏中明确标示,并视为本协议的一部分。

3.就业协议的订立程序

(1)毕业生和用人单位达成协议并在就业协议书上签名盖章,用人单位在就业协议书上注明可以接收毕业生档案的名称和地址。

(2)用人单位接收毕业生如需经上级主管部门同意,则应报上级主管部门批准。

(3)用人单位或毕业生将就业协议书传递到学校毕业生就业工作主管部门。

(4)学校毕业生就业工作主管部门审查同意后应及时将协议书反馈给用人单位和毕业生。

4.签订协议时应注意的问题

(1)查明用人单位的主体资格。

(2)按规定的程序签订协议。

(3)有关条款的内容必须明确。

(4)注意与劳动合同的衔接。

(5)对合同解除条件事先约定。

(二)劳动合同签约

劳动合同是劳动者与用人单位合作时签订的合同,它是受法律保护的,约束合同双方依法履行职责。

1.劳动合同的订立时间

建立劳动关系,应当订立书面劳动合同。已建立劳动关系,未同时订立书面劳动合同的,应当自用工之日起一个月内订立书面劳动合同。

2.建立劳动关系的标准

"用人单位自用工之日起即与劳动者建立劳动关系""用人单位与劳动者在用工前订立劳动合同的,劳动关系自用工之日起建立"。

3.劳动合同期限介绍

劳动合同期限是指合同的有效时间,它一般始于合同的生效之日,终于合同的终止之时。任何劳动过程,都是在一定的时间和空间中进行的。在现代化社会中,劳动时间被认为是衡量劳动效率和成果的一把尺子。劳动合同期限由用人单位和劳动者协商确定,是劳动合同的一项重要内容,有着十分重要的作用。

固定期限劳动合同,是指用人单位与劳动者约定合同终止时间的劳动合同。用人单位与劳动者协商一致,可以订立固定期限劳动合同。固定期限劳动合同可以是较短的半年、2年,也可以是较长的5年、10年,具体期限长短应根据用人单位情况、岗位情况和劳动者情况自主确定。

无固定期限劳动合同,是指用人单位与劳动者约定无确定终止时间的劳动合同。用人单位与劳动者协商一致,可以订立无固定期限劳动合同。

4.签订合同的注意事项

(1)签订合同时,劳动者首先需要弄清楚单位的基本情况,要判断其是否是合法的企业,它的法人代表姓名、单位地址、电话都要了解清楚。这些信息可以通过上网查询工商登记信息获取,同时劳动者可以要求将这些内容明确地写在合同中。

(2)劳动者要了解清楚自己的具体工作,并在合同中表明工作的内容和具体的地点。

(3)劳动报酬要明确,避免口头约定,劳动报酬的支付方式与支付时间要约定清楚,是通过现金还是以银行支付的方式转账到劳动者的账户中。

(4)劳动者的工作时间与工作条件要明确,超出工作时间的加班费的计算标准也要约定清楚。

(5)关于试用期的问题也要特别注意,法律规定试用期最长不得超过6个月。

(6)不要签空白的合同,劳动合同盖章后,劳动者本人和用人单位要各保管一份。

那么用人单位不把劳动合同给劳动者怎么办?

如果用人单位不把劳动合同给劳动者,劳动者可以采取下列措施:

到劳动行政部门投诉;到劳动争议仲裁委员会申请仲裁;到法院提起诉讼。

四、常见的就业陷阱

(一)黑中介陷阱

一些非法职业介绍机构以介绍工作为名,向求职者变相收取各种名目费用。它们的典型特征是没有人力资源服务许可等相关资质,以冒充或伪造相关资质骗取求职毕业生信息。这些非法职介机构即便提供了岗位信息,往往也是与高校毕业生需求不匹配甚至虚假的就业岗位。

防范提示:高校毕业生求职时,应当优先选择公共就业人才服务机构和正规市场中介机构,对市场中介机构应了解其经营范围是否包含职业介绍业务,是否具备"人力资源服务许可证"。与市场中介机构签订协议时,不要轻信其口头承诺,一定要看清签约的内容,不要盲目签字。

(二)兼职陷阱

一些诈骗分子打着高薪兼职、点击鼠标就"赚钱"、刷单返现等幌子进行诈骗。其特点是门槛较低,号称轻松兼职、薪酬丰厚。

防范提示:高校毕业生不要轻信既轻松又赚钱的好差事,应当了解当前岗位的市场薪资水平,明白天上不会掉馅饼,掉下的往往是陷阱。同时注意个人信息安全,不要轻易泄露银行卡、网银、支付宝等密码信息,不要随意打开陌生的网址链接。

(三)收费陷阱

用人单位或者中介机构以招聘为名,收取高校毕业生报名费、服装费、体检费、培训费、押金、岗位稳定金、资料审核费等费用。有些中介机构与不法用人单位合作,先由中介机构以推荐工作为名收取费用,毕业生到该用人单位入职时,不法用人单位编造各种理由拒绝毕业生上岗或中途辞退。还有些机构向毕业生承诺提供高薪行业实习岗位,但毕业生必须缴纳相关服务费用。

防范提示:毕业生要谨记,应聘工作本身并不需要任何费用,对于将先交费作为条件的招聘面试实习等都需要谨慎对待,核实有无收费的法律依据。如交费,一定要求对方出具正规发票并加盖单位公章,为可能发生的纠纷维权保留证据。

(四)借贷陷阱

个别中介机构或用人单位以高薪就业作为诱饵,向高校毕业生承诺培训后包就业,但须向指定借贷机构贷款支付培训费用。培训结束后,培训机构往往难以兑现承诺,或推荐的工作与原先承诺的相差甚远,毕业生可能会面临身负高额借贷又没有实现就业的不利局面。

防范提示:高校毕业生要增强辨别意识,看机构或企业经营范围是否包含培训内容,看承诺薪资是否与社会同等岗位大体一致,慎重签署贷款协议或含有贷款内容的培训协议,注意保留相关材料。一旦发现被骗,立即向有关部门报案。确有需求参加职业培训的,请到当地人力资源和社会保障部门官方网站查询公布的正规培训机构。

(五)传销陷阱

传销是指组织者或经营者通过发展人员,要求其缴纳费用或者以购买商品等方式,取得加入或发展他人的资格,牟取非法利益的行为。传销一般以亲友极力推

荐的途径传播,基本以轻松赚大钱、无需面试直接上岗为噱头。传销面试或工作地点都比较偏僻且变更频繁,公司业务不能清晰说明。

防范提示:高校毕业生务必清楚传销属于违法行为,在求职中要了解传销的基本特征,对发展下线的宣传,要保持头脑高度清醒,防止陷入传销设计的圈套中。如果不慎进入传销组织,在确保人身安全的前提下,第一时间脱身报警。

(六)合同陷阱

在合同签订过程中,个别用人单位为降低用人成本、规避用工责任而侵犯高校毕业生合法权益。有的仅签订《就业协议书》,或以谈话、电话等口头形式约定工作相关事项,没有签订书面劳动合同。有的合同内容简单,缺少工作岗位、工作地点、工资、劳动条件、合同期限等具体内容。有的合同以少缴税款为由,同时准备两份不同薪资的"阴阳合同"。有的合同包含"霸王条款",要求几年内不得结婚、无条件服从加班、试用期离职不结算工资等。

防范提示:法律规定,建立劳动关系双方应当订立书面劳动合同。高校毕业生在签订劳动合同前,应与用人单位认真协商、慎重对待,不可草率签订。要注意劳动合同是否具备我国《合同法》规定的必备条款(用人单位基本情况、合同期限、工作内容和地点、工作时间和休息休假、劳动报酬、社会保险、劳动条件等),特别要高度警惕其中于法无据、明显不合理的条款,防止掉入陷阱,难以维权。

(七)试用期陷阱

有的用人单位超过法定上限约定长时间试用期,或者重复约定试用期。有的用人单位以试用期为由,支付工资低于当地政府规定的最低工资标准,或者不缴纳社会保险。还有的用人单位为了降低用人成本,大量招聘应届高校毕业生,试用期约定较低的工资,等试用期结束后,便以各种理由将他们解聘,"假试用,真使用"。

防范提示:任何违反法律规定的试用期约定无效,根据劳动合同期限的不同,试用期有不同的时限限制,最长不超过6个月,同一用人单位与同一劳动者只能约定一次试用期;以完成一定工作任务为期限的劳动合同或者劳动合同期限不满3个月的,不得约定试用期;劳动合同仅约定试用期的,试用期不成立,该期限为劳动合同期限。试用期期间,应正常缴纳社保,工资水平不低于单位相同岗位最低档工资或者不低于劳动合同约定工资的80%,并不低于当地最低工资标准。

(八)信息陷阱

有的用人单位为了增加对高校毕业生的吸引力,往往故意夸大单位规模、业绩、发展前景、工资和福利等。有的用人单位玩文字游戏,对招聘职位的工作内容做模糊化处理,将销售员、业务员等职位美化成"市场部经理""事业部总监"等有诱惑力的名称。

防范提示：高校毕业生可通过企业官网、媒体报道、工商登记注册信息等查询用人单位基本情况，仔细甄别各类招聘信息，不要盲目轻信。求职时要详细询问岗位信息、工作内容，不能只看表面，避免入职后发现实际工作与预期有出入，浪费求职时间和精力。同时，可以多种途径了解公司背景，对长时间大量招聘、离职率高的公司，要提高警惕。

案例导读

健身教练获补贴100万，传达对人才的认可与尊重

近日，经浙江杭州有关部门认定，健身教练黄凤翔、傅一昕因在2023年浙江省职业技能大赛（社会体育指导员健身）名列前五名获"浙江省技术能手"，进而获评杭州市高层次人才，认定类别为D类，可获得购房补贴100万元。

杭州市高层次人才涵盖了从顶尖科学家到高级管理人才等不同层次的群体，此次将健身教练纳入高层次人才范围，不仅仅是对健身行业从业者职业价值的认可和尊重，更是对全民健身理念的重视和推动。

或许到现在，很多人提到健身教练的第一印象都是"游泳健身了解一下"。再加上行业准入门槛较低等原因，健身教练这一职业的社会认可度并不高。健身教练虽然属于服务业范畴，但其专业知识和技能在提高国民身体素质、促进全民运动层面有着不可被忽视的作用。随着人们健康需求的日益增长，越来越多人选择加入健身的行列，而这一行业要想蓬勃稳定发展，一定离不开高水平专业人才的支撑。

如今政府官方渠道给予的肯定，也是在促使健身教练的职业身份向着更高的专业性和职业性转变。同时这也势必会吸引更多优秀的人才加入，推动整个健身行业向更高质量水平迈进。

其实，无论是传统行业还是新兴业态，都存在着类似"健身教练"这样的岗位。那些看似普通实则关键的角色，正在等待着被看到、被重视。

第三章

求职行动

 学习目标

1.掌握就业信息的搜集方法与途径。

2.学会制作简历。

3.熟悉求职心理与求职礼仪。

 生涯寄语

　　本章聚焦于求职过程中的求职前期准备阶段,从就业信息的广泛搜集与精准筛选,到简历的精心制作与巧妙投放,再到求职心理的调适与求职礼仪的掌握,通过系统性的指导和详尽的解析,为即将步入职场的大学生提供实用的指导。希望通过本章的学习与实践,准备求职的大学生能够更加从容地面对求职挑战,开启职业生涯的新篇章。

第一节 ◇ 就业信息的搜集方法与途径

一、就业信息的搜集方法

(一)地毯式访问法

地毯式访问法,也叫"闯见访问法"或"挨门挨户访问法"。使用这种方法,必须坚定一种信念:在被访问的所有单位中,一定有你所要寻找的单位,并且这些单位的数量与所访问的单位的个数关系成正比。也就是说,你所要寻找的单位是平均分布在某一地区或某一行业的所有单位中。

这是比较原始的方法。求职者在不太熟悉或完全不熟悉用人单位的情况下,可以直接访问某一特定地区或某一特定行业中的所有单位。

使用这种方法找工作,要挑好一条比较合适的"地毯",也就是先要制定适当的访问范围。求职人员应该根据自己的个性、特长、专业,结合社会需求,确定一个比较可行的求职范围。否则,乱跑一气必将事倍功半,而且随着失败次数的增加,会导致逐渐对自己失去信心。

利用这种方法寻找单位,犹如海洋捕鱼作业,渔民不可能用一张大网把整个海洋的鱼一网打尽。相反,渔民在出航下网之前,应对各种鱼类生活习性有充分的了解,先确定一个目标,追踪鱼群,适时下网,才能捕到鱼。

建议求职者在访问前,先向用人单位寄去求职信,讲明自己的意图,并约好访问的时间;或者打电话和用人单位建立一定的联系,预先了解一些情况,以便制订访问计划。知道某些单位不需要人后,可以集中精力访问其他的单位。

有的求职者认为打电话或写求职信可能会被用人单位直接拒绝,不如亲自访问效果好。其实不然。通过写信或打电话约定时间,使人事主管有思想准备,一般能使访问顺利进行。

在访问前,要做好各种准备,除心理因素上的准备外,还要备好有关材料(如介绍信、个人简历、成绩单、证明等)。材料齐备,一方面,可以节约用人单位人事主管和求职者自己的时间,避免不必要的往返;另一方面,"有备而来"本身就体现了一种良好、成熟的素质,能给接待者留下较好的第一印象。

总之,地毯式访问法是一种比较实用的方法,其成功的关键在于:保持信心,挑选合适的"地毯",访问前做好各种准备。

（二）连锁介绍法

所谓连锁介绍法,就是求职者通过熟人、朋友寻找单位,或者通过这些熟人、朋友再委托他们的熟人、朋友帮求职者寻找单位的方法。由于这一过程可以延续下去,又叫"无限连锁介绍法"。这种方法首先要求求职者设法从自己的朋友中了解到可能的各种用人单位的名单,依次清理、选择展开。

采用连锁介绍法可以避免求职人员主观判断的盲目性。利用其他方法寻找单位,一般都需要求职人员进行初步的分析判断。由于求职人员不完全熟悉用人单位的真实需要,往往使求职工作本身带有一定程度的盲目性,甚至难免出现较大的判断失误。而采用连锁介绍法寻找单位,则可以使求职者个人单枪匹马的求职活动变成众多熟人、朋友一起想方设法的群体活动,所谓"一人有难,八方支援",同时由于介绍人事先了解用人单位的需求情况,大大增加了求职人员被录用的可能性。利用连锁介绍法寻找单位,还可以赢得用人单位的信任。一般说来,人们对于突然来访的求职人员总存有一定的戒心,如果经过熟人介绍,陌生感就消除了。

采用连锁介绍法寻找用人单位,关键在于求职人员使自己的熟人、朋友相信自己的业务能力、专业水平以及作风品质,另外还需要彼此间有足够深的交情和友谊。连锁介绍法主要是借助熟人、朋友的各种社会关系,而这些熟人、朋友并没有帮求职者找工作或托别人帮求职者找工作的义务。但如果你的各方面能力都能胜任工作的话,你的朋友一般会尽力帮忙的。这样的事对你、对用人单位都有利,你找到了好工作,用人单位录用了好职员,你的朋友何乐而不为呢?在利用连锁介绍法时,求职者要将自己各方面的情况客观地向熟人、朋友介绍,不可吹嘘自己;而当熟人、朋友面露为难之色时,不可勉强,更不要责怪他不讲交情,他自有他的难处,要理解他的苦衷。朋友帮助了自己,要表达谢意;朋友有困难,帮不上忙,也要表达谢意。

还要注意的是,不要专门为找工作才去结识朋友,带有明显功利关系的朋友是不可靠的。因此,要在平时就建立起良好的人际关系,当朋友有困难时,应主动去帮助。至于如何结交朋友,我们可以在很多有关人际关系的书籍中得到启发。

采用这种方法,困难的一面是难于制订周密的计划,求职者不知道熟人、朋友们何时才能帮自己打听到情况,帮自己介绍的是哪类工作。因此请他们帮忙,应该留些时间给他们想办法;还应该多请几个人帮忙,这样成功的可能性、选择的余地都要大些。连锁介绍法具体方法很多,求职人员可以请熟人、朋友代找工作,代转送材料,也可以请熟人、朋友以书信、名片、便笺、电话等手段进行连锁介绍。

总之,连锁介绍法是一种比较可行的办法,也是行之有效的办法。求职者必须首先使自己取信于熟人、朋友,在此基础上运用灵活多样的方式实现连锁介绍。一方面表达谢意,另一方面引起原介绍者的不断关心,帮助求职者克服可能遇到的

其他困难。我们深信,经过你的求职活动,你和你的朋友们之间的友谊将会进一步加深,他们为你分担求职的忧愁,也与你共享找到理想工作的欢乐。

(三)中心开花法

中心开花法,也叫"有力人士相助法"。所谓中心开花法,就是求职者在某一特定的职业范围内借助一些具有影响力的中心人物,由他们出面帮助找到工作。实际上,中心开花法是连锁介绍法的一种运用。求职者通过所谓"中心人物"的连锁介绍,寻找其影响范围内的可能单位。

利用中心开花法寻找工作,关键在于取得中心人物的信任和帮助。这些中心人物了解其周围环境并能对其他同行产生一定的影响。求职者只有首先取得中心人物的信任,使他相信自己的能力和品质,才能得到他的帮助。

二、 就业信息的搜集途径

在求职过程中,一条有用的就业信息就是一个成功就业的机遇。毕业生要学会利用各种渠道,广泛、全面、有效、准确地搜集与就业有关的信息。一般情况下毕业生获取就业信息的渠道如下:

(一)学校就业指导中心

学校的就业指导中心,是为学生就业进行指导和服务的部门,会收集、发布毕业生基本信息和学生就业信息;有针对性地向地方主管部门和用人单位征集用人信息,推荐学生就业;对毕业生进行就业政策咨询、指导等服务。

(二)就业主管部门和人才服务机构

全国的毕业生就业主管部门是教育部,各地方就业主管部门是教育主管部门或人事部门。为了适应毕业生就业制度改革的需要,各级政府还成立了人才服务中心等就业指导机构。大学生可以通过这些主管部门和就业指导机构,搜集掌握国家和地方有关就业的文件、政策、法规、规定及其他就业形势信息和用人需求信息。有些地方主管部门和就业指导机构提供的信息几乎涵盖了当地各行业的需求信息,因此地域针对性较强。对于那些有明确就业地点要求的大学生来说,这种渠道的就业信息尤为重要,是沟通用人单位和毕业生的桥梁和纽带,是为毕业生提供就业服务的专业机构。毕业生可通过其组织的定期或不定期的人才交流洽谈会、毕业生供需见面会等活动获取需求信息,这也是获取信息的重要渠道。

(三)人才市场

为加强就业指导与服务,各地区、各行业、各高校每年都会举办各种人才交流会,吸引来自全国各地的单位进行人才招聘。类似这样的就业市场,信息量大且集

中,毕业生能在较短的时间内获取各种职业信息,并与单位进行直接洽谈。但目前来看,大型人才交流会的成功率并不是很高。一方面,毕业生在短时间内面对如此多的职业信息,增加了自己选择的难度;另一方面,用人单位往往只是现场收取简历,并不当场与学生签订就业协议。

(四)社会实践、实习

毕业生在校期间所从事的社会实践和就业实习等活动,是毕业生了解用人单位的最好途径。在实习过程中,毕业生能全面、深入了解用人单位的真实情况,并且能有机会和单位相关负责人有较长时间的接触,有更多的机会表现和“推销”自己。所以,毕业生应该充分利用社会实践、就业实习、兼职等机会,广泛获取信息。为了提高以实习促进就业的概率,毕业生在参加社会实践和就业实习时,应力求做到与拟选择的就业单位和确立的就业意向挂钩。注意了解所去单位各方面的情况,并且争取在社会实践和实习过程中有突出的表现。

(五)各类传播媒介

通过报刊、广播、电视等新闻媒体了解劳动力市场动态,获得用人的信息资料。例如一家企业的重组、搬迁,都可能意味着有招聘的可能。信息时代,网上招聘已经越来越普遍、快捷。在互联网上,建有许多职业网站,还有专门针对毕业生的“应届生求职网”,为我们提供了一种效率高、成本低、内容多、时间快的现代信息收集渠道。在网站上面,可以查阅到大量国家、地区及各行业的就业政策及人才需求信息。此外,毕业生也可通过浏览与自己所学专业相近院校的就业指导网站搜集就业信息。在学校的就业指导中心网站上有定期发布的各种用人单位的招聘信息,这样的信息一般经过学校认真核实,且都是用人单位主动向学校提供的人才需求信息,信息及时可靠、针对性较强。

(六)各种社会关系

1.家长、亲朋好友

大学生的家长、亲朋好友在不同的岗位上工作,并与社会有较广泛的接触,他们十分了解各自的工作单位或相关岗位的发展状况,同时对大学生本人也比较熟悉。大学生可将自己准备就业的情况告诉他们,通过他们了解社会需求信息、单位招聘信息、单位的详细情况等。

2.院校领导、老师及校友

在实际工作中,一些院校领导、老师经常受其同学、好友的委托,为单位挑选或推荐合适的毕业生。一些已毕业的校友,当其所在单位需要毕业生时,都会首先考虑回母校挑选人才。

3.同学

大学生由于求职目的不尽相同,对待信息实用性的看法不完全一样。有的学生通过不同渠道,可能掌握较多的就业信息,经筛选后,有些单位不属于他考虑的范围,相关信息对自己无用,但对其他学生却可能有用。因此,提倡同学之间进行信息交流和共享。

4.社会实践或实习

社会实践活动和毕业实习环节,为大学生提供了直接与社会和用人单位接触的机会。大学生通过参加社会服务、社会调查等实践和毕业实习,不仅能开阔视野,增强就业意识,提高就业能力,还能对用人单位加深了解。一些大学生因为在实践中表现突出,被实习单位的领导推荐到其他相关单位。有些单位某岗位缺人,而实习大学生表现良好又能胜任该岗位工作,就极可能被实习单位优先录用。

此外,毕业生本人通过电话咨询、登门求访等方式,对相关单位的人才需求情况进行了解,也可以获取所需要的就业信息。

国家大学生就业服务平台(24365校园招聘服务平台)

https://www.ncss.cn/

国聘网

https://www.iguopin.com/

第二节　简历制作

一、简历制作方法

什么是简历呢?简历的"简"就是简要的、概括性的,简历的"历"就是经历,因此简历是求职者素质和能力的浓缩体现,是对个人过往经历及事件的整理和说明,从而进行自我营销的一种工具,让用人单位在简单浏览阅读简历后对你产生比较深刻的印象,或是产生与你进一步交流的兴趣。

简历就是在做自我推销。具体地说,简历有四个作用:一是推销自己;二是证明自己是适合某个岗位的人选;三是证明自己比其他竞争者更合适、更优秀;四是为自己赢得一次面试的机会。

那么要想达到有效推销自己的效果,简历应该包括哪些内容呢?许多求职的毕业生会把自己能想到的东西、所有的奖项、所有的兼职经历、所有的成绩全都放在自己的简历中,然后以一抵十应对所有工作岗位的申请。这种做法势必会减弱

简历的吸引力。简历应该是求职者素质和能力的浓缩体现,既要体现求职者的个人价值,也要把求职者有效地同其他竞争者区分开来。

(一)简历结构

有的求职者的简历内容多且细,从小学到大学的种种经历,从身高到体重的各种细节,从实习到实践的各种活动都有描述,看似面面俱到,实则没有重点。那么简历应该包括哪些基本信息呢? 一份好的简历至少要包括个人基本信息、求职意向、教育背景、个人经历、所获奖励和荣誉、特长与爱好等其他个人信息六个大类。

1.个人基本信息

这一部分内容的主要作用是让阅读简历的人,通常是企业的 HR 清楚地知道简历属于谁,通过哪些方式能够联系上这份简历的主人。因此这部分内容要简单、清晰,避免多余的信息。

个人信息通常包括个人的姓名、照片、联系方式等基本信息。

姓名:如果有过曾用名则需要写明,这样当用人单位需要你提供过往经历的证明材料时不至于产生疑义;如果你的姓氏或者名字比较生僻,最好在旁边标注上汉语拼音;如果是英文简历,可以直接写自己的英文名字,如果暂时没有英文名字,也可以用汉语拼音直接写上自己的名字,按照约定俗成的写法名在前、姓在后,例如 Lei Li,并最好在英文名字后面也标注上中文名字,如 Lei Li(李雷)。

照片:需使用近期、免冠、正装照,避免出现过早的、不正式的照片,尽量不要使用生活照、自拍或者艺术照(除非应聘的是艺术类岗位,需要展现艺术天赋)。

联系方式通常包括电话和地址。对于联系电话来说,如果是固定电话,一定要注明地区号,并在八个号码第四位和第五位中间加一个"-",如(86-411)8472-××××,这样方便企业 HR 认读,拨打也不容易出错;如果是手机号码,也要按照"4-3-4"或者"3-4-4"的原则,"1890-×××-××××"或者"189-××××-××××"一定比"189××××××××"看起来更加清晰且好记忆。你在简历上留下的固定电话和移动电话必须真实有效,保证 HR 能够在任何时间通过号码找到你,不要因为手机信号不好、电话无人接听、手机没电等错失面试的机会。

电子邮箱地址:E-mail 要选择相对稳定且专业的邮件系统。很多学生最初申请邮箱的时候可能会用 honey、baby、bear 或者一些昵称的拼音这样的名字作为邮箱名,这样会让人产生很不专业的感觉。最好是能够使用中文名的拼音或者英文名与中文姓名的组合作为邮箱名,比如 leili@＊＊＊.com,jackyLi@＊＊＊.com。

通信地址:即使现在已经很少有用人单位会通过邮寄的方式发放 offer,但还是建议写明自己的通信地址,以便部分企事业单位进行资格审查或档案调阅。中文地址的写法是由大到小,英文地址的写法是由小到大。中文地址中可以省略"省"

"市"这样的名称,比如"辽宁省大连市"可以写为"辽宁大连"。另外需要注意的是,地址中如果出现某个街道或者某个楼宇的名字,不要使用俗称,要使用官方的名称。

2.求职意向

求职意向指个人求职希望或者意向应聘的岗位。许多同学会有这样的困惑:求职意向要不要写?如果不写,会不会显得没有诚意,简历缺乏针对性;如果写,是只写笼统的行业和职业,还是写更具体的企业和岗位呢?目标明确会不会就限制了在别的行业、别的部门和岗位求职的可能性了呢?

对于应届毕业生,我们的建议是写上求职意向。求职意向部分内容不仅仅是简单地写上应聘的职位,更可以利用有限的空间写出自己的职业目标,展示你的工作热情、体现你的工作憧憬。也就是说,如果求职目标比较具体,企业的 HR 会认为你对于工作岗位和个人发展有比较清晰的认知,也更容易相信你在应聘的岗位对应的专业方向有一定的优势和特长。比如可以写"应聘管理培训计划方面的职位,并最终能够参与企业营销方面的工作",或者"财务或投资领域需运用分析技巧的相关职位"。

但是也不能写得过于具体,非××岗位不可。比如"××公司的总经理财务助理"这样的描述确实会使得个人的选择变窄,HR 在阅读简历过后即使认为你并不能胜任这个岗位,也很难去思考提供给你其他岗位,因为你简历中的求职意向指向性太明确了。

3.教育背景

应届毕业生的教育背景应该遵循时间逆序的写作规则,也就是最近的学历要放在最前面。即如果你现在是硕士研究生刚毕业,那么就应该先写硕士再写本科。

教育背景可以涵盖以下内容:

学校:学校一定要写全称,以便招聘者迅速识别你的学历情况。

学校所在地:如果你就读的学校名称中没有体现出学校所在地,那么你可以在学校名称后标注一下学校所在的省、市,这有助于企业了解你学习生活所处区域的社会经济情况。

专业及方向:专业分为主修专业和辅修专业。如果主修专业有具体的小方向,且与你求职的行业和岗位是匹配的,就一定要标注;如果相关性不高,则可以考虑只写大的专业而不注明研究方向。如果是跨专业求职,那么跟意向行业相关的双学位或者辅修经历就十分重要。

预计毕业时间/学位获得时间:很多用人企业会同时招聘应届毕业生和实习生,为了有效区分,简历上最好标注预计毕业时间/学位获得时间和即将获得的学

位类型。

平均成绩及排名:平均成绩是衡量个人学习能力的主要指标之一,是对个人学习期间努力程度的标准化反馈。因此除了标注具体分数外,还可以增加一些说明性的文字,比如专业前 10%。如果你的平均成绩比较高,但由于专业竞争比较激烈,排名并不占优势,那么就只写平均成绩。相反,如果你的平均成绩比较低,但是专业排名可能非常高,这时则只写排名,不写平均成绩。

相关课程:这部分内容的撰写要更加慎重。有的毕业生把自己所有成绩、比较好的课程名称都写在简历上,这样做其实是不明智的。一方面,许多课程与你求职的岗位相关度不高,HR 并不会给你的简历加分;另一方面,考高分的课程也不代表你一定能够熟练应用,如果在后续的面试中 HR 提问到相关的知识点,但是你并没有很好地掌握,那么简历的整体可信度就会遭到质疑。因此比较科学的做法是,列出三至四门所学专业比较核心的或者与求职岗位相关度较高的课程名称,以便 HR 有效地了解你所学的专业。

语言能力和计算机能力等:语言能力和计算机能力是在职场中比较通用的能力,因此需要进行有效的说明。比如通过了 CET 6 的考试,那么就不必把通过 CET 4 也写上;同理,如果仅通过了 CET 4,但是取得了一个还不错的成绩,这时就可以通过标注具体得分来证明自己的语言能力。如果能够使用除英语外的其他语种,这会为简历增色不少,因此不要迟疑,大胆地写到简历上吧。对于个人的计算机能力,很多同学会这样描述"熟练掌握 Office 办公软件操作"。但 Office 办公软件包括 Word、Excel 等多种软件,很少有人能够精通其中的每一种软件。因此与其笼统地说"熟练掌握 Office 办公软件操作",不如更加明确具体地指出熟练使用哪一种或哪几种软件。

校园经历:通常指在校期间担任的学生干部或社团工作职务。除了干部职务名称和社团名称外,还可以适当地拓展这部分,概括性地描述工作的内容、工作的受众、工作的效果等会更容易让 HR 了解你可能具有的能力和品质。

4.个人经历

个人经历包括校园经历(实践经历、比赛经历)、实习经历、项目经历(研究经历)等三大部分,这通常是简历中比较重要的部分内容,需要同学们认真撰写。同教育经历一样,这三大经历也建议采取时间逆序的原则撰写,因为年级越高,你所参加的实习和实践活动越有含金量。

在校园经历中,需要描述在什么时间段,担任了什么角色,做了什么事,取得了怎样的结果,收获了什么,要注意突出相关数据,经历一定要结合求职意向所要求的职业素养撰写。

在实习经历中,可以通过在简历中描述参与过的实习工作,向 HR 证明自己已

经具有一定的工作能力,能够为企业减少花费在培训上的成本。因此,实习工作经历需要写明以下信息:

(1)实习的公司/组织名称:如果实习的公司不是像华为、中兴这样家喻户晓的公司的话,建议在写公司的时候使用全称。特别是有些公司在全国各地设有分公司或办事处,写"××公司大连分公司"这样的公司全称会更加严谨。

(2)实习的工作地点:需要特别强调的是,如果实习的工作地点在国外,一定要注明国家和城市两个地点信息。

(3)实习的部门名称:不同公司的部门设置不完全相同,部门职责也不一样,因此可在部门名称后简单标注所在部门的工作职责。

(4)实习的时间段:需要写明年份和月份,并且请牢记时间逆序原则。

(5)主要的职责和工作内容:简明扼要地写出在实习期间主要的岗位职责和工作内容,这里要适当地使用专业化词语。

(6)工作结果与主要成绩:描述实习期间取得的工作结果或主要成绩需要遵循三个原则。一是重要成绩优先原则。不必过分在意时间顺序,将获得的最大成果、工作中的最大亮点在最显著的位置写出来。二是数字化、精确化原则。与其一件一件描述做过的每一项内容,不如直接归纳出来用数字表述更加精准。例如"实习期间完成多少单业务,累计销售额多少,在部门业务排名第几"这样的表述绝对比详细描述完成了哪些具体业务更能吸引人。三是体现变化原则。如果完成的工作从数量上看并不多,那么就要通过描述变化体现工作的质量,比如"完成多少业务量,服务多少顾客使得部门业务量同比增长百分之多少""优化了服务流程,每单业务节省了百分之多少的成本"。

(7)从实习中获得的技能及感悟:无论实习的时间长短、工作内容如何,都一定会带来技能和素质上的提升,这就需要有效地凝炼自己所从事的工作需要的核心能力。千篇一律地写"通过实习提升了人际交往能力、沟通交流能力"并不会打动HR。

比如这样写会更好:通过担任××岗位的工作,服务了××位客户,得到了他们的赞许,提升了沟通交流能力;熟悉了××、××、××等××条工作流程,提升了岗位的胜任能力;掌握了××、××、××等专业技能,提高了业务能力……

项目经历的撰写原则与以上内容相似,重点是通过描述做了什么、获得了什么成果,证明拥有什么能力和素质。

5.所获奖励和荣誉

大学期间我们可能都获得过各种各样的奖励,需要强调的是与奖项的数量相比,奖项的含金量更有意义。因此我们不必把获得的所有奖项全部写到简历上,只需筛选几类奖项进行填写:第一类是跟应聘的职位或岗位相关度比较高的奖项,比如与行业相关的一些比赛和竞赛奖项;第二类是能更好地体现个人专业能力和综

合素质的奖项,比如学校奖学金和优秀干部等奖励;第三类是虽然可能与专业相关度不高,但是获得该奖励难度较大的奖项,比如全国性的实践或科技竞赛奖项。

在奖项筛选完成后,也需要注意表述的技巧。要合并同类项,用"两次获得校一等奖学金"替代"2019 年获得校一等奖学金,2020 年获得校一等奖学金"。要用相对的数字说明获得奖励的难度,如"××荣誉称号(全校仅 5 人)"。要准确地描述奖项的等级,如"辽宁省优秀学生干部"。

6.特长与爱好等其他个人信息

特长与爱好:特长与爱好可以作为前几个部分没有提及信息的有效补充。这里需要注意以下问题:

尽量写特长、写强项。在特长与爱好之间选择写特长。因为爱好是喜欢做的事情,但不一定做得好;而特长是无论是否喜欢都能够做得好的事情。这两者有着本质的区别。

只写具体的两三项。人的精力是有限的,很难做到在每一个兴趣爱好上都做得很好,因此写太多就会给 HR 一种浮躁、不专注的感觉。此外,特长与爱好要尽量写具体,体育运动、阅读、听音乐这种泛泛的爱好并不会给你加分,而如果具体地写擅长篮球、围棋、辩论,就会给人一种具有良好的团队合作精神、战略意识和良好的语言表达能力的感觉。

自我评价:许多同学喜欢在简历上写自我评价,比如"积极乐观、具有良好的团队合作精神、良好的沟通协调能力",其实这样的空话、套话并不会让 HR 更加认同。简历中写明的经历、参与的活动、获得的奖项已经足以证明个人特质和能力,所以可以不写自我评价,或者可以列条目简单写。

补充信息:针对不同企业的特殊要求,可以适当地增加上面没有提及的内容作为补充。比如应聘国企或者事业单位,可以添加"中共党员"政治面貌的信息;应聘少数民族聚居地区的工作岗位,可以添加"民族"的信息;应聘对身体体征有特殊要求的工作岗位,可以添加身高、体重、视力的信息等。

(二)制作准备

要想制作一份吸引人的简历,制作简历前要做好充足的准备工作,具体包括外部信息收集和个人信息梳理两个方面。

1.外部信息收集

当着手制作个人简历的时候,应该已经掌握了国家相关地区的政策、了解了行业的发展趋势,并且有了若干家比较明确的意向企业。因此,这个阶段需要重点收集的外部信息主要指企业信息、企业的招聘流程和招聘情况、具体的岗位描述以及了解 HR 是如何工作的。

（1）意向企业信息

其一，我们必须有效地判别企业的合法合规性。可以通过国家企业信用信息公示系统查询全国范围内企业的注册登记、许可审批、经营异常等信息，一家企业是否真实存在、是否触犯过国家法律、年度的经营情况都能够查询到。再如，天眼查、启信宝等第三方信息平台，这些平台能够查询到企业经营相关的各类数据，如企业管理团队的背景、员工数量、社保缴纳情况等信息。

其二，选择去一个企业就业，就要全面地了解企业的历史、企业的发展理念和文化、企业现在的业务范围、企业的核心竞争力、未来的发展目标。只有清楚地掌握了这些信息，才能够有效地认同该企业，才能够投身其中与企业一起发展。这些信息大多能够通过企业的官方网站查询到。

（2）企业的招聘流程和招聘情况

企业的招聘流程各有不同，通常可分为确定需求──发布需求──收集并筛选简历──笔试──面试五个基础步骤，每个步骤的操作方式和具体内容又因企业而异。比如发布用人需求，有的企业会通过自己的网站发布，有的企业会通过智联招聘等专业的招聘网站发布，有的企业会选择通过政府就业部门或者高校的就业网站进行发布；收集简历包括网上投递的简历、线下招聘宣讲会收集简历；笔试可能包括专业知识测试、IQ测试、行政能力测试等；面试包括HR面试、部门面试等。只有了解了企业的招聘流程，才能够有针对性地制作个人简历，选择简历投递的途径，进而提升进入面试的成功率。在制作简历前还需要了解各个公司的招聘起止时间，以便规划个人的应聘日程；了解某个岗位的招聘人数，以便评估自己成功应聘的概率大小。

（3）具体的岗位描述

求职者需要关注的最核心的问题是企业对该岗位的具体描述和要求，包括该岗位的职责和对任职者的要求。前者是说明这个岗位到底是做什么的，工作内容有哪些，岗位职责是什么，在企业中属于什么样的部门；后者是让求职者明确应聘该岗位所需要的能力、素质、资历、学历等基本条件。通俗地说，就是通过查阅岗位描述的信息，可以了解成功应聘该岗位后都需要做什么，以及需要满足哪些条件才能有机会获得这个岗位。只有准确掌握了这部分内容，才能够有针对性地制作自己的简历。

（4）了解HR是如何工作的

许多大公司的HR在招聘季每天需要筛选成百上千份的简历，有数据显示HR初次浏览一份简历的时间平均在1分钟左右，甚至可能更短。因此，如果不首先了解HR是如何工作的就贸然制作简历，那么很有可能自认为精心制作的简历却根本得不到HR的认可。因此，需要了解什么样的简历是HR喜欢的。

2.个人信息梳理

这部分工作的目的就是将自己的过往经历进行有效梳理,盘点自己的优势和劣势,按照自己的求职定位进行技能和素质的匹配。

首先,按照本章前面讲解过个人简历的主要内容梳理自己的学习经历、实习实践经历、获得的荣誉和奖励、特长与爱好等信息,先不考虑是否有用,把能想到的信息尽可能多地写出来。

其次,将上述信息进行归类,哪些事件和成就能够证明具有某种能力。这时个人信息是繁多但类别清晰的。

再次,按照意向岗位的要求进行比对。例如,市场营销的岗位需要具有良好的人际交往能力,而在这个能力类型中哪一个或者哪几个事件是最能够证明的,以此缩小用于制作简历的素材范围。完成这一步骤后,个人信息就会变得条理清晰且有的放矢。

最后,你也许会发现,有些岗位需求的能力和素质在自己已经列出的个人信息中没有得到体现,这时候怎么办呢? 不要放弃,再认真地回想一下大学生活,努力挖掘能够证明具有此类能力的事件。

(三)简历制作

在完成外部信息收集、个人信息梳理的步骤之后,我们就可以进入简历的制作阶段了。简历的制作包括三方面的内容:

1.简历内容的选择

简历内容的选择有几个需要遵循的原则:

(1)相关性原则

相关性原则指简历中出现的所有内容要与应聘的岗位要求相关。也就是说,简历上的每一部分内容都应该为证明能够胜任该岗位服务。因此我们要对招聘信息进行筛选,标记其中的关键信息,然后检查自己的简历中是否能够体现这些关键信息。这包括行业相关性——在已有的实习实践、项目活动部分内容有没有跟意向就业行业相关的;岗位技能相关性——在组织和参与的活动中有没有跟应聘的岗位相关或类似的;教育背景相关性——自己所学的专业、辅修的课程、参与的科研活动和竞赛比赛有没有跟应聘岗位相关的;能力素质相关性——参与过的学校活动、获得的奖励表彰能不能体现出岗位需要的能力素质等。根据相关性原则进行内容的初步筛选。

(2)重要性优先原则

一般而言,简历中各个部分的经历是按照时间逆序进行排列的,但如果时间逆序原则跟相关性原则发生冲突,这时就要遵循重要性优先原则。将根据相关性原则初步筛选出的内容进行进一步的综合排序,将与所应聘岗位相关性强、能够展现个人核心能力、特长优势的经历放在前面,使其占据简历的黄金位置(页面上端约1/3 的位置);将相关性弱的经历放在后面,并可以适当缩短其篇幅,只用一两句话带过而不做过多详细的说明。也就是与应聘的行业、企业、岗位相关度越高的内容越应安排在靠前的位置。

此外,独有的经历和事件要保留,这些内容能够给 HR 形成有效的"记忆点";近期的事件要保留,作为大学毕业生,哪怕初中、高中的生活再辉煌,也没必要体现在个人简历上;著名的经历和实践活动要保留,听过一次巴菲特本人的讲座比听无数场寂寂无闻专家的讲座更让人认可。所以,参与过的重大活动、与行业专家有过互动、得到过知名度较高人士的教育指导,这样的经历都能为简历加分。

2.简历版式的选择

许多同学愿意选择已有的简历模板,认为这样既方便又规范。但是规范意味着缺少特色,试想如果你是企业的 HR,面对几十份甚至上百份一样模板的简历会不会没有阅读的兴趣。同时,每个人的求职意向不同、个人经历不同,希望展示的个人能力和素质也不同,因此每个部分内容占据的简历篇幅也不同,固定的模板无法满足不同的需求。因此,最好的方法是首先尽量多找一些模板进行尝试,选择看上去最舒服的、最符合应聘岗位风格的模板作为基础,再根据自己需要填写的内容进行版式的调整。但总体来说,简历在内容布局和排版上需要遵循以下几个原则:

(1)篇幅尽量控制在一页纸以内

将简历篇幅尽可能控制在一页纸以内。也许经历很丰富,看上去一页纸并不能把所有的成果展示出来,这时候就需要根据求职意向岗位的要求对经历进行合理筛选,将相关度低的信息删除,结合岗位需求挑选匹配度最高的内容,并把它们压缩到一页纸的范围内。

(2)字体字号规范清晰

一份简历使用的字体建议不要超过两种,过多的字体会使简历显得杂乱。对于艺术字的选择也要慎重,除非你应聘的是与艺术相关的工作岗位,否则与众不同的字体并不会让简历看起来更特别,只会让人感觉不专业。简历中的中文字体通常较多使用宋体、黑体、楷体,英文字体常用 Times New Roman 和 Arial 两种字体。

对于字号的选择,字号太大会显得内容单薄,字号太小,看起来又比较吃力。因此,最大字号比如姓名不应超过22 号(二号),正文部分字号一般是12~14 号比较适宜,各部分的标题一般要比正文大 1~2 个字号。可以适当使用加粗和斜体,既能够突出重点,又不会使页面变得凌乱。

这里提供一个小窍门,当简历内容已经确定之后可以尝试对比不同字体、不同字号的排版效果,然后选择看上去最清晰的字体和字号。

（3）保持对齐适当留白

简历正文中，每一部分内容的竖列标题都应当保持对齐，这样视觉上更加美观，阅读起来也更加清晰明了，有助于 HR 筛选关键信息。

适当的留白也会增加 HR 对简历的好感度。简历上的基本信息不要排布得过满，密密麻麻的文字很容易让阅读者心烦意乱，失去阅读的兴趣。留有适当的页边距，也方便 HR 在简历上对其感兴趣的信息进行标注。

3.语言的应用

内容及位置基本确定后，接下来就是运用专业、简练的语言说明已经选定的内容，保证简历中的每一个事件都表述得很清楚，每一个数据的使用都能够恰如其分地证明能力。

（1）语言要专业

在简历中要通过对过往经历的描述体现你的专业能力和素质，因此涉及跟求职岗位工作相关的内容可以适当地运用专业的词汇、行业内常用的缩写。但不要过分炫技，做基础简历筛选工作的大多数是企业负责招聘的 HR，他们对招聘岗位相关专业知识的了解比较有限，通篇都是专业词汇也会让 HR 观感变差。

（2）语言要凝练

简历要尽可能使用短句，避免使用大段的文字，因为语句越长，信息越难凝练。减少"我""本人"这样的字眼，不使用"你""我""他"这样的人称代词，多使用"谓宾"的语句替代"主谓宾"的语句。在对某段经历的描述中，删除无足轻重的过程细节，将内容重复的细节合并，使得自己讲述的细节更简洁，内容更有效。

（3）语言要客观

简历是应聘者对自己过往经历的综述，可以适当修饰，但不能夸大其词，更不能无中生有。因此，撰写角度要客观公正，不要过多地使用形容词，比如尽量不使用"精通"而是使用"熟练掌握"，用"较好"而不是"极好"。动词的使用要准确。比如，许多同学为了展现自己的组织协调能力，在描述实习经历的时候常常用到"负责××项目"这样的语句，但是 HR 很清楚，一个实习生是不可能独立承担某个项目或者独立负责某项业务的。因此，与其用"负责"不如用"参与""协助"这样的词更准确、更客观。

（四）简历制作注意事项

1.篇幅问题

简历的篇幅不宜过短或过长。简历过短，就会显得没有内容，没有内容就无法证明你的个人能力；而过长的简历就会造成重点不突出，复杂的简历并不能增加求职者的成功概率，像论文一样长度的简历会使 HR 失去阅读的耐心。因此简历一

般用 A4 纸打印一页即可,最多不要超过两页,这种篇幅的简历更容易让 HR 抓住重点。

2.排版问题

有的同学在制作简历时为了方便会直接套用网上搜索到的固定模板,这样千篇一律的模板不但失去了个人的特色,还容易造成 HR 的审美疲劳。同时,固定的模板很难与个人需要展现的经历和能力有效匹配,容易造成为了适应简历的模板而放弃重要内容。

有的同学为了追求与众不同,选择了跟自己工作性质不符的模板,比如应聘事业单位的岗位但是选择了动漫主题的简历模板,或者应聘规范严谨的工作岗位却选择了抽象艺术风格的简历模板,这些都是不合适的。

3.内容问题

内容问题是同学们在简历中最经常出现问题的部分。简历中呈现的内容多而繁杂,没有进行合理的分类就会导致内容相关度不高,HR 无法通过你描述的这些内容归纳出想表述的中心思想。

另一类经常出现的问题是内容重点不突出。例如,在描述实习经历的工作内容时,如果说完成了打印复印的工作、接听电话的工作、数据收集的工作、数据分析的工作,还负责了办公用品的采购工作,那么哪一项才是最重要的工作,能体现最核心的能力呢?

4.文字问题

在文字的使用方面,同学们在制作简历时经常会出现表述过于口语化的问题。比如描述某段经历的时候出现"你""我""他"这样的人称代词、生活中经常使用的口头语、地方方言中的词汇等。

撰写简历内容的时候过多地使用"乐观""有趣"等情感性词汇、使用多个形容词叠加、过多使用感叹词,就会表述不清。

此外,同学们在简历制作过程中也经常会出现错字、漏字、标点符号使用不当等问题,需要以更加严谨的态度自查、他查,进行有效规避。

5.劣势问题

对于许多同学来说,在校期间的经历很难做到十全十美,或多或少会存在"短板"和"硬伤"。比如缺少实习经历、学习成绩不理想、参与的活动感觉不值一提、所应聘的岗位与所学专业相关度不高等。这些劣势中,有的可以通过自身努力进行弥补,有的则无法在短期内得到改善。这时候就要求我们在保证客观真实的大前提下,在简历中扬长避短,突出优势,回避劣势。与应聘岗位相关的实习或工作经历较少,就要想办法挖掘自己已有的实习经历中拥有的技能和素质哪些与应聘岗位的需求是通用的。例如,有做推销员的实习经历,那么在应聘咨询行业岗位的时候,销售过程中展现出的良好的语言表达能力和一定的数据分析能力能够助力。因此,可以通过项目经历、培训经历、校园经历提取个人的可迁移技能;通过获得的技能证书、阅读过的专业书籍突出自己的学习能力;通过自己参与的社会活动凸显自己的综合素质。综上,可以通过从过往间接经历中挖掘与应聘岗位对应的技能和素质,弥补直接经历的不足。

(五)简历完善

在完成简历的撰写之后很重要的一个步骤就是简历的检查和完善。每年都有许多求职者因为简历中的细节错误被淘汰,而这些通过检查都能够有效地避免。

1.检查什么?

检查包括两部分,其一,是对重点内容的核查。仔细审视简历上的所有内容,特别是关于个人实习实践经历、在校学习情况及获奖等内容,这些内容是简历中最有深度、最重要的部分,也是最容易出错的部分。因此需要检查每一个项目、每一个段落:

①表达是否连贯通顺;

②传达信息是否正面、准确,没有歧义;

③用词是否简练,语句是否简洁明了;

④是否过多使用重复的语句;

⑤使用的专业词汇或行业术语是否准确无误;

⑥段落是否简洁,上下文是否衔接顺畅。

其二,在完成内容的检查后,我们还需要进行整体布局的检查:

①版面整体结构是否合理,看上去是否疏密有致;

②简历的最醒目位置是否留给了最重要的内容;

③版面的风格是否前后一致,必要的地方是否统一使用了粗体、斜体或者缩进格式;

④简历的左右、上下的留白是否对称。

对简历中可能出现的基本错误也要进行检查与核对:

①拼写错误

现在许多同学使用的电脑输入法都有联想功能,在增加便利性的同时也容易造成同音不同义的拼写错误。此外,简历中如果出现英文单词,则要注意区分大小写。

②语法错误

由于简历中多使用省略主语的短句句式,跟同学们的日常语言习惯不尽相同,撰写的过程中最容易出现一个动词对应多个名词的语法错误,需要认真检查。

③标点错误

许多同学的简历不注意标点符号的使用,通篇都是逗号或句号,或者中英文输入法互相切换的时候,全角和半角标点混用的情况时有发生。这样会给 HR 带来不严谨、不认真的观感,需要在检查过程中有效核准。

④个人信息错误

同学们可能会想,对于个人信息自己都那么熟悉了,怎么还会弄错呢?其实越是熟悉的信息越容易由于不加确认而造成错误,因此一定要认真核对自己的信息,尤其是电子邮件和联系电话,不要因一时的疏忽让 HR 联系不到而错失就业的机会。

⑤时间错误

教育背景与实习实践经历的起止时间也是很容易出现错误的地方,需要仔细检查,确保年份和月份都是准确无误的。不要出现两段实习时间重叠、教育背景时间因接续不上而出现断层等问题。

⑥数字错误

简历中使用数字证明个人能力素质和取得的成绩是比较容易吸引 HR 注意的一种方式。比如,在简历中写道"通过努力,部门业务量提升 3 倍",HR 会觉得其有很强的能力;但如果说"使部门业务量提升 30 倍",HR 就会质疑这段经历的真实性。因此要保证数字使用的准确,不要夸大。

2.怎么检查?

首先是自查。有专家建议,简历初稿完成后,应放置一边至少 24 个小时,这样会产生一定程度的陌生感和客观性,而后再继续检查、修改,不断重复这个循环过程,直到自己查不出任何的错误和瑕疵为止。

然后是他查。将自己的简历给老师、家长、师兄、师姐、同学等不同群体审阅,听取他们的意见。看他人能不能发现想要展现的重点信息和主要能力,对于简历的排版有什么意见,第一眼关注的简历上的信息是什么,通过简历形成了怎样的整体印象,当然还包括他人发现简历上有什么错误和内容的缺失。总的来说,审阅简历的群体越贴近意向的行业和岗位,群体的组成越多样,收集到的可用于修改简历的信息就越有效。

(六)补充整理

简历只是求职材料中的一项,很多时候招聘的企业还需要同时提供其他的求

职补充材料,一般包括:

1.学校、学院的就业推荐表或推荐信

一般学校会在大四学生即将开始求职时发放就业推荐表,由学生所在院系结合学生思想、学习、工作、生活等方面的日常表现进行综合评价,是招聘企业比较重视的就业资料之一。

2.学习成绩单

反映学生大学阶段学习成绩的证明材料,通常需要加盖学校、学院学生成绩管理部门的公章。

3.各类证书

证书包括技能证书,如常见的外语、计算机等级证书;资格证书,如教师资格证、注册会计师等;荣誉证书,如奖学金证书、各类比赛竞赛的获奖证书、获得的各级荣誉称号的证书等。

4.社会实践、实习的鉴定或证明材料

在学习期间参加的各类社会实践活动可能并没有获得相关的奖项,但是参加活动的证明材料就能够充分说明参与活动的等级和内容。同理,一份实习公司开具的实习鉴定,也是关于工作能力、工作经验的最佳证明。

5.科研成果的证明材料

学习期间在正规刊物上发表的论文,参与过专著或读物的撰写,提交过有一定价值的调研报告,拥有自己的发明专利证书或正在申请的专利,参与过学校老师的科研项目,这些相关的证明材料都能够成为就业的重要砝码。

6.推荐、引荐信

如果所在的院系的知名教授、有一定行业影响力的专业教师以及实习企业的领导或部门负责人愿意出具一封推荐信,将会成为成功就业的重要助力。

7.英文简历

部分外资企业或者对外交流较多的招聘岗位会要求求职者提供英文简历作为参考,因此同学们可以提前制作一份英文简历以备不时之需。英文简历的内容和要求与中文简历基本一致,但需要注意英文语法与中文语法的差异,这里就不赘述了。

二、简历投放方法

简历按照投递方式分为网络投递简历和现场投递简历两类：

（一）网络投递简历

顾名思义，就是通过互联网完成简历的投递工作。网上投递简历包括在线填写简历和在线发送电子简历两种方式。

1.在线填写简历

许多大公司都有自己比较完善的网站或者借助专业的招聘网站可以实现求职者的在线填写简历，通过在线上的固定简历模板企业可以更准确地收集期望了解的求职者的信息。遇到这种情况，大家只要如实填写就可以了，但要注意填写完成后要认真核对，不要漏项、不要错填，检查无误后再进行提交，看到提交成功的提示再进行后续的操作。

2.在线发送电子简历

大多数企业会要求求职者将个人简历发送到企业指定电子邮箱以收集应聘者简历。在线发送电子简历需要注意几点：

（1）转化文本

同学们通常使用 WORD 进行简历的设计和编辑，由于软件的兼容性和版本问题，可能出现打开某个 WORD 简历文档出现乱码或者格式混乱的情况。因此，建议同学们在完成简历的制作后将其转存为 PDF 格式的文件。

（2）简历命名

发送的电子简历一定要记得进行重命名，不要简单地用"个人简历"或者"××的个人简历"命名。如果招聘需求没有特别要求如何命名个人简历的话，就将姓名、院校、应聘岗位等信息有选择地体现在简历名称上。比如可以用"应聘××岗位—姓名（院校）个人简历"的命名方式，也可以使用"院校—姓名（联系电话）—应聘岗位"这样的命名方式。

（3）邮件内容

邮件主题千万不要空白，可以写上自己的姓名、院校及应聘岗位，如"大连海事大学××应聘人力资源岗位"。邮件内容可以简单写一些在个人简历上没有体现的内容，比如自己对于应聘岗位的认知、对于企业文化和发展理念的认同、对于职业发展的规划等。但切记不要面面俱到，不要长篇大论，简单明了的几句话就可以了。最后在结尾的时候，适当地写上"工作顺利""身体健康"等祝福语。

（4）邮件发送

如果企业没有明确要求，简历应以邮件正文的形式发送，而不是附件的形式发

送。因为以附件形式发送简历,容易出现收件人无法打开附件,甚至被当作病毒邮件直接删除的情况。

（5）邮件反馈

在邮件发送的时候设置"已读"回执功能,这样就能够及时地了解个人简历是否顺利地被企业 HR 接收到。

（二）现场投递简历

参加招聘会是应届毕业生求职的重要途径之一。那么,通过招聘会现场投递简历应该注意些什么呢?

1.做好准备

了解参加招聘会的企业都有哪些,符合自己职业发展目标的可应聘职位有哪些,招聘人数是多少。结合以上信息,准备数量充足的简历。当然,最好是准备几个不同版本的简历,海投简历和点投简历都需要准备充分。

招聘会现场投递的简历往往能得到比网络投递更快的反馈,不少企业会在现场进行简历的筛选,甚至在现场进行简单的面试,因此准备好合体的服装也是需要做的准备工作。

2.简历投递

现场投递简历也是有技巧的。不要盲目地见企业就投简历,要看清企业的招聘需求,结合自身的能力和求职意向,有针对性地投递简历。要注意递交简历的时机,如果企业的展位上正人满为患,不要急于在这时递交简历,因为招聘人员这个时候能够用来阅读简历的时间非常短。可以等到展位上人没有那么多的时候再递交简历,同时利用这个机会向招聘人员简单地推销一下自己,给招聘人员留下较深刻的第一印象,力争投递一份简历就赢得一次面试的机会。

3.持续跟进

招聘会现场一定要记录好自己投递简历的企业、应聘岗位以及企业的联系方式。招聘会后利用一定的时间进一步了解企业及岗位的具体信息,做好信息的归类,以避免出现接到企业的面试通知,但是完全不记得自己投递简历的是哪一家企业、哪一个岗位的尴尬局面。

第三节 ◇ 求职心理与求职礼仪

一、求职心理调适

大学生求职的心理问题一定程度上影响了高校应届毕业生的就业率。这种求职心态的表象特征是期待与恐惧并行,心理落差和心理彷徨交织演绎。高等教育必须帮助学生突破心理障碍,才能解决就业率的普遍问题,有助于学生职业理想的早日实现。

(一)当代大学生求职心理特征

1.内心期待与实践存在落差

期待职业发展是当代大学生普遍存在的心理特征,在双创教育的号召下,更多的学生在校期间便接触了很多企业。虽然这些企业无疑打开了大学生通往未知世界的大门,但学生职业经验不足,初出茅庐的学生很难在第一家公司找到理想的职位,抑或能收获到满意的薪酬。这种心理期待与实践维度的落差往往是学生无法接受的,影响学生审视自身能力与职业发展的宏观视角和理性判断。

2.内心恐惧,寸步难行

在学生求职过程中,内心期待与恐惧始终并存且相互干扰,形成了当代大学生特有的心理问题。这种恐惧心理是对自身能力的质疑,是对就业岗位的猜测,是对行业发展的揣摩。当学生求职时,必然面临着从学生身份到职业身份的转换,无法适应当前的工作压力,是其内心恐惧彷徨的起源。这种心理压力导致学生求职心理紧张,面对诸多招聘信息而无所适从。

(二)解决当前大学生求职心理问题的对策

1.摆正心态,脚踏实地

部分学生在完全适应校园环境之后,认为一切都应当是公平的,这样的心理感受,是以学校考核为标准而造成的心理暗示。但是在求职问题上,更多企业关注的是学生解决问题的能力,而且职位待遇存在心理落差是必然的。学生要想解决这种问题,获取更好的工作机会,就要拿出令企业满意的人生答卷。学生需要摆正求职心态,认清自身在企业中的学习者身份。如果学生认为自身的专业领域发展、从业期待、人生经历,与该企业的文化理念和发展路径高度相符,那么不必考量当前的薪资待遇,反而更需要坚定信心,相信自己在未来的工作岗位中能够为企业创造

更高的价值,且对于自身的职业发展有所助益。学生突破求职岗位心理落差的关键在于摆正心态,脚踏实地地谋求理想企业的信任,有利于学生职业理想的实现。

2.早做准备,积累经验

对于内心恐惧的学生而言,这种心理负担令学生在求职过程中寸步难行。目前高等院校对大学生的职业规划教育往往在临近实习才开展,学生恐惧、抗拒、彷徨、无所适从的心理弊端很难在短期内真正消解。学校应当将职业规划的教育内容提前。如果能够让学生尽早接触职业发展或专业领域,其面对职业发展的心理成熟度也会相对增加。尤其是在校期间的早期实习,能够为学生铺垫职业心理认知,获取到一定的企业认可之后,对学生的心理成长必然有所助益。学生求职恐惧心理并非短时形成的心理问题,而是接触职业岗位时间不足所造成的心理问题。对学生来说当前的职业发展时不我待,需要长时间的厉兵秣马,磨合心理状态,补齐学生的职业心理缺位,方能树立求职信心,消解内心恐惧的求职心理问题。

3.积极心态,迎接挑战

学生最根本的心理问题是心态问题。建设学生积极的求职心态,成为突破求职心理问题的关键。职业起点并不代表职业发展预期,学生如果通过自己坚持不懈的努力,即便当前的求职岗位不尽理想,也会在未来的职业发展中不断突破自我,适应高职位能力要求。面对大学生求职心理的普遍问题时,教育者能做的是建立学生对未来职业发展的信心。学校要通过团体辅导与个别咨询相结合的方式,结合每名学生的实际情况,有针对性地开展心理咨询,促使学生保持良好的情绪。同时,利用就业指导课程让学生确定合理的择业目标,制订合理的就业发展计划,并要求学生按照实际需求不断地充实自己、完善自己、发展自己,从而拥有直面未来职业道路的自信心。心若向阳,学生则会以积极的求职心态面对低薪资职位。逆风之下,学生不间断的努力反而成为展翅高飞的臂膀,必将引领学生突破心理障碍,在职业发展中披荆斩棘,迎来曙光。

二、求职礼仪

礼仪是对礼节、礼貌、仪态和仪式的统称。求职礼仪是求职者整体素质的重要表现,体现在求职者的应聘着装仪表、语言表达、材料准备、精神面貌等诸多方面,对于即将走上工作岗位的大学生来说,在拥有同等学力条件、专业素养的前提下,能否在面试中脱颖而出,求职礼仪就成为求职者是否成为受聘者的决定性条件。

(一)着装礼仪

面试的着装是给面试官的第一印象,面试的服饰应符合面试者的身份,给人留下简洁大方、干净利落、有专业精神的感觉,而面试礼仪也经常是面试成败的关键,因为礼仪不仅仅表现了一个人的礼貌,更体现了一个人的品格素养。

1.着装的整体原则

着装能够体现一个人的文化修养和审美情趣。首先,着装一定要注意本身颜色的协调,包括色彩、纹样、材质、款式上的统一协调;其次,也要注意服饰的延伸、配饰的搭配,比如帽子、领带、鞋袜、皮包、围巾等;最后,着装既要符合季节、时令,也要符合自身的年龄和出席的场合。总结一下来说,主要就是三色原则、三一定律、三大禁忌。

三色原则:全身的着装色系不应超过三种颜色,建议穿着蓝色系和灰色系,颜色偏黑色为宜,但尽量不选择纯黑色。也不建议穿着浅色系衣服,显得不够严谨、严肃。

三一定律:袜子、腰带和公文包的颜色应保持一致。

三大禁忌:穿西装应该打领带,不可无领带;穿深色西装不可穿白色袜子或尼龙袜子;西装上的商标必须拆掉。

2.男性的着装礼仪

西装:西装要平整不起褶,单排单扣西装可系扣也可不系扣,单排双扣西装应系最上面的扣子,单排三扣西装应系最上面的两个扣子,双排扣的西装应将所有扣子系上。西裤后兜不放异物,裤脚不拖地。

衬衫:衬衫应穿长袖衬衫,长度下垂接近虎口,袖口的扣子要系好,领子要平整无褶皱,兜内不放物品,此外要注意颜色的搭配,面试前要熨烫平整。

领带:应选择纯色或者斜条纹领带,领带质地要好,并与整体穿搭的颜色配合,应根据身高选择宽窄和大小合适的领带。

皮鞋:要注意与服饰颜色上的搭配,应尽量选择深色皮鞋,一般黑色为宜,面试前要擦亮。

袜子:应穿深色袜子,如深灰色、蓝黑色、黑色等,不宜穿白色袜子。

3.女性的着装礼仪

套装:女士的套装花样较多,上装选择略有特色的,有时候优于刻板正装。裙摆过膝或者近膝,裙腿为非收紧式,裤脚覆盖鞋跟。颜色鲜艳的衣服显得活泼,素色衣服显得大方干练,根据去面试的公司有针对性地做出最优选择。

皮鞋:鞋跟的高度不宜过高,不要超过8厘米,正统外观,可略带花式,夏日不要穿露脚趾的凉鞋,更不宜将脚指甲涂成过于夸张的颜色。袜子可选择丝袜,秋冬可选择深色绒袜裤。注意整体颜色的搭配。

配饰:面试时不宜戴夸张的配饰,比如张扬的耳坠、彰显身份的戒指、有信仰特征的挂饰等。准备正式的公文包,方便放一些物品。

(二)仪表礼仪

男性:男性应注意理发,头发前不遮眉,后不触领,侧不盖耳。要注意面部的清洁,不能留有眼屎,不要有突出的鼻毛,清理好嘴唇上的死皮,要注意每日的剃须。不留长手指甲,注意清洗指甲内的灰尘。切记不能文身,如有文身应想办法清理掉。

女性:体形较瘦、身材较高的女生宜留长发、直发;体形稍胖、身材较矮的女生宜留有层次的短发,发式向上,露出脖子;身材高大的女生留短直发、长波浪、中长发均可。化妆符合日常审美即可,宜淡雅、简洁、适度,避短。指甲不宜过长,指甲油适宜涂自然色。

(三)见面礼仪

敲门:进门前应敲门,敲门敲三下即可,敲的力度要合适,等待面试官的回音后方可进入,进入后应关门,注意不要以背身面对面试官关门。关好门之后鞠躬向面试官致意。

站姿:站立时应身体挺直,抬头、挺胸、收腹、目视前方,手臂自然下垂,给人一种挺拔、精神、朝气蓬勃的感觉。

问候:问候要面带微笑,应主动向面试官打招呼,礼貌地问候,握手应遵循女士优先的原则,即女士应先提出握手。如果双方都是女士,应由面试官主动伸手后再去握手。

入座:切记面试官示意入座前不要入座,入座时不要紧张。入座后上身挺直、肩头平整、目光平和。女士的膝盖要并起来,手则放置于腿上,如果裙子稍短,则注意用手盖住。男士则不必过于拘谨,不得跷二郎腿。正确的坐姿应坐满椅子的2/3即可,不靠椅背。

走姿:走路要有精气神,上身要挺直,脚步要轻快,步幅宜小不宜大,要轻落地、走直线。男性要显得矫健、稳定,女士要显得轻盈、优雅。

(四)介绍礼仪

工作式的自我介绍:不要将之前准备好的内容生硬地背诵出来,要注意表情和语速,介绍时应抓住重点,并控制好时间,切忌面面俱到。

为他人介绍:应遵守尊者优先了解情况的原则,先介绍位尊者的情况,再介绍位卑者;集体介绍时,如果地位无差别,则应先介绍人数少的一方或个人,如果人数较多,则可以按照由尊而卑顺序一一介绍。

递简历礼仪:递简历时要起身站立,面对对方,双手或右手递出简历,并问好致意,比如"面试官您好,我是××"。

(五)应答礼仪

注意倾听:倾听是对面试官的最大尊重,要领会面试官的意图,不能打断面试官的谈话,倾听时应面带微笑,适时点头回应,要认真思考面试官提出的问题。

交流:与面试官交流时应注意语气、语速、音量和措辞,交流时应充满自信,可以用适当的手势配合表达,但不宜过多,手上不宜有过多的小动作,比如挠头、转笔、捏纸等。

(六)握手礼仪

握手次序:握手应由位尊者首先伸手,位卑者只能予以响应。握手也应遵循女士优先的原则,即与女士握手时,应女士先伸手,后者予以响应;一人与多人握手时,应按照由尊而卑的顺序进行握手;接待来访或拜访他人时,应由主人先伸手与客人相握;当客人告辞时,应由客人先伸手与主人相握。

握手禁忌:切忌用左手与人握手;当多人握手时,应注意不要与他人握手时形成交叉状;握手时应摘掉手套和帽子,不能佩戴墨镜与他人握手;握手时另一只手不能插兜,同时控制好握手的时间和力度。

(七)告别礼仪

告别:应由面试官明确示意后方可告别,可对面试官表示感谢,但不宜过长,也不宜打听面试结果,应快速离开。

心态:面试完成后,无论结果如何都应该迅速调整好心态,积极投入下一场面试的准备中,不要将情绪带入后面的工作之中。

第四章

就业市场分析

 学习目标

1.了解国家发展战略。
2.了解强国战略下的职业机遇。
3.了解主要行业的就业市场。

 生涯寄语

希望大学生既具备扎实的专业知识能力,又具备敏锐的创新精神和创新能力,以满足新时代行业发展的各项挑战,找到适合自己的满意的工作。

大学生就业市场是一个动态的、开放的、竞争性的市场,受到国家政策、社会需求、人力资源供求、个人能力、职业选择等多种因素影响。随着社会和经济的快速发展,大学生就业市场呈现出多样化、多层次、多元化的特征。适应就业市场的供需动态,才能确保找到理想的工作。与其他劳动力相比,大学生具有较高的文化素质、专业知识技术和创新能力,但也面临着较高的就业期望、较少的社会经验和较低的职业适应能力等问题。

第一节 国家发展战略

一、"一带一路"建设

"一带一路"是"丝绸之路经济带"和"21世纪海上丝绸之路"的简称,2013年9月和10月由习近平总书记提出建设"新丝绸之路经济带"和"21世纪海上丝绸之路"的合作倡议。依靠中国与有关国家既有的双多边机制,借助既有的、行之有效的区域合作平台,一带一路旨在借用古代丝绸之路的历史符号,高举和平发展的旗帜,积极发展与沿线国家的经济合作伙伴关系,共同打造政治互信、经济融合、文化包容的利益共同体、命运共同体和责任共同体。

丝绸之路经济带涵盖东南亚经济整合、涵盖东北亚经济整合,并最终融合在一起通向欧洲,形成欧亚大陆经济整合的大趋势。21世纪海上丝绸之路经济带从海上联通欧亚非三个大陆和丝绸之路经济带形成一个海上、陆地的闭环。

丝绸之路经济带圈定:新疆、重庆、陕西、甘肃、宁夏、青海、内蒙古、黑龙江、吉林、辽宁、广西、云南、西藏13省(直辖市)。

21世纪海上丝绸之路圈定:上海、福建、广东、浙江、海南5省(直辖市)。

共计18个省、自治区、直辖市。

二、西部大开发战略

"西部大开发"是国家的一项政策,目的是"把东部沿海地区的剩余经济发展能力,用以提高西部地区的经济和社会发展水平、巩固国防"。2020年5月,《中共中央、国务院关于新时代推进西部大开发形成新格局的指导意见》印发实施。总体要求是:以习近平新时代中国特色社会主义思想为指导,全面贯彻党的十九大和十九届二中、三中全会精神,统筹推进"五位一体"总体布局,协调推进"四个全面"战略布局,落实总体国家安全观,坚持稳中求进工作总基调,坚持新发展理念,坚持推动高质量发展,坚持以供给侧结构性改革为主线,深化市场化改革、扩大高水平开放,坚定不移推动重大改革举措落实,防范化解推进改革中的重大风险挑战。强化举措抓重点、补短板、强弱项,形成大保护、大开放、高质量发展的新格局,推动经济发展质量变革、效率变革、动力变革,促进西部地区经济发展与人口、资源、环境相协调,实现更高质量、更有效率、更加公平、更可持续发展,确保到2020年西部地区生态环境、营商环境、开放环境、创新环境明显改善,与全国一道全面建成小康社会;到 2035 年,西部地区基本实现社会主义现代化,基本公共服务、基础设施通达程度、人民生活水平与东部地区大体相当,努力实现不同类型地区互补发展、东西双向开放协同并进、民族边疆地区繁荣安全稳固、人与自然和谐共生。

西部大开发的范围包括 12 个省、自治区、直辖市,以及 3 个单列地级行政区,具体包括:四川省、陕西省、甘肃省、青海省、云南省、贵州省、重庆市、广西壮族自治区、内蒙古自治区、宁夏回族自治区、新疆维吾尔自治区、西藏自治区、湖北省恩施土家族苗族自治州、湖南省湘西土家族苗族自治州、吉林省延边朝鲜族自治州。

三、振兴东北

2018 年 9 月,习近平总书记主持召开深入推进东北振兴座谈会并发表重要讲话,强调以新气象新担当新作为推进东北振兴,明确提出新时代东北振兴,是全面振兴、全方位振兴。振兴东北老工业基地的战略部署,是在我国沿海地区经济发展基础上,实行东西互动的重大举措。2023 年 9 月,习近平总书记主持召开新时代推动东北全面振兴座谈会强调:新时代新征程推动东北全面振兴,要贯彻落实党的二十大关于推动东北全面振兴实现新突破的部署,完整准确全面贯彻新发展理念,牢牢把握东北在维护国家"五大安全"中的重要使命,牢牢把握高质量发展这个首要任务和构建新发展格局这个战略任务,统筹发展和安全,坚持目标导向和问题导向相结合,坚持锻长板、补短板相结合,坚持加大支持力度和激发内生动力相结合,咬定目标不放松,敢闯敢干加实干,努力走出一条高质量发展、可持续振兴的新路子,奋力谱写东北全面振兴新篇章。

东北地区是我国重要的工业和农业基地,维护国家国防安全、粮食安全、生态安全、能源安全、产业安全的战略地位十分重要,关乎国家发展大局。党的二十届三中全会通过的《中共中央关于进一步全面深化改革、推进中国式现代化的决定》提出,"完善实施区域协调发展战略机制"。其中,东北全面振兴取得新突破是国家区域协调发展和总体战略布局中不可或缺的重要环节。党中央、国务院相继出台了一系列重大政策文件,在各方面的共同努力下,东北地区经济运行逐步企稳,营商环境进一步优化,结构调整扎实推进,粮食综合生产能力显著提高,基础设施不断完善,社会事业较快发展,人民生活水平不断提升,东北全面振兴取得积极进展。

四、交通强国战略

交通强国战略是我国为了促进经济社会的全面发展和提高国际竞争力而制定的重要战略。这一战略的核心目标是通过持续加强交通基础设施建设、推动智能交通技术创新和广泛应用,以及优化交通运输体系,构建安全、便捷、高效、绿色的现代综合交通运输网络。

在交通强国战略的指引下,我国将持续扩大高速公路、铁路、航空、水运等交通网络,提升交通运输的效率和服务质量。同时,通过推动大数据、云计算、物联网等先进技术在交通领域的应用,加快智能交通系统的建设,提升交通管理的智能化水平。此外,还将注重绿色交通的发展,推动新能源汽车的普及和绿色出行方式的推广,以减少交通污染,实现可持续发展。

交通强国战略的实施将为毕业生提供丰富的职业机会。随着交通基础设施建设的不断加强和智能交通技术的广泛应用,土木工程师、交通规划师、物流管理人员、智能交通系统工程师等职业将成为热门选择。这些职业不仅需要具备相关的专业知识和技能,还需要具备创新思维和团队协作能力,以适应交通强国战略对人才的需求。

2019 年 9 月,中共中央、国务院印发了《交通强国建设纲要》,明确从 2021 年到 21 世纪中叶,我国将分两个阶段推进交通强国建设。到 2035 年,基本建成交通强国,形成三张交通网、两个交通圈。

五、 海洋强国战略

海洋强国战略是我国为了全面提升海洋综合实力和竞争力而制定的战略规划。该战略旨在通过加强海洋科技创新、推进海洋产业转型升级、保护海洋生态环境等措施,实现海洋资源的可持续利用和维护国家海洋权益。

在海洋强国战略的推动下,将加大海洋科技创新力度,推动海洋科学研究和技术成果的转化应用。同时,将培育海洋科技人才,打造高水平的海洋科技人才队伍,为海洋产业的发展提供有力支持。此外,还将推动海洋产业的转型升级,提升海洋渔业、海洋工程、海洋旅游、海洋运输等传统海洋产业的附加值和竞争力,并发展海洋新能源、海洋生物医药、海洋信息等新兴海洋产业,培育新的经济增长点。

海洋强国战略的实施将为毕业生提供广阔的职业发展空间。随着海洋产业的快速发展和海洋科技创新的推进,海洋工程师、海洋生物学家、海洋经济分析师、海洋环境监测员等职业将成为热门选择。这些职业不仅需要具备相关的专业知识和技能,还需要具备创新思维和团队协作能力,以适应海洋强国战略对人才的需求。

六、职业机遇

（一）交通强国战略下的职业机遇

1.基础设施建设领域

交通强国战略的实施将带动大规模的基础设施建设,这为道路与桥梁工程、隧道工程、交通规划与管理等领域的专业人才提供了丰富的就业机会。预计未来几年,与交通建设相关的工程师、技术员、监理等岗位需求将持续增长。

对于希望进入这一领域的毕业生,建议加强专业知识和技能的学习,关注行业最新动态和技术发展,积极参与实习和项目实践,提升个人竞争力。

2.智能交通技术领域

随着智能交通技术的快速发展,大数据、云计算、物联网等技术在交通领域的应用越来越广泛。这为信息技术、软件开发、数据分析等领域的专业人才提供了广阔的职业发展空间。

对于有志于从事智能交通技术领域的毕业生,建议加强信息技术和数据分析方面的学习,掌握相关编程语言和开发工具,同时关注行业前沿技术和应用案例,积极参与实际项目开发和研究。

3.交通运输服务领域

交通强国战略的实施将促进交通运输服务行业的快速发展,包括物流、快递、交通运营等领域。这为物流管理、交通运输管理等专业人才提供了更多的就业机会。

对于希望进入交通运输服务领域的毕业生,建议加强专业知识和技能的学习,关注行业动态和市场需求,提升服务质量和客户满意度。同时,可以积极参与相关培训和认证,提升个人职业竞争力。

（二）海洋强国战略下的职业机遇

1.海洋科技领域

海洋强国战略的实施将推动海洋科技领域的快速发展,包括海洋工程、海洋资源开发、海洋环境保护等方面的研究和应用。这为海洋科学、海洋工程、环境科学等领域的专业人才提供了丰富的就业机会。

对于希望从事海洋科技领域的毕业生,建议加强海洋科学、海洋工程等方面的学习,掌握相关理论知识和实践技能。同时,可以积极参与海洋科学研究和海洋工程项目,提升个人实践经验和科研能力。

2.海洋产业领域

海洋强国战略的实施将促进海洋产业的快速发展,包括海洋渔业、海洋旅游、海洋运输等领域。这为经济管理、旅游管理、物流管理等专业人才提供了更多的就业机会。

对于希望进入海洋产业领域的毕业生,建议加强经济管理、旅游管理、物流管理等方面的学习,关注海洋产业的市场动态和发展趋势。同时,可以积极参与相关行业的实习和项目实践,提升个人实践经验和综合素质。

3.海洋保护与管理领域

随着海洋强国战略的推进,海洋保护与管理领域的重要性日益凸显。这为海洋法律、海洋政策、海洋管理等领域的专业人才提供了更多的就业机会。

对于希望从事海洋保护与管理领域的毕业生,建议加强海洋法律、海洋政策等方面的学习,了解国际海洋法和相关政策法规。同时,可以积极参与海洋保护项目和管理实践,提升个人综合素质和职业素养。

第二节 就业市场分析

一、国民经济行业分类

国民经济行业分类是中华人民共和国国家标准,规定了全社会经济活动的分类与代码。

(一)制定与修订历程

1.最初版本:1984 年,由国家统计局、原国家标准局、原国家计委、财政部联合制定了《国民经济行业分类与代码》(GB 4754—84)。

2.修订历程:历经 1994 年、2002 年、2011 年和 2017 年四次修订,并更名为《国民经济行业分类》。

3.现行标准:2017 年 6 月 30 日由原国家质检总局和国家标准委联合发布《国民经济行业分类》(GB/T 4754—2017),并于 2017 年 10 月 1 日起实施。

(二)分类原则与结构

1.分类原则:采用经济活动的同质性原则划分,即每一个行业类别按照同一种经济活动的性质划分。

2.分类结构:共分为门类、大类、中类和小类四个层次。

（1）门类：用一位拉丁字母表示，共20个。

（2）大类：用两位阿拉伯数字表示，共97个。

（3）中类：用三位阿拉伯数字表示，前两位为大类代码，第三位为中类顺序代码，共473个。

（4）小类：用四位阿拉伯数字表示，前三位为中类代码，第四位为小类顺序代码，共1382个。

（三）分类内容与应用

1.分类内容：涵盖了全社会经济活动的主要领域，包括农、林、牧、渔业，采矿业，制造业，电力、热力、燃气及水的生产和供应业，建筑业，批发和零售业，交通运输、仓储和邮政业，住宿和餐饮业，信息传输、软件和信息技术服务业，金融业，房地产业，租赁和商务服务业，科学研究和技术服务业，水利、环境和公共设施管理业，居民服务、修理和其他服务业，教育，卫生和社会工作，文化、体育和娱乐业，公共管理、社会保障和社会组织，国际组织，大类97个，中类473个和小类1382个。

2.应用领域：适用于统计、计划、财政、税收、市场监督管理等宏观管理和部门管理中对经济活动的行业分类，也适用于社会经济研究和微观管理中对经济活动的观察。

（四）修订与更新

1.修订需求：随着经济社会的发展和新兴行业的涌现，需要定期对国民经济行业分类进行修订和更新。

2.修订方向：基于新修订的行业标准，及时修订数字经济、"三新"经济、海洋经济、节能环保、文化产业、高技术产业、战略性新兴产业等派生类统计分类标准。同时，探索研究未来产业、银发经济、首发经济、低空经济、冰雪经济等国家或部门统计标准。

二、交通运输、仓储与邮政业

（一）行业概述

交通运输、仓储与邮政业是国民经济的重要支柱产业，涉及公路、铁路、航空、水运等多种运输方式，以及与之紧密相关的仓储和邮政服务。近年来，随着全球化和电子商务的快速发展，这一行业呈现出蓬勃的发展态势，为毕业生提供了丰富的就业机会。

（二）就业市场现状

1.就业机会广泛且多样

交通运输、仓储与邮政业涵盖了广泛的就业领域，从传统的公路、铁路、航空、水运等运输方式,到现代物流、供应链管理、快递服务等,都为毕业生提供了丰富的就业机会。同时,随着行业技术的不断革新,如智能物流、自动化仓储等,也为毕业生提供了新的职业发展方向。

2.技能需求多元化

随着行业的快速发展,对毕业生的技能要求也日趋多元化。除了传统的物流、仓储、运输等专业技能外,还需要毕业生具备数据分析、信息技术、客户服务等多方面的能力。这种多元化的技能要求使得毕业生需要不断提升自己的综合素质,以适应行业发展的需要。

3.竞争与挑战并存

虽然交通运输、仓储与邮政业的就业机会广泛,但竞争也相对激烈。特别是在一些热门岗位和知名企业,毕业生需要具备优秀的专业技能和丰富的实践经验,才能在竞争中脱颖而出。同时,随着行业的发展和技术的革新,毕业生也需要不断学习和更新自己的知识,以应对新的挑战。

(三)就业市场趋势

1.智能化、自动化程度加深

随着人工智能、物联网等技术的不断发展,交通运输、仓储与邮政业的智能化、自动化程度将不断加深。这将对毕业生的技能要求提出新的挑战,需要毕业生具备相关的技术知识和应用能力。同时,智能化、自动化也将带来行业效率的提升和成本的降低,为毕业生提供更多的就业机会。

2.绿色环保成为重要考量

随着环保意识的不断提高,绿色环保已经成为交通运输、仓储与邮政业发展的重要考量。未来,行业将更加注重节能减排、低碳环保等方面的发展,对相关人才的需求也将不断增加。这要求毕业生具备相关的环保知识和技能,以适应行业发展的需要。

3.跨界融合趋势明显

随着电子商务、金融科技等领域的快速发展,交通运输、仓储与邮政业正逐渐与其他行业进行跨界融合。这种融合趋势将带来行业发展的新机遇和新挑战,同时也为毕业生提供了更多的职业发展方向。毕业生需要关注这种融合趋势,积极学习相关知识和技能,以抓住更多的就业机会。

4.人才需求结构变化

随着行业的发展和技术的革新,交通运输、仓储与邮政业的人才需求结构也将发生变化。未来,行业将更加注重对高端人才的需求。同时,对于基层员工的需求也将保持一定的增长,但会更加注重员工的综合素质和专业技能。这种人才需求结构的变化将要求毕业生不断提升自己的专业素养和综合能力,以适应行业发展的需要。

(四)交通运输行业产业链

1.设计与研发

设计公司:负责交通工具、基础设施和系统的设计。研究机构:进行交通领域的创新研究,推动技术进步。

2.制造与生产

交通工具制造商:生产汽车、飞机、船舶、火车等交通工具。零部件供应商:提供交通工具所需的各种零部件和系统。

3.运营与管理

运输服务提供商:提供各种交通服务,如公共交通、物流运输、航空公司等。运输管理公司:管理和协调交通运输网络,优化运输效率。

4.维护与服务

维修服务提供商:负责维护和修理交通工具,确保其安全性和可靠性。IT 和技术服务公司:提供交通信息技术、智能交通系统等支持服务。

5.基础设施建设

基础设施建设公司:负责交通基础设施的规划、设计和建设,包括道路、桥梁、机场等。能源供应商:提供交通工具所需的能源,如燃油、电力等。

6.政府与监管

交通运输部门:制定和实施交通政策,监管交通行业的安全和法规。规划部门:负责城市和地区的交通规划,包括公共交通和基础设施规划。

在数字化和智能化的趋势下,新兴技术如自动驾驶、智能交通管理系统等也逐渐融入交通运输产业链中。

三、制造业

(一)行业概述

制造业是国民经济的主体,是立国之本、兴国之器、强国之基。18 世纪中叶开启工业文明以来,世界强国的兴衰史和中华民族的奋斗史一再证明,没有强大的制造业,就没有国家和民族的强盛。打造具有国际竞争力的制造业,是中国提升综合国力、保障国家安全、建设世界强国的必由之路。

自中华人民共和国成立,尤其是改革开放以来,中国制造业持续快速发展,建成了门类齐全、独立完整的产业体系,有力地推动了工业化和现代化进程,综合国力显著增强。然而,与世界先进水平相比,中国制造业仍然大而不强,在自主创新能力、资源利用效率、产业结构水平、信息化程度、质量效益等方面差距明显,转型升级和跨越发展的任务紧迫而艰巨。

(二)就业市场现状

1.就业人数稳步增长

随着国家对制造业的扶持以及产业结构的优化升级,制造业的就业人数持续增长。尤其是高端制造业领域,如电子信息、生物医药、高端装备等,对人才的需求更是旺盛。

2.技能需求高端化

随着制造业向智能化、自动化方向转型,企业对毕业生的技能要求也越来越高。除了传统的机械加工、装配等技能外,还需要毕业生掌握数控操作、编程、自动化控制等高端技能。

3.地域分布不均

东部沿海地区由于经济发达、产业链完善,制造业的就业机会相对较多;而中西部地区由于经济基础和产业基础相对薄弱,制造业的就业机会相对较少。

4.竞争激烈

由于制造业的就业市场需求大,竞争也相对激烈。毕业生需要具备优秀的专业技能和丰富的实践经验,才能在众多毕业生中脱颖而出。

(三)就业市场趋势

制造业的就业市场在未来将呈现出以下几个趋势:

1.数字化制造

数字化制造需要利用新一代的数字技术和设备,如大数据分析、云计算和物联网等,对制造过程进行高效管理,提高产品质量和生产效率。数字化制造可以实现制造业产品开发、运营和维护的全生命周期数字化管理,从而提高制造业的智能化水平。

2.智能制造

智能制造旨在通过人工智能、机器学习等技术,使制造过程更加自动化、智能化和高效化,从而提高竞争力。智能制造需要人机协作,即制造工人和机器人之间的深度融合,利用机器人等设备完成高质量和复杂的制造任务。

3.绿色制造

绿色制造是指以可持续的方式进行的制造过程,即将设计和制造过程中的环境影响降到最低。绿色制造需要采用新型材料和工艺,改变传统制造方式,如回收利用废弃物、减少二氧化碳排放、降低能源消耗等。

4.智慧制造

智慧制造是指利用物联网、云计算等技术,将传感器、通信和数据分析等技术应用到制造过程中,从而实现产品生产的高效、灵活和个性化。智慧制造需要企业专注于数字技术研发和创新,提升核心技术实力,具备自主创新能力。

5.绿色制造和可持续发展

随着全球环境问题的日益严峻,绿色制造和可持续发展已经成为制造业的重要发展方向。未来制造业的就业市场也将更加注重对绿色制造和可持续发展相关人才的需求。这要求毕业生具备相关的环保知识和技能,以适应行业发展的需要。

四、信息传输、软件与信息技术服务业

(一)行业概述

信息传输、软件与信息技术服务业涵盖了通信服务、互联网服务、软件开发、信息技术咨询、数据处理与存储服务等多个领域,是现代社会信息化、智能化的关键支撑。

信息传输产业链包括电信运营商、互联网服务提供商、通信设备制造商等各个环节。在这一产业链中,电信运营商起着基础设施的作用,互联网服务提供商为用户提供网络接入和内容服务,通信设备制造商则提供各种通信设备和设施。

软件产业链包括软件开发、软件测试、软件集成、软件维护等环节。在这一产业链中,软件开发起着核心作用,而软件测试、集成和维护则是保障软件质量和稳定运行的重要环节。

信息技术服务产业链包括系统集成、IT 交流、技术外包、电子商务等环节。在这一产业链中,系统集成起着整合各类信息技术产品和解决方案的作用,IT 交流提供专业的信息化建设交流服务,技术外包为企业提供软件开发、运维等外包服务,电子商务为企业提供基于互联网的商务解决方案。

(二)就业市场现状

1.技能要求多元化与高端化

随着技术的不断进步和应用的深入,该行业对人才的要求也越来越高。除了需要掌握基本的计算机技术和通信知识外,还需要具备数据分析、云计算、人工智

能等新兴技术的能力。同时,由于该行业的项目往往需要跨团队、跨部门协作,因此还需要具备良好的沟通能力和团队协作能力。

2.薪资水平相对较高

由于该行业技术含量高、人才稀缺,因此薪资水平普遍较高。尤其是在一线城市和大型互联网企业,优秀人才的薪资待遇更是丰厚。薪资水平的高低不仅与个人的技能和能力有关,还与企业规模、行业地位和项目效益等因素有关。

3.竞争压力较大

虽然就业机会很多,但是竞争压力也相应增大。由于该行业对人才的需求旺盛,吸引了大量的人才涌入,导致竞争愈发激烈。毕业生需要具备优秀的专业技能和综合素质,才能在众多的毕业生中脱颖而出。

(三)就业市场趋势

随着5G、物联网等新一代通信技术的快速发展,信息传输产业正迎来新的发展机遇。5G技术的商用化将大幅提升传输速度和网络容量,为各行各业带来巨大的变革。物联网技术的普及也将推动信息传输产业向智能、高效、安全的方向发展。

人工智能技术的普及将催生智能化软件需求,大数据技术的应用将推动软件产业向智能化、个性化方向发展,云计算技术的成熟将促进软件产业向互联网化、服务化方向发展。区块链技术的应用将催生信任化解决方案的需求,数字化转型的深入推进将促使信息技术服务产业向个性化、差异化、集成化方向发展。

1.5G技术的引入

随着5G技术的推出和普及,信息传输速度将得到大幅提升,这将有助于推动软件和信息技术服务业的发展。

2.人工智能和机器学习

人工智能和机器学习技术的不断进步将在软件和信息技术服务领域带来创新和改变。这些技术可以用于自动化流程、优化系统和提供智能解决方案。

3.云计算和大数据

云计算和大数据技术的发展将为软件和信息技术服务业带来新的机遇。通过云计算,企业可以灵活扩展其IT基础设施,并利用大数据分析来获取有价值的洞察力。

4.物联网和智能设备

随着物联网的普及,越来越多的设备将连接到互联网。这将为软件和信息技术服务业提供更多的需求和机会。

5.增强现实和虚拟现实

增强现实和虚拟现实技术将越来越多地应用于各个行业,包括游戏、娱乐、教育和培训等。这将为软件和信息技术服务提供更多的创新和发展空间。

信息传输、软件和信息技术服务业产业链的发展也面临着一些挑战。技术变革的快速迭代为传统企业转型带来了一定的压力。信息安全和数据隐私问题的突出使得产业链面临信任危机。国际贸易摩擦和地缘政治风险为产业链的发展带来了不确定性。

五、 建筑业

(一)行业概述

建筑业作为国民经济的支柱产业,对就业市场具有深远的影响。近年来,随着城市化进程的加快、基础设施建设的推进以及技术创新的推动,建筑业就业市场呈现出复杂而多元的局面。以下是对建筑业就业市场的深入分析。

(二)就业市场现状

1.建筑设计与规划领域

建筑设计与规划是建筑行业中具有核心竞争力的领域之一。在城市化背景下,城市规划和土地利用规划成为城市发展的重要任务,建筑师和规划师的需求量不断增加。他们主要负责制定城市规划方案、设计建筑物的结构和风格,以及提供创新的建筑设计理念。

2.工程管理与项目管理领域

随着建筑项目规模不断扩大,工程管理与项目管理成为建筑行业中的重要职能。工程管理人员负责项目的组织、协调、实施和控制,确保项目按时、按质量、按预算完成。项目管理人员则负责整个项目的计划、组织、实施和控制,确保项目的目标实现。这些岗位对个人综合素质要求较高,但也提供了广泛的就业机会。

3.BIM 技术应用领域

BIM(Building Information Modeling)是建筑行业中的新兴技术,通过建立三维建筑模型,实现设计、施工、运维等各个环节的信息交流和协同。BIM 技术在项目管理、安全控制和效率提升方面有着巨大的潜力。因此,BIM 技术应用人才的需求也在不断增加,具备相关技能的人才将更容易找到就业机会。

4.建筑装饰与室内设计领域

随着人们对生活品质和居住环境要求不断提高,建筑装饰与室内设计领域的需求也相应增加。室内设计师主要负责规划、设计和装饰室内空间,使其充满美感和实用性。此外,建筑装饰工程师和施工人员也在不断增加,为行业提供了大量的就业机会。

(三)就业市场趋势

1.智能化与绿色化

随着技术的发展,建筑业将向智能化、绿色化方向发展。这将促进对新技术人才的需求,如 BIM 工程师、绿色建筑设计师等。同时,绿色建筑、节能建筑等将成为未来建筑业的重要发展方向。

2.产业升级与人才结构优化

随着建筑业的产业升级和转型,对人才的需求将发生结构性变化。高端人才将成为市场的稀缺资源,而对基层施工人员的需求将逐渐减少。因此,建筑业将加大对高端人才的引进和培养力度,优化人才结构。

3.地域均衡发展

随着国家对中西部地区的扶持和推动,以及中西部地区自身的努力和发展,建筑业在中西部地区的就业机会将逐渐增多。这将有助于缩小地域间的就业差异,促进全国建筑业的均衡发展。

4.安全生产与管理

未来建筑业将加强安全生产管理,增强施工人员的安全意识。同时,将推广先进的安全生产技术和管理经验,降低安全事故发生率。

建筑业就业市场面临着机遇与挑战并存的局面。未来建筑业将向智能化、绿色化方向发展,对人才的需求将发生结构性变化。同时,建筑业将加强安全生产管理,增强施工人员的安全意识。

第五章

面试与笔试策略

学习目标

1. 理解面试与笔试的基本概念与重要性。
2. 理解并应对面试中的压力与挑战。
3. 掌握面试前的准备策略。
4. 掌握笔试解题技巧与策略。

生涯寄语

在这一章节中，我们将探讨面试和笔试的策略。其一，我们将对面试类型进行分类，这包括面试的标准化程度，面试对象、风格、途径以及内容重点的设计风格。其二，我们将总结面试策略，包括准备、行为和语言，并详细列举一些面试中常见的问题和应对方法。

在笔试部分，我们将介绍笔试的类型和一些常见的笔试内容，并归纳总结出了准备笔试的六个步骤：了解笔试内容和形式，制订复习计划，复习相关知识和技能，练习模拟试题，注意答题技巧，保持良好的心态。

第一节　面试策略

一、面试类型

(一)根据面试标准化程度分类

1.结构化面试:指面试题目、面试实施程序、面试评价、考官构成等方面都有统一明确的规范进行的面试,如公务员面试和一些银行、国企统一组织的面试。

2.非结构化面试:对与面试有关的因素不做任何限定的面试,也就是通常没有任何规范的随意性面试,如一些企业聊天式的提问面试。

3.半结构化面试:指只对面试的部分因素有统一要求的面试,如规定有统一的程序和评价标准,但面试题目可以根据面试对象而随意变化,如无领导小组讨论等。

(二)根据面试对象分类

1.单独面试:指主考官与个别应试者单独面谈。

2.小组面试:指多位应试者同时面对面试考官的情况,如无领导小组讨论。

(三)根据面试进程分类

1.一次性面试:是指用人单位对应试者的面试集中于一次进行。

2.分阶段面试:可分为两种类型,一种叫"依序面试",另一种叫"逐步面试"。依序面试一般分为初试、复试与综合评定三步;逐步面试一般是由用人单位面试小组成员按照成绩由低到高的顺序,依次对应试者进行面试。

(四)根据面试风格分类

1.压力性面试:将应考者置于一种人为的紧张气氛中,让应考者接受诸如挑衅性的、刁难性的刺激,以考查其应变能力、压力承受能力、情绪稳定性等。

(1)技巧分类

激将法:这是面试官最常用的手法,在面试的时候,通常用质疑、尖刻、咄咄逼人的语言,从面试者最薄弱的地方入手,往往是哪壶不开提哪壶,使面试者处于一种尴尬的境地试图来挑衅对方,再加上面试官不友好的态度和锐利的眼神,使面试者顿感紧张和凝重。

诱导法:这类问题的特点是,面试官往往提供一个特定的选择,诱导对方做出错误的回答,因为也许任何一种回答都不能让对方满意。比如:"你认为金钱、名誉和事业哪个重要？"这样的提问似乎是一项单项选择，但是实际上对于应聘者而言，三项都比较重要，选择任何一项或放弃任何一项都显得不妥。与此相类似的还有一种有误导倾向的问题，对于这类问题，面试官早有答案，却故意说出相反的答案。若面试者为了迎合面试官而选择明显错误的答案，结果只能被视为无主见、缺乏创新精神。

测试法：测试法压力问题的特点是虚构一种情况，然后让求职者做出回答。比如"今天参加面试的有近10位候选人，如何证明你是最优秀的？"这类问题往往是考查求职者随机应变的能力。从正面回答这种问题或者面面俱到地回答这些问题反而不是明智之举，面试者假如机智地绕开问题，从侧面或者从某一个别人通常容易忽略的方面回答，也许能够很好地打动面试官的心。

（2）常见的压力面测试题

面试官："你觉得自己最大的弱点是什么？"

面试官问这个问题时，其实是在给你做否定暗示。人无完人，我们可以承认一些微不足道的小缺点，然后再说明自己已经在努力改正了。

建议回答："我之前最大的缺点就是有时候会比较急躁，做事急于求成，会让合作的同事感到压力。现在我已经在努力改正。"

面试官："你希望与什么样的上司共事？"

千万不要一五一十地把对上司的要求告诉你的面试官，尤其是：我希望我的老板不要求加班、不要用情感操控我……领导需要的是你把事情做好，而不是对他挑肥拣瘦。

建议回答："我是一个适应能力比较强的人，不管是什么风格的老板和团队都能够融洽相处。如果要说的话，我希望我的老板能够及时给我反馈，这样工作中我能够有针对性地去改进项目。同时，因为我是一个经常会有新鲜点子的人，希望老板能够给我一定的自由度，让我在工作中拥有一定程度的发挥空间，为业务带来增量。"

面试官："对这项工作，你有哪些可预见的困难？"

职场困难无处不在。换位思考，如果公司没有困难，或者不想做大、做强，那他还需要招人吗？但在面试时，不要直接说会有困难，会让人觉得你没有冲劲，有畏难心理。

建议回答："我觉得职场上困难和机遇是并存的，遇到问题、解决问题才能让自己成长得更快。我有信心克服和解决工作中的困难。此前我也曾遇到过一个很有挑战的项目，但是通过个人的努力圆满完成了任务。"

面试官："团队工作中，同事不配合你的工作怎么办？"

不要简单地回答"那就换个人"，也不要直接说"向领导汇报"，这样会显得很像小学生跟家长告状。请记住,公司想要招的是一个能够独立承担责任、解决问题的成年人。

建议回答:"首先,我会询问同事不愿意配合的原因。如果是因为他工作忙,而我的项目优先级靠后,我会多承担一部分工作推进项目进程;如果是因为他和我关系不好,那我会尝试去做沟通,表示不要因为个人情绪而影响工作;如果他还是不配合,我再申请上级介入。"

2.非压力性面试:与压力面试相反,非压力面试中,考官力图创造一种宽松亲切的氛围,使应聘者能够在最小压力下回答问题,以获得录用所需的信息。一般除了那些需要真正在压力下工作的岗位之外,非压力面试适用于绝大多数的情况。目前有些人力资源专业人士认为,压力面试不仅不替别人着想且作用不大,而且所获得的信息经常被扭曲、被误解,这种面试所获得的资料不应作为录用决策的依据。

(五)根据面试内容设计的重点分类

1.常规面试:主考官和应试者面对面以问答形式为主的面试。

2.情景面试:突破了常规面试考官和应试者一问一答的模式,引入了无领导小组讨论、公文处理、角色扮演、演讲、答辩、案例分析等人员甄选中的情景模拟方法。

3.综合性面试:兼有前两种面试的特点,而且是结构化的,内容主要集中在与工作职位相关的知识技能和其他素质上。

(六)根据面试途径分类

1.电话面试:不需直接面对面而是以电话交流为途径的面试。

2.视频面试:指通过视频聊天的方式对求职者面试。

3.现场面试:指面试官与求职者面对面直接交流沟通。

二、 面试准备策略

资料准备:提前准备一份个人简历,并准备好笔、照片、证书等资料。对于设计、编辑、文案、产品等相关工作,还需准备一些可展示个人专业能力的作品。

信息准备:面试前,要对行业、单位、岗位、面试安排等信息做充分了解。这包括行业的特点、应聘单位在行业中的位置、岗位的主要职责和内容等。

问答准备:准备一些常规问题,如自我介绍、为什么来应聘这个岗位、自己的优缺点是什么等。同时,也要准备一些可能被问到的看似无关紧要的问题。

形象准备:选择得体的服装,保持整洁的仪表,展现出良好的精神风貌。同时,注意动作、语调等"形象"的准备,如坐姿、表情、神态等。

能力准备:提前准备面试时可能会用到的专业技术和知识,如应聘影视后期制作,一定要熟悉简历中提到的工具与技术。

了解公司和职位信息:在面试前,了解所应聘的公司和职位的相关信息,包括公司的历史、文化、业务范围、竞争对手以及职位的要求和职责等。

准备回答常见问题:提前准备并思考如何回答可能被问到的常见问题,如自我介绍、职业经历、个人的优点和缺点等。

了解面试流程和形式:了解面试的流程和形式,如电话面试、视频面试或现场面试等,以便做好充分准备。

注意形象和礼仪:穿着得体、整洁干净的形象,注意礼貌用语、认真倾听问题并表现出积极的态度。

保持积极心态:对面试充满信心,不要过分担心结果。

三、面试行为策略

提前到达,提前一点时间到达面试地点是非常必要的。去面试时至少要给自己留出 20 分钟的富余时间,这样即使迷路或塞车也能按时到达。如果一切顺利,你可以利用这 20 分钟的时间,待在车内或接待室里稳定情绪,最好是提前 5 分钟到达考官办公室,以示求职的诚意,给对方信任感,同时也有利于调整自己的心理,做一些简单的准备,避免仓促上阵,手忙脚乱。

面试前最好是提前到面试地点去一趟,以避免面试当天迷路。如果面试途中遇到什么预想不到的麻烦事,责任可能不在你,但你一定要采取措施,给主考官打电话,把迟到的原因解释清楚并征求你是否可晚些到达或能否重新安排一次面试。

以友善的态度对待接待人员,不要贸然与之聊天,以防影响他们的工作。接待人员对你有好评自然无害,但一个差的评价将损害无穷。这种评价一般会在你走后向主考官提出。

应试者应先敲门,在得到允许后才可以进入面试现场,接着应试者应向用人单位问好致意,并做自我介绍,此时可以顺手递一份个人简介与特长表,然后在用人单位许可后方可入座。在这个动作的过程中,可以和考官握手,但视情况而定,不要生搬硬套。

在没有听到"请坐"之前,绝对不可以坐下。如果面试官还没有开口,应试者就顺势坐在了椅子上,那么这就已经扣掉一半分数了。当面试官示意请坐时方可就座,坐下时也不要在椅沿上轻坐,要舒服地坐进去,并拢双膝,把手自然地放在上面。

在交谈过程中最好显得拘束一些,不要肆无忌惮,不要随意走动,不要未经允许随便翻阅用人单位的资料,这是一个最起码的礼貌要求。

与用人方交谈过程中不要左顾右盼,显得对用人方的谈话满不在意,不但会影

响对方的情绪,也会影响面试成绩。

四、面试语言策略

(一)口头语言

(1)称呼恰当。称呼恰当,能使对方产生相容心理,感情就较融洽;称呼不当,可能会招致对方的不满或反感。如工厂、企业的同志,你可以称呼"师傅""老师傅";对事业单位的知识分子可以称呼"老师";对外企人员可以称呼"先生""小姐""女士";对党政机关部门人员可以称呼"同志"或者其职务"某科长""某局长"等。千万不要大呼小叫别人的名字。

(2)语言文明。语言文明在一定意义上体现了一个人的文化教养。大学毕业生用语文明与礼节性语言尤为重要,对语言的操作要认真细致,不要将自己不文明的口头语带出来,那样会使场面很尴尬。

(3)语气得体。问话应朴实、简洁,不要过多地提问,以免使面试人产生厌烦情绪。不要说一些不着边际的话,让用人单位产生厌恶的感觉,如"最什么""非我不可"等,会显得应试者不成熟。

(4)语言表达要清晰,不要啰唆。话不在多而在精,回答问题应该简单明了,不要喋喋不休,让面试现场成为你自己的演讲论坛。

(5)语言上应有选择。不要兜售自己的学识,一张嘴就是专业术语,给人一种故弄玄虚的感觉。问答时,最好不要用方言、土语,以免使对方在理解上感到困难。

(二)肢体语言

(1)面部表情。应聘者应积极地控制自己的面部表情,用得体的微笑向面试官传达自己的热情、积极、友善和尊重。事实证明:微笑是传达自信、友好的最好的方式,并且这种微笑只需要维持4秒钟。通过微笑,应聘者的自信和友好也会感染面试官,且使对方不自觉地和其亲切起来。

(2)身体动作。面试过程中用得最多的头部动作便是点头。不断地点头为的是表示自己在注意倾听,并听懂了对方的意思。不过要注意的是,考生对面试官的话不住地点头,会让面试官认为他不耐烦,有话要说。所以也要注意点头的场合及次数。手势语是最重要的肢体动作。和面试官握手时要等面试官的手伸过来之后才能握。握手时态度要坚定,要保证整个手臂呈弧形(90°),双眼要直视对方,有力但不用太使劲地摇两下,然后把手自然地放下。

(三)眼部动作

在面试过程中,考生与面试官的眼神交流,体现了考生对面试官的尊重以及考生对面试官说话内容的重视。但需要注意的是,如果面试官是多人,考生的视线不要只集中在考生希望取悦的目标面试官身上而对其他面试官视而不见,这是种非常不礼貌的行为。

五、面试 STAR 法则

STAR 法则是一种常用的结构化沟通技巧,用于组织和构建故事或回答,特别是在面试中回答行为面试题时非常有效。它代表了四个关键要素:

(1)S(Situation):情境——描述背景,即你在什么情况下采取了行动。

(2)T(Task):任务——说明你在这个情况下的具体职责或目标是什么。

(3)A(Action):行动——阐述你为了完成任务采取了哪些具体措施。

(4)R(Result):结果——分享这些行动带来的结果,尤其是你的贡献如何影响了最终成果。

(一)STAR 法则的两个注意事项

1.头脑风暴

列出自己在校期间参加的所有活动,包括校园经历、实习、与他人合作,尤其那些能够突出你能力的。在头脑风暴环节中,一定要回忆详细,哪怕当时发生了一件小事也可以记录,并且按照时间顺序写下来。

2.挖掘闪光点

在回忆起所有细节后,着重思考自己在这件事情上的作用、闪光点、体现出的能力。在面试中有一些开放性问题,比如"你印象最深刻的一件事是什么?"这个时候要回答那些能够特别突出自己能力的例子。

图 11-1 为 STAR 法则。

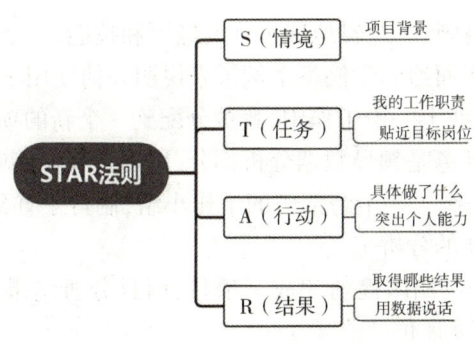

图 11-1　STAR 法则

(二)STAR 法则的使用方法

1. Situation：情境

S 是事情发生的背景，可以是项目介绍，例如，为什么会有这件事情发生等。在描述时，凸显这件事的价值。一定要注意，在面试中，阐述的例子最好是通过自己努力获得的，而不是项目本身很好，大势所趋，我们只需要顺水推舟。与其介绍项目背景有多厉害、多宏大，倒不如说一些项目背景小，但有一定难度，通过自己努力，深度参与，获得了一些成果。

2.Task：任务

T 指在这件事中的任务是什么，承担什么职责。

在面试中，除了说自己的任务，还要提团队的任务，因为自己的任务是团队的任务的一部分。

3.Action：行动

A 是为了完成任务采取的策略、方法等。对于自己做的事情，详细地拆分开，按照一二三四说明。如果采用了哪些新方法和新思路，一定要讲出来。在这里可以突出自己的能力和闪光点，并且着重突出自己在团队中的作用和价值。切记，不要否定团队。现在讲求团队协作，如果只说自己厉害，而说团队不行，可能会留下自大的不良印象。

4.Result：结果

R 是结果，这件事情取得了哪些成果，有没有完成目标。最好用一些数据展示自己的结果，比如转化率提高 10%、引流 1000 人等。着重突出通过自己的努力取得的成果。

这种方法有助于清晰、有逻辑地展示你的经历和技能，让面试官更好地理解你的工作方式和成就。下面给同学们举个例子来说明如何使用 STAR 法则：

S（Situation）："在我上一份工作中，我被分配到一个新的项目团队。"

T（Task）："我的任务是领导数据分析部分，以确保我们能够按时完成项目。"

A（Action）："我组织了一个跨部门的工作小组，制订了详细的数据收集计划，并培训团队成员使用新的分析工具。"

R（Result）："我们的团队提前完成了项目，而且分析结果提高了 20% 的准确性，得到了管理层的高度评价。"

使用 STAR 法则的关键是要确保回答既具体又相关，突出优势，并且回答要与应聘职位的要求相匹配。这样可以让回答更加有力，同时也能展示自身的问题解决能力和团队合作能力。

面试中常见的问题有很多种类,但大多数都可以用 STAR 法则来回答。以下是一些典型的问题以及如何运用 STAR 法则来构建你的回答:

(三) STAR 法则回答法

1.请描述一次你解决问题的经历

S:提供问题发生的上下文。

T:解释你需要解决的具体问题。

A:描述你采取哪些步骤来解决问题。

R:结果如何,你从中学到了什么?

2.谈谈你在团队中遇到冲突的情况以及如何处理的

S:描述冲突发生的背景。

T:说明你的角色和责任。

A:讲述你是如何介入和解决冲突的。

R:冲突解决后的积极结果。

3.举例说明你如何在压力下工作

S:描述压力情境。

T:你的任务或目标是什么?

A:你如何应对这种压力?

R:你的行动带来了什么样的结果?

4.给我一个你如何达成困难目标的例子

S:背景信息,目标是什么?

T:为什么这个目标具有挑战性?

A:你采取了哪些行动去实现它?

R:最终的结果和你学到的经验。

5.描述一次你领导他人的经历

S:情境,何时何地你担任领导角色。

T:你的任务或项目的目标。

A:你如何指导和激励他人?

R:团队的成果和个人的成长。

6.谈谈你如何处理反馈的例子

S:反馈来自哪里,关于什么?

T:你需要改进的地方。

A:你如何接受并利用这些建议?

R：改进的结果和反馈对你职业发展的影响。

每个回答都应该围绕技能和成就来构建，强调贡献，并且尽量与申请的职位相关联。

(四) 其他面试常见问题及回答方法

1. 请你自我介绍一下

这是面试中最常见的问题之一，通过这个问题，面试官希望从候选人的回答中了解其基本信息、教育背景、工作经验和个人特点。正确的回答应当简洁明了，突出重点，言之有物。

参考回答：您好，我是×××，毕业于××大学××专业，很高兴能有这次面试机会，今天我应聘的岗位是××。在校期间，我做过××事情，主要负责××（重点说与应聘岗位内容相关联的）获得了××成绩，锻炼了我××能力，积累了××经验（重点讲与应聘岗位相匹配的能力与经验，最好提供实例与数据支撑）。这份工作与我的技能非常匹配，是我想要从事的工作（表达对职位的喜欢）。我了解到贵公司的企业文化是××，我很喜欢贵公司的企业文化（表达对公司的认同）。我很看好××行业的长期发展（表达对行业的认同）趋势。

2. 你认为你最大的优点是什么？

这是个很常见的面试题，看似简单却很容易导致对面试的回答不满意。这里需要注意的是所回答的点一定要和你应聘的岗位相匹配，不然这个不匹配的优点在 HR 看来就不是优点，然后回答一定要符合 STAR 法则，一定要有例子，以此证明这的确是你的优点。

参考回答：我认为我最大的优点是执行能力强，具体来说就是面对一个任务，只要我确定了目标和实现路径，我不会犹豫和拖延，会立马执行，然后在过程中进行优化迭代。比如在学生会工作的时候，我的部长给我布置了一个很紧急并且我完全没有做过的项目，我在做了任务的分析和背景调查后，当天就做出来完成这个目标的 To-do list，第二天就马上开始逐一执行，然后及时根据进度、反馈调整，最后成功在计划前一天提前完成了任务，所以我认为执行力强是我自身的优点。同时我觉得对于我应聘的岗位，这个优点可以让我在工作中及时验证用户反馈，帮助团队实现目标。

3. 你认为你最大的缺点是什么？

这个问题的不当回答很容易与岗位要求相冲突。而你的一些回答不但无关痛痒，反而在委婉地夸赞自己（比如完美主义），阅人无数的面试官一下就听出来了。回答这个问题时，一定要真实回答缺点，但缺点一定不要是与岗位要求冲突的，同时最重要的是，最后要说明你是如何克服缺点的。

参考回答:我认为我最大的缺点是团队管理能力不够,认识到这个缺点是我创业过程中阶段性复盘时候发现的。比如在我们开始做一个新项目的时候,我们一起定了很多目标,自驱力促使我积极去做,但是可能由于我无法给其他同事足够的激励,导致他们的积极性不高。后来为了克服这个缺点,我自己参加了许多创业训练营,也看了很多德鲁克的管理学书籍,有了一部分的提升,但是目前在这方面我还需要努力。

4.我们为什么要录取你?

这个问题其实是"你最大的优点是什么"的变体,在这块只要罗列 2~3 个你和这个岗位匹配的特质就可以了,这个问题需要注意两点:一是要匹配;二是要有例子来证明。一个加分点是,可以在正式回答前加入几句你想要加入该公司的原因,向面试官传达你是真的很想加入他们公司。

参考回答:在投递之前我就想过自己能否被录取的问题,但是我觉得我很喜欢贵公司和这个岗位,原因是××。同时,我认为我个人的能力和经验与这个岗位比较匹配,原因有以下三点:第一点是我的专业与岗位比较匹配,我们学的×× 课程、××课程与 ×× 课程让我学习到了××与××;第二点是我过去的实习经历与岗位要求比较匹配,过去我在×× 公司与×× 公司做的项目都涉及×× 能力与××能力;第三点是我认为自己的自驱力和学习能力还可以,而且贵公司的该业务我很感兴趣,我相信虽然我的经验不算多,但是我一定可以尽快熟悉业务,给团队增加价值。

5.你的兴趣爱好是什么?

这道题很少有同学入坑,但是大多数同学的答案平平无奇,没有亮点。这是一道可以让面试官感受你"独特性"的问题,所以对于这个问题可以提前准备一些比较奇特的角度,比如冥想、攀岩、手绘等。注意,不要为了独特而独特,而是要通过你的回答升华到一个个人"特征"的独特性,比如冥想可以让你更好地与自己相处,攀岩可以让你学会正确面对生活的挑战。

参考回答:我自己的兴趣比较广泛,但我觉得我最特别的一个兴趣就是"坐公交",我经常在空闲的时候随便搭乘一辆公交去看城市的街道,更重要的是我觉得公交上总是有各种各样的人来来往往。我经常喜欢和自己玩一个游戏,就是通过观察穿着、面部表情猜一下这个陌生人到底是做什么工作的,有时遇到感觉比较特别的人,我会去验证我自己的答案。更重要的是,我觉得这对于我的共情能力、观察能力很有帮助,对我后来的人际交往也有帮助,同时我觉得这个过程很有趣也很减压。

6.你会如何处理工作中的压力?

这道题主要从两个方面来回答:一是你怎么缓解压力;二是你如何解决压力。

注意,不要只说如何缓解压力,更要向 HR 证明你解决问题的能力,这个才是合格职场人应该具备的素质。

参考回答:我觉得我会从以下三个方面来解决压力。第一是认知层面,我觉得有压力是特别正常的一件事情,任何一个高速发展的团队、寻求上进的人都会遇到压力,所以我会告诉自己不要因为压力而烦躁。第二是我会选择通过其他活动放松心情,比如去健身房锻炼或者看一小会儿书籍。第三部分我觉得是最重要的,就是除去压力本身,我应该考虑是什么导致的压力,是我自己的工作方法还是项目本身出现了问题,我会根据反馈进行调整以获得更好的结果。

7. 你对薪资有什么期望?

首先了解清楚对方的薪资架构,婉转地告诉面试官可以商量,如果达到了自己的心理底价,也可以自信地回答低于这个价不考虑了。

参考回答:请问贵公司的岗位薪资架构是怎么样的呢?(先了解清楚薪资架构,一般常见的是底薪+绩效+提成,如果招聘网站写的是 9~14K,假如你的心理价位是 10K,那么你就要提高一点以免被压价。)在面试前,我也了解过该岗位在行业的薪资范围。看贵公司的薪资范围是 8~11K,综合我的能力及贵公司的薪酬体系,我希望能往上有一个浮动,所以我期望的薪资是:10K 底薪+绩效+其他福利。

8. 你是如何看待加班的?

应聘者需要根据自身情况和职位要求,合理表述对加班的态度,强调个人职业素养和工作效率。

参考回答:如果是工作需要,我会义不容辞加班。我现在单身,没有任何家庭负担,可以全身心地投入工作。但同时,我也会提高工作效率,减少不必要的加班。顺便问一下,公司的加班频率是怎样的?一般因为什么原因加班呢?

9. 你对我们公司有何了解?

在回答这个问题时,应聘者需要提前对公司进行充分了解,展现对公司的认知和兴趣,表达自己与公司文化和价值观的契合度。

回答公式:公司所处行业近况+公司发展情况+公司定位+岗位内容。

参考回答:经过各个渠道我了解到××行业是朝阳行业,而贵公司是这个行业里排名较前的企业。贵公司现在的发展情况是××,主要也是做××方面的项目内容。公司里面主要设置有××岗位,负责××方向的工作。我在了解后,对公司的价值观和企业文化比较认同,所以希望有幸能成为公司的一分子,与公司一同成长。

10. 你的职业规划是什么?

应聘者在回答这个问题时,需要结合自己的专业背景和个人发展目标,阐述自己的职业规划,并强调与该岗位及公司的相关性。

参考回答:虽然我还在大学阶段,但是我也仔细想过自己的职业规划,我把自己的职业规划分为 3 个阶段。

第一个阶段是成长期,目前我选择的行业是互联网行业,选择的岗位是产品经理,因为这个和我的能力和兴趣比较匹配,我想进入一家喜欢的公司,通过实战和向前辈学习来提升自己担任产品经理的能力进而沉淀自己。第二个阶段是发展期,我希望在这个阶段能接触到团队的核心业务,获得快速成长,在获得竞争力的同时给公司带来价值。第三个阶段离我比较遥远,我把它定义为收获期,这个时期我希望能够通过努力获得职业竞争的机会。这是我目前简单的一个规划,我也知道职业发展是一个动态的过程,所以之后我也会随着职业环境的变化做出及时调整,及时优化自己的发展,也希望听听您的建议。

11.你的上一段实习的持续时间为什么这么短?

这道题主要是考查候选人的忠诚度,并且调研候选人是否存在一些影响工作的严重个人问题,比如人际能力、合作能力等。如果有其他没有严重影响的原因,可以如实回答。但回答这个问题切记:不管你的实习公司多么不好,在面试的时候千万不要说前任公司的不好,可以将原因归结如下。

参考回答:这段实习的时间的确有些短,主要原因在于这份实习所做的岗位内容和我的职业发展方向不太相符,因为在我实习的过程中公司经历了业务调整,我们项目组由 ToC 业务变成了 ToB 业务,但是我自己从第一段实习就决定了要做 ToC 的产品经理,而且我的过往经历和 ToB 业务也不是很匹配,所以在和领导沟通后选择了离职。他是一位很好的领导,对我的决定也比较支持,最后出于职业发展的考虑,我和同事交接完就在约定时间离职了。

12.你的工作业绩很好,得到了领导的认可,但是同事却孤立你,你会如何处理?

这个问题主要考查候选人的人际关系能力、解决问题的能力。回答这个需要注意两点:一是不要把过错推在领导、同事身上,要从自身找原因。二是切记有逻辑地表述自己的问题解决能力。

参考回答:首先,我觉得工作的目标很重要,但是一个和谐的同事关系对于将来的工作推进很重要,所以如果我遇到这个问题,一定要解决它,而不是觉得自己业绩好就不管不顾。其次,我会反思或者询问亲近的同事,从他们身上获得反馈,然后整理、总结反馈信息,思考是否存在某些原因或者是否存在一些误会。最后,如果我意识到这个问题,也会注意工作方法,多换位思考,避免出现误会。

13. 我看你的性格比较文静,不爱说话,你会怎么和同事相处?

首先要明确,每个人都有自己的面试方式,不是话痨就能有更高的胜率,也不是所有面试官都喜欢话痨的面试者。但是，一定要证明你自己的沟通能力，注意你的回答要满足一个基本要求：证明你的语言表达能力不会影响你的工作。这个问题对于"社恐"同学反而是一个加分项，因为你可以通过这个回答证明你自己虽不太爱说话，但其实具备"倾听"能力。

参考回答：的确，我感觉自己的性格比较文静，平时我在和朋友聊天过程中70%的时间都在倾听，在明确同学的想法后才表达自己的看法，我觉得这样的沟通方式会让我更清楚地洞察到别人的需求和情感，因此，虽然我不是特别外向的性格，但是因为喜欢"倾听"也有蛮多的朋友。在工作当中，我会更加关注工作目标的实现。如果我的工作需要我沟通很多才能更好推动的话，我肯定会为了完成任务而与上级、同事多沟通的，我不会让自己的性格影响工作进度的。

14.你的意向工作地是哪里？原因是什么？

面试官问这个问题的原因在于：想要通过这个问题考察你的稳定性，因为公司招人都是有成本的，没有 HR 愿意发了 offer 以后，候选人因为工作地不匹配没接 offer 或者短期就离职了。在回答的时候说和求职岗位所匹配的目的地就好，原因从职业发展的方向来回答。注意，一定不要说"因为男朋友在这边""这座城市比较好玩"之类不专业、不稳定的话。加分的点在于：可以在这里提下我很想去这家公司，证明忠诚度。但是注意不要过度。

参考回答：我意向的工作地是深圳，这是我大三时候就确定的，这座城市和我的职业发展方向比较匹配。原因有以下两点：第一点是因为我很想去××公司，本科的时候在××公司实习，那段时光让我收获很多，所以我想去××公司总部工作。第二点是因为我觉得深圳这座城市很有活力，我平时喜欢抽时间去学习充电，那么在深圳这边我有很多机会去参加互联网行业的沙龙和讲座，对我将来的职业发展很有帮助。以上是我想要去深圳工作的原因。当然，如果公司对于这个岗位的安排在其他城市，我也可以考虑其他城市。

15.你为什么申请这个岗位？

从以下两个方面回答，一是"我很想去这家公司"，二是"我的能力和兴趣与该岗位比较匹配"。

注意不要只用形容词去夸这家公司/这个岗位，而是要用你自己的例子证明你和这个岗位比较匹配 。

参考回答：我申请这个岗位有两个原因。一是我很想去××公司，我觉得××公司"因为相信，所以看见"的价值观我很认同，同时××的这个业务和我的职业方向也很匹配。二是我觉得自己的过往经历和产品经理这个岗位能很好地匹配，比如我在字节实习时候做的××工作让我学习了"用户调研、PRD 文档撰写"等技能，这些经历也和这个岗位比较契合。综合以上两点,我选择申请这个岗位。

16.如果我们没有录取你,你会怎么办?

面对这个问题首先要做的是不要慌,面试官问这个问题的原因一定不是不想录取你,如果你真的比他的要求低很多,他反而不会问你这个问题。提这个问题的原因在于两点:①他在对你进行压力面试。②他在考察你的临场应变能力。知道这个点后,你的思路就很简单了,固定套路是"反思原因+提升能力"。当然,还有一个小技巧,你可以在前面加一句"首先我会感到很难过,因为××公司是我最想去的一家公司"。切记,不要表演。过度表演只会让面试官觉得你虚伪。

参考回答:我觉得我会感到很难过,因为贵公司是我很想加入的一家公司,而且我认为这个岗位和我的职业发展方向也很匹配。但是如果我没有通过,我会首先复盘自己没能通过的原因,找到自己不足的地方。然后,我会想办法进行弥补,比如咨询下成功上岸的学长学姐、报一些可以弥补缺陷的课程,或者再做一段实习,提升自己的实践能力。我相信下一次我的表现一定会比这次好。

17.你什么时候可以入职?

这个问题就比较简单了,可以按照自己的真实情况回答,如果和领导的要求不匹配,可以表示自己愿意在能力范围内尽快到岗。

18.谈一下你对于××行业、××技术发展趋势的理解。

这个问题太常见了,面试官想要通过这个问题考查你是否具备"持续学习能力"。这道题非常考验平时的积累,说到这里,注意,同学们,一定要平时养成看行业新闻的习惯,不仅对你求职有帮助,对你的成长也有帮助。同时,也一定注意,求职可以临时抱佛脚,但更重要的是平时的积累和大量练习。注意,这道题没有标准答案,你怎么理解就怎么说,但是回答一定要有逻辑。

参考回答:对于 AI 技术的发展,我持非常乐观的态度,我的理解可以分为以下三点。第一点,×××(举例说明)。第二点,×××(举例说明)。第三点,×××(举例说明)。我的理解比较浅薄,您可以给我一些建议吗?

19.你的朋友是怎么评价你的?

一定要注意:面试的本质是一场沟通,沟通最重要的是真诚,适当隐藏下缺点无可厚非,但是过度"表演"一定骗不了阅人无数的 HR,比如很多同学的答案"我的朋友说我是个完美主义者"。这道题唯一注意的就一个点:可以说优点,也可以适当说些缺点,但是缺点一定不要说和岗位冲突的点。比如"朋友说我时间管理能力较差",这样的评价说出来直接就被淘汰了。

参考回答:我朋友对我评价还挺多的。我觉得评价最多的一点,也是我最喜欢的一点是"主动性比较强",比如我在本科的学习过程中,除了专业课,我自学了小红书的运营。因为我觉得在自媒体时代掌握一项技能很重要,虽然没有人强迫我去学,但是我依旧给自己安排了详细的学习计划。我觉得我收获很多,并且对于我现在面试产品运营所要求的"用户分析、内容运营"也有一定帮助。当然,朋友也会说一些缺点,比如"平时生活有些宅"以及"对于陌生人有些害羞",这些缺点我也在努力克服。

20.你通常怎么对待别人对你的负面评价?

这道题思路很简单,就是我们中国人说的一句话"时常反思,有则改之,无则加勉"。注意:要通过这个问题证明你自己的谦逊态度及反思能力。

参考回答:其一,从心态上来讲,我觉得别人的负面评价不管对错,都是对于我的提醒,至少有人愿意告诉我需要注意的地方,这对于我的成长是很有帮助的。其二,我会分析他这样评价的原因,是不是我自己真的做得很不好,或者是我的行为让他产生了误会。如果真的是我做得不好,我会立刻去改正。如果是我们相处有了误会,我会和他道歉并且和他解释清楚,我不想因为误会影响我们的关系和工作。如果他的负面评价完全是他自己的错误观点,我不会去争论,但也会把他的观点作为警示,提醒自己不要犯类似的错误。

第二节　笔试策略

一、笔试类型

1.技术性笔试

这类笔试主要针对研发型和技术类职位的应聘。这类职位的特点是对于相关专业知识的掌握要求比较高;题目特点是主要涉及工作需要的技术性问题,专业性比较强。这类考试的结果和大学四年的学习成绩密不可分。因此,要成功应对这类的考试,需要坚实的专业基础。

2.非技术性笔试

这类笔试一般较为常见,对于应试者的专业背景的要求也相对宽松。非技术性笔试的考查内容相当广泛,除了常见的英文阅读和写作能力、逻辑思维能力、数理分析能力外,还会涉及时事政治、生活常识、情景演绎,甚至智商测试等。

具体类型包括以下几项:

(1)英文笔试。这是在所有的笔试中占的比例最大的一类非技术性笔试,其考查的重点主要是阅读理解能力和写作能力,即表达能力。

（2）数理分析能力考查。典型的题型包括数列的规律、速算、平面几何和立体几何的一些简单应用。

（3）知识域的考查。所谓知识域,主要包括一些常识性的问题和时事方面的内容。这类题目涉及的知识范围比较广:如三角形中一个"!"的交通标志表示什么意思？电脑操作中"打印文档"的快捷键是什么？"知人者智,自知者明"出自哪里？等等。

（4）语言理解和表达能力的测试,比较类似于高考的语文,例如,对于语病的判断、选择合适的词填入、成语的辨析、句群大意的归纳等。

（5）逻辑推理的能力。逻辑推理能力的考查主要包括两种题型:一种是图形的推理题,指通过寻找一定的规律来找出相似的图形或者不属于同类的图形。另一种是文字的分析推理题,考查对充分条件、必要条件和充要条件的理解和判断,这类题目多以生活化的场景来演绎,并不拘泥于简单的数学表达形式。

二、常见笔试内容

知识面的考核:主要是一些通用性的基础知识和担任某一职务所要求具备的业务知识。

智力测试:主要测试毕业生的记忆力、分析观察能力、综合归纳能力、思维反应能力以及对新知识的学习能力。

技能测验:主要是针对受聘者处理问题的速度与质量的测试,检验其对知识和智力运用的程度和能力。

性格测试:主要是通过一些精心设计的心理测验试题或一些开放式的问题来考查求职者的个性特征。

专业知识测试:根据申请的职位,可能会有关于专业领域的知识测试,如编程、会计原则、市场营销策略等。

技能评估:包括数学、逻辑推理、语言能力或其他与工作相关的技能测试。

性格或心理测试:这些测试旨在了解个性特征、工作风格和潜在的职业倾向。

案例研究:根据实际工作中可能出现的问题,要求分析一个案例并提出解决方案。

情景模拟:模拟实际工作场景,考查反应和决策能力。

语言能力测试:如果工作涉及多语言环境,可能会有阅读、写作和口语测试。

图形解读:比如图表、数据表的解读能力。

计算机操作测试:对于 IT 职位,可能会有特定软件的应用测试。

三、做好笔试准备

查看笔试要求,了解题型和考查内容,练习类似的问题和题目类型,注重解题思路和方法,而不仅仅是答案,在规定时间内完成题目,注意时间管理。对于主观性的试题,建议结合自身专业和应聘职位的特点区别作答,才是最好的结果。此外,应充分利用网络资源,进行相关信息的搜集。

1.了解笔试内容和形式

在准备笔试之前,首先要了解笔试的具体内容和形式,包括题型、难度、时间限制等。查看招聘公告或联系招聘方,获取有关笔试的详细信息。

2. 制订复习计划

根据笔试的内容,制订一个详细的复习计划。将需要复习的知识点进行分解,并分配到每天或每周的复习计划中。设定明确的目标和时间表,确保按计划进行复习。

3. 复习相关知识和技能

根据招聘岗位的要求,重点复习与该岗位相关的知识和技能。回顾大学或工作中的相关课程或项目经验,加深理解和记忆。

4. 练习模拟试题

找到一些模拟试题或历年真题进行练习。通过练习,熟悉题型和答题技巧,提高答题速度和准确性。

5. 注意答题技巧

在答题时,注意时间管理,先易后难,确保能够完成所有题目。对于不确定的题目,可以先做标记,等完成其他题目后再回头思考。

6. 保持良好的心态

笔试只是求职过程中的一个环节,不要过于紧张或焦虑。保持自信,相信自己的充分准备和努力会得到回报。

第六章

毕业去向落实

 学习目标

1. 掌握毕业去向的分类、相关概念和手续办理方式。
2. 掌握协议就业的概念、签订流程和合法权益。
3. 掌握热门毕业去向的招录条件和报名方式。

 本章综述

　　本章主要重复介绍大学生就业的基础性内容,通过对一些基础概念的介绍,使学生对就业有初步的认识和了解。学生在择业时也可以经常翻阅本章内容,作为参考资料,对学生做出就业选择和办理相关手续具有较强的参考价值。本章共分为三节:第一节主要介绍毕业去向的产生、国家对毕业去向的定义以及相关政策的发展与演变;第二节主要介绍毕业去向分类,学生可以通过本章了解到不同毕业去向分类的概念、招录方式和办理手续方法;第三节则主要讲重点毕业去向类型的就业方式、招聘条件、聘用流程和政策法规等内容,并给出一定的就业建议。

第一节 ⬡ 毕业去向

毕业去向是我国高校毕业生就业制度中一个专有名词,毕业去向落实率统计由就业率统计发展而来,是普通高校毕业生就业统计的重要指标,对于毕业生了解指标含义、了解就业的基本理论很有帮助。本节由毕业去向的概念入手,首先介绍其概念。之后,介绍我国高校毕业生就业制度的沿革,使学生能够了解我国就业制度的发展与演变,更好地理解、吸收相关知识。

一、毕业去向的概念

2021 年 5 月,教育部办公厅下发《关于进一步做好普通高校毕业生就业统计与核查工作的通知》,文件提出准确把握就业统计指标。就业统计对象是普通高等学校、科研院所具有普通高等教育学籍且取得毕业资格的所有本科、专科(高职)学生和研究生,包含定向、委培等。为更加准确反映高校毕业生升学、就业等毕业去向情况,从 2021 届起,将"就业率"改为"毕业去向落实率"。针对高校毕业生就业出现的新情况,教育部对就业统计指标进行了修订。

毕业去向是指毕业生在完成学业后选择的不同就业或继续深造的方向。2024年,毕业去向主要分为三大类,分别为:就业、升学、未就业。其中就业又分为:单位就业、自主创业、自由职业;升学分为:境内升学、境外留学;未就业分为:待就业、暂不就业。

二、我国高校毕业生就业制度的发展

我国高校毕业生就业制度的形成与发展,与我国社会发展阶段息息相关。我国的经济制度从计划经济体制到现在的市场经济体制,发生了根本性的改变,从高度统一的计划分配机制向市场化机制变革。从 2000 年开始,教育部将原来的"派遣证"改为"报到证",确立了毕业生在就业过程中的自主地位,标志着双向选择的就业模式的基本形成。2023 年,为了简化优化求职就业手续。国务院发布文件提出稳妥有序推动去向就业报到证。从 2023 年起,不再发放就业报到证,报到证至此成为历史。

(一)计划经济体制下的高校毕业生分配制度

高校毕业生分配制度的建立。高校毕业生就业制度是一个与时俱进的体系,在我国的发展历史中经历了多次变革和改进。在新中国刚成立之初,伴随着社会

主义计划经济体制的建立,针对我国经济、教育发展和人才供求状况不平衡的实际情况,逐步建立起与计划经济体制相适应的高校毕业生分配制度,确定了"高等学校毕业生的工作由政府分配"的原则,制定了"根据国家需要,集中使用,重点配备和一般照顾"的基本方针。在这个时期,政府规定了高校毕业生的就业方向和数量,分配就业成为主要方式。当时的大学生就有三种就业方式:分配到国家机关、分配到企事业单位和分配到农村插队。这三种就业方式一直延续到 20 世纪 80 年代中期。

(二)市场导向、双向选择的就业机制的形成与发展

随着社会主义市场经济体制的确立与不断完善,我国劳动人事制度改革的逐步深入,高校毕业生就业原来的"高度计划""统包统分""包当干部"的机制已经严重地制约了就业工作的发展,新的形势要求这种制度必须向市场化的新机制发展。1989 年,国务院批准转发了国家教委《关于改革高等学校毕业生分配制度的报告》和《高等学校毕业生分配制度改革方案》(即"中期改革方案")。报告中指出高等学校毕业生分配制度改革的目标是:在国家就业方针、政策指导下,逐步实行毕业生自主择业,用人单位择优录用的"双向选择"。到 1994 年,全国大部分院校的毕业生都已按照"中期改革方案"的就业模式就业。自此,"双向选择"的就业模式在全国高性中普遍推广实行,多种形式的高校毕业生就业市场开始逐步形成。

(三)高校毕业生就业政策及管理体制

2022 年国务院办公厅发布《关于进一步做好高校毕业生等青年就业创业工作的通知》要求,稳妥有序推动取消就业报到证。从 2023 年起,不再发放《全国普通高等学校本专科毕业生就业报到证》和《全国毕业研究生就业报到证》(以下统称就业报到证),取消就业报到证补办、改派手续,不再将就业报到证作为办理高校毕业生招聘录用、落户、档案接收转递等手续的必需材料。提供求职就业便利。取消高校毕业生离校前公共就业人才服务机构在就业协议书上签章环节,取消高校毕业生离校后到公共就业人才服务机构办理报到手续。应届高校毕业生可凭普通高等教育学历证书、与用人单位签订的劳动(聘用)合同或就业协议书,在就业地办理落户手续(超大城市按现有规定执行);可凭普通高等教育学历证书,在原户籍地办理落户手续。教育部门要健全高校毕业生网上签约系统,方便用人单位与高校毕业生网上签约,鼓励受疫情影响地区用人单位与高校毕业生实行网上签约。对延迟离校的应届高校毕业生,相应延长报到入职、档案转递、落户办理时限。

第二节 ◇ 毕业去向的分类

2022 年国务院办公厅《关于进一步做好高校毕业生等青年就业创业工作的通知》发布后,中共中央组织部、人力资源和社会保障部、教育部、公安部、国务院国资委等五部门发布《关于做好取消普通高等学校毕业生就业报到证有关衔接工作的通知》要求,要完善毕业去向登记。从 2023 年起,教育部门建立高校毕业生毕业去向登记制度,作为高校为毕业生办理离校手续的必要环节。高校要指导毕业生(含结业生)及时完成毕业去向登记,核实信息后及时报省级教育部门备案。实行定向招生就业办法的高校毕业生,省级教育部门和高校要指导其严格按照定向协议就业并登记去向信息。高校毕业生到户籍和档案接收管理部门办理相关手续时,教育部门应根据有关部门需要和毕业生本人授权,提供毕业生离校时相应去向登记信息查询核验服务。

毕业去向登记制度 2023 年正式开始实施,主要是为了采集毕业生毕业去向信息、核实毕业生毕业去向状况、办理毕业生离校时的档案户口转递,是采集、核实毕业生就业状况的一种手段;是过去毕业生派遣的简化版和反向版;是高校为毕业生办理离校手续的必要环节。因此每一名学生都要了解毕业去向,本节主要介绍毕业去向分类,各类毕业去向的基本概念,就业手续的办理,毕业去向登记等相关内容。下面根据《关于做好 2024 届全省普通高校毕业生就业状况监测工作的通知》,逐一介绍不同毕业去向的概念与手续办理的方式。

一、就业

就业是毕业去向分类中的根本大类,虽然近年来升学逐渐成为我校本科毕业生主要就业方式,不少本科毕业生将升学作为主要的意向,但是升学只是毕业生找到更满意工作的一种途径,升学之后也要面临毕业时就业的问题,因此即便是选择升学的毕业生也应该了解本节的内容。

(一)单位就业

单位就业顾名思义,到单位就业,这里的单位既是企业,也可以是党政机关、事业单位、科研院所、部队等各类性质。单位就业也是就业几个子分类中占比最高的。单位就业又分为:签就业协议形式就业、签劳动合同形式就业、其他录用形式就业、科研助理/管理助理、应征义务兵、国家基层项目、地方基层项目等 7 大类,下面逐一介绍。

1.签就业协议形式就业

对于应届毕业生而言,签就业协议形式就业是毕业生到单位就业的主要形式,主要分为以下几种情况:

(1)与就业单位签订省级就业部门统一制定的就业协议书。就业单位指国家机关、事业单位、社会团体、企业、个体经济组织、民办非企业单位等组织:依据签订的省级就业部门统一制定的就业协议书(含电子协议书)或相关制式协议书,需盖有单位人力资源(人事)部门公章或单位行政公章。

(2)具有人事调配权限的单位出具的接收毕业生及其人事关系(档案、户口、党团组织关系等)的录用接收函:依据用人单位出具的录用接收函、公示材料。考取公务员一般采取这种形式。

(3)定向、委托培养毕业生回原定向、委托培养单位(地区)就业:依据毕业生与定向委培单位(地区)签订的定向、委培协议。

(4)部队招收军士或文职人员:依据招收军士或文职人员协议书。

(5)医学规培生:依据与规培基地签订的协议书。

(6)国际组织任职:依据国际组织出具的接收材料。

(7)出国、出境就业:依据国(境)外用人单位出具的接收证明或出国签证文件。

毕业去向登记时需要注意的事项:

(1)单位名称内写通过工商注册的具体单位名称,不得含某某人社局等字样。

(2)单位性质可填:机关、科研设计单位、高等教育单位、中等/初等教育单位、医疗卫生单位、其他事业单位、国有企业、外商投资企业、个体工商户、其他企业(含民营企业等)、部队、农村建制村、城镇社区、社会组织、国际组织等。

(3)"院,所,校,社,馆,台,站,中心,园,小学,中学,大学,处,局,会,队,中,小,科,厅,林场,少年宫,校区,管理署,学区,室,部,训练基地"结尾的单位名称,单位性质才可以填"科研设计单位、高等教育单位、中初教育单位、医疗卫生单位、其他事业单位"。

(4)新增个体工商户单位性质,当社会信用代码头两位为92时,表示该企业为个体工商户,需选此单位性质,属于灵活就业范畴。

2.签劳动合同形式就业

毕业生依法与用人单位签订劳动合同:依据与就业单位签订的由人社部门统一制定或者能通过人社部门备案的劳动合同。

应届毕业生绝大多数在离校前与用人单位签订就业协议书,而正式入职后再签订劳动合同,而在毕业时直接与用人单位签订劳动合同的情况则较少。这里需要注意,签订就业协议书又被称为签订三方协议,三方指用人单位、毕业生、学校三方。而签订劳动合同则没有学校一方,缺少了学校对应届毕业生的保护,因此毕业生在签约劳动合同时要慎重选择。

3.其他录用形式就业

用人单位不签订就业协议或劳动合同,仅提供聘用证明、工资收入流水等证明材料:依据用人单位出具的聘用证明或其他相关证明材料,聘用证明或其他相关证明材料,应包含离校后聘用期限不低于6个月、工资收入不低于当地最低工资标准等内容,由院、校两级就业部门负责同志审核签字(章)。

注意事项:

(1)证明材料要求发生变更,证明材料应包含离校后聘用期限不低于6个月,且院校两级就业部门负责同志审核签字。

(2)不在整体算作灵活就业,只有当用人单位为个体工商户时才计入灵活就业。

4.科研助理/管理助理

为博士后、科研辅助研究、实验技术、技术经理人、学术助理、财务助理等。

包含以下两种情况:

(1)科研助理、管理助理:依据高校、科研机构或企业出具的证明和薪酬达到当地最低工资标准证明。

(2)博士后入站:依据劳动(聘用)合同、协议书、接收函、商调函、《博士后研究人员备案证明》。

5.应征义务兵

应征义务兵是指从2010年开始,部队每年从应届高校毕业生中征收义务兵。这一政策是为了鼓励和吸引优秀青年参与国防建设,同时也是国家对应届高校毕业生的一种特殊招募方式。

应征义务兵非士官:依据预定兵通知书或入伍通知书或征兵网截图。

6.国家基层项目

(1)国家特岗教师

特岗教师是中央实施的一项对西部地区农村义务教育的特殊政策,通过公开招聘高校毕业生到西部地区"两基"攻坚县以下农村学校任教,引导和鼓励高校毕业生从事农村义务教育工作,创新农村学校教师的补充机制,逐步解决农村学校师资总量不足和结构不合理等问题,提高农村教师队伍的整体素质,促进城乡教育均衡发展。

中央"特岗计划"实施范围为:原集中连片特殊困难地区、中西部国家扶贫开发工作重点县和省级扶贫开发工作重点县,西部地区原"两基"攻坚县(含新疆生产建设兵团的部分团场),纳入国家西部开发计划的部分中部省份的少数民族自治州以及西部地区一些有特殊困难的边境县、少数民族自治县和少小民族县。

(2)三支一扶

三支一扶,即选派高校毕业生到基层从事支教、支农、支医和帮扶乡村振兴的服务项目。

①支教计划

农村地区由于各种原因导致教育发展面临着较大困难。支教计划人员到师资紧缺的基层义务教育学校从事支教服务。通过派遣大学毕业生到农村从事教育工作,可以为农村学校引入新的教学理念、教育资源和教育创新方案,提高教师素质和教育水平,进一步改善农村教育条件,为农村经济发展培养更多的人才。对于支教计划人员,部分地区报考可能存在要求须是已取得教师资格证的高校毕业生,具体以每年各省公告为准。

②支农计划

农村地区是农业生产的重要基地,农业是农村地区的重要经济来源,而由于人力资源和技术水平的限制,农村农业发展滞后。支农计划人员到乡镇或农技服务部门从事支农服务。派遣大学毕业生到农村从事农业技术推广及农产品加工等工作,可以为农村农业带来新的科技和管理理念,提升农业生产效率和质量,推动农村农业向现代农业转型,为农村经济的发展提供强力支撑。对于支农计划人员,部分地区报考可能存在要求林业岗位须是林学、林业类、园林、计算机科学与技术专业的高校毕业生,具体以每年各省公告为准。

③支医计划

农村地区卫生条件相对较差,医疗资源匮乏,基层医疗服务不足。支医计划人员到乡镇卫生院从事支医服务。通过派遣大学毕业生从事卫生服务工作,可以为农村居民提供更高质量的医疗服务和健康指导,提高农村居民的健康水平,有效解决基层医疗资源不足的难题,推动农村卫生保健事业的发展。对于支医计划人员,部分地区报考可能存在要求须是医疗卫生类专业的高校毕业生,持有护士执业资格证、健康照护师证、医学检验专业技术资格证、医师资格证、医师执业证等职业技能等级证书,具体以每年各省公告为准。

④帮扶乡村振兴

帮扶乡村振兴计划原为扶贫计划。2021年年初,中国宣告脱贫攻坚战取得了全面胜利,因而政策要由集中资源支持脱贫攻坚向全面推进乡村振兴转变。帮扶乡村振兴人员到乡镇从事帮扶乡村振兴开发项目服务,一般对报考帮扶乡村振兴岗位人员无特别要求,具体以每年各省公告为准。

（3）西部计划

从 2003 年起，团中央、教育部、财政部、人力资源和社会保障部联合实施大学生志愿服务西部计划，每年招募一定数量的普通高等学校应届毕业生或在读研究生，到西部基层开展为期 1~3 年的志愿服务。西部计划实施 21 年来，已累计招募派遣超过 50 万名大学生志愿者在 2000 多个县（市、区、旗）基层服务。西部计划已成为有效的就业促进工程、人才流动工程、卫国戍边工程、乡村振兴协力工程和实践育人工程，引导着一批批大学生将个人命运与国家发展有机结合，到祖国和人民最需要的地方，在火热的基层实践中坚定理想信念、锤炼意志品格、增长本领才干。

①服务内容

西部计划的服务内容分为乡村教育、服务乡村建设、健康乡村、基层青年工作、乡村社会治理、卫国戍边、服务新疆、服务西藏 8 个专项，志愿者服务期为 1~3 年，服务协议一年一签。

②西部计划志愿者选拔标准

拥护中国共产党领导，热爱祖国、热爱人民、热爱社会主义，理想信念坚定，思想政治素质好；到岗之前获得毕业证书和学位证书；通过西部计划体检；有志愿服务经历的优先录用。

（4）大学生乡村医生专项计划

依据签订的省级就业部门统一制定的就业协议书（含电子协议书）或相关制式协议书、录用单位出具的录用文件、有关部门出具的接收证明、公示材料。

为促进乡村医疗卫生体系健康发展，补充和优化乡村医生队伍，提升乡村医疗卫生服务水平，促进医学专业高校毕业生就业，经研究决定，"十四五"期间在部分省份实施大学生乡村医生专项计划（以下简称"专项计划"），由各省专项招聘医学专业高校毕业生免试注册为乡村医生到村卫生室服务，并加大激励和保障力度，引导大学生乡村医生服务农村、扎根农村。

①专项计划实施范围和实施对象

已经实施医学专业高校毕业生免试申请乡村医生执业注册的省份，包括河北省、山西省、内蒙古自治区、辽宁省、山东省、湖北省、湖南省、广东省、广西壮族自治区、海南省、四川省、贵州省、云南省、西藏自治区、陕西省、甘肃省、青海省、宁夏回族自治区、新疆维吾尔自治区，其他有意愿的地区可参照执行。面向符合免试申请乡村医生执业注册条件的医学专业高校毕业生（含尚在择业期内未落实工作单位的毕业生），由有关省份组织专项招聘，免试注册为乡村医生到村卫生室服务。

7.地方基层项目

（1）地方特岗教师

省级特岗（地方特岗）教师是国家对某省实行特岗计划。

（2）地方选调生

选调生，是各省党委组织部门有计划地从高等院校选调品学兼优的应届大学本科及其以上毕业生到基层工作，作为党政领导干部后备人选和县级以上党政机关高素质的工作人员人选进行重点培养的群体的简称。

（3）农技特岗

农业技术推广服务特设岗位（以下简称"农技特岗"）计划由原农业部牵头，人力资源和社会保障部、教育部和科技部共同组织实施。从2013年开始，每年招募一批普通高等学校应届毕业生，到乡镇或区域性农业技术推广机构从事为期2~3年的农业技术推广、动植物疫病防控、农产品质量安全服务等工作。

农技特岗人员主要来源为全国普通高校应届或近年内往届毕业生、高校毕业后到农村从事"三支一扶"工作人员、高校毕业后到村组织任职人员等。原则上要求具有全日制普通高校涉农专业专科以上学历，具备从事基层农业技术推广工作必需的政治、业务和身体素质。农技推广特岗计划采取"政府引导、个人自愿、单位聘用、部门认定"的人员管理机制。

（4）乡村教师

乡村教师是指在乡村学校工作的教师，出现于二十世纪五六十年代。为解决农村教育问题，各级政府采取措施，大量招收乡村教师。

（5）其他地方基层项目

依据签订的省级就业部门统一制定的就业协议书（含电子协议书）或相关制式协议书、录用单位出具的录用文件、有关部门出具的接收证明、公示材料。

（二）自由职业

指以个体劳动为主的一类职业，如作家、自由撰稿人、翻译工作者、中介服务工作者、某些艺术工作者、互联网营销工作者、全媒体运营工作者、电子竞技工作者等；依据毕业生本人签字确认的证明材料，材料需说明从事的职业内容、收入情况等，收入需达到当地最低工资标准，由院、校两级就业部门负责同志审核签字（章）。

证明材料要求发生变更，毕业生收入证明变为必要材料。不再填写单位性质。要有院、校两级就业部门负责同志审核签字（章），计入灵活就业统计中。

（三）自主创业

自主创业指创立企业（包括参与创立企业），或是企业的所有者、管理者。其包括个体经营和合伙经营两种类型。

自主创业包含以下四种情况：

1.创立公司：依据创立企业的工商执照、股权证明或其他证明材料。

2.在孵化机构创业：依据未创立公司，依据与孵化机构签订的协议或孵化机构提供的证明材料。

3.个体工商户创业:依据工商执照或其他证明材料。

4.电子商务创业:依据未创立公司,以及依据网店网址、网店信息截图和交易流水等可反映网店正常经营状态的证明材料。

二、升学

(一)境内升学

1.研究生

研究生是指本科生被录取为硕士研究生或硕士研究生被录取为博士研究生。对于本科生考取研究生而言,整体流程如下,每年 9 月份开始预报名,10 月开始正式报名,12 月 23/24/25/26 日为初试时间。次年 2 月份公布成绩,3 月份公布分数线,5 月份之前复试结束。请学生妥善安排好复习时间,按时完成相关考试。

2.第二学士学位

根据国家教委、计委、财政部(87)教计字 105 号文件,第二学士学位在层次上属于大学本科后教育,与培养研究生一样,同是培养高层次专门人才的一种途径。第二学士学位授予资格,需经教育部审批,只有教育部批准设置第二学士学位专业的高等学校才有权颁发第二学士学位证书。限在部分办学历史较久、师资力量较强、教学科研水平较高的本科院校中试行。

这里需要强调的是,第二学士学位与在校期间的辅修并不是同一概念。第二学士学位毕业证书:根据教育部规定的统一格式制定颁发第二学士学位毕业证书和学位证书,并根据《高等教育学历证书电子注册管理暂行规定》进行学历电子注册。对于辅修而言,由校方颁发辅修专业证书,辅修专业毕业证不进行电子注册。

(二)境外留学

毕业生出国、出境留学:依据国(境)外高校录取通知书。这里出国、出境也包含在港澳台地区留学。受新冠疫情影响,毕业生选择境外升学的人数有明显下降,但随着疫情结束,境外留学人数有所回升,但就我校而言还没有恢复到疫情前的水平,对于学生而言,目前国内升学压力逐年加大,建议家庭条件能够支持的学生可以考虑境外留学。

目前,对于境外留学所需提供的毕业去向登记信息较多,需要学生提供留学国家/地区、留学院校中文名称、留学院校外文名称、留学专业中文名称、留学专业外文名称、留学学历、留学学科门类、出国时间、留学学业结束时间、留学学位授予时间、留学类别等信息。请学生在填报毕业去向时留意。

三、未就业

近年来,受疫情和经济形势的影响,毕业生就业选择考研、考公的人数增多,而这也是未就业群体的重要组成部分。同时,毕业生"慢就业"现象加剧,学生毕业时不急于就业,利用一段时间调整自己,理清思路,寻找适合自身的就业方向。但是对于应届毕业生而言,黄金就业期并不长,错过之后,到校招聘的企业数量和质量都将大幅下降,因此对未就业的学生而言,为了提升帮扶效果,毕业生需要对自身的就业意向进行准确的登记,学校会根据学生登记的信息,智能推送就业岗位,帮助学生就业。那么本节的主要内容就是讲解未就业的类型和概念,以及如何做好未就业的登记工作。针对未就业的毕业生,根据是否有就业意愿分为两大类,分别为"待就业""暂不就业"。

(一)待就业

有就业意愿但仍未就业被称之为待就业。主要分为以下几类:求职中、签约中、拟参加公招考试、拟创业、拟应征入伍、就业见习。

1.求职中

求职中是指毕业生意向单位就业,还没有找到合适的单位,但是不包含报考公务员等政策性岗位,对于此类毕业生,还需要填报就业意向单位,意向就业的地区和投递简历次数等,学校会根据学生填报的信息开展就业岗位的推荐工作。

2.签约中

签约中是指毕业生已经基本确定了工作,但是还在办理手续。对于不同的用人单位而言,手续办理时间也不尽相同。相对而言,企业对比机关事业单位手续办理要快一些,但是对于部分国有企业,其内部手续办理较为复杂,时间也会较长。而对于报考政策性岗位,比如公务员,在公示之后到正式签约有时甚至需要数月的时间。需要注意的是,部分毕业生在确定了自己将要录取的单位时就将自己的就业方案填报为签就业协议形式就业,但是无法提供就业证明材料,影响学校的毕业去向落实率统计。

3.拟参加公招考试

拟参加公招考试不仅是指毕业生准备报考公务员,而是泛指报考政策性岗位,这里除了公务员,还包括选调生、事业编、教师编、军队文职等,属于此类的毕业生均可填报此项。

4.拟创业

准备进行创业的毕业生应选择此项。

5.拟应征入伍

有入伍意向的毕业生应选择此项。

6.就业见习

参与未就业见习项目的毕业生应选择此项。

(二)不就业拟升学

不就业拟升学是指毕业生不找工作,选择考研。

(三)其他暂不就业

1.暂不就业

毕业生由于各类原因不想找工作应填此项,需要填报暂不就业的具体原因。但是如果是毕业生因考研而选择暂不就业应该选择不就业拟升学,不应该选择此项,这也是学生容易混淆的问题,填报时要注意。

2.拟出国出境

毕业生想要境外留学的属于此项。

第三节　大学生就业形式

一、就业协议与劳动合同

(一)签订《就业协议书》

1.《就业协议书》的定义

所谓协议,是指当事人之间确立、变更、终止民事权利和义务关系的法律行为。《就业协议书》是由教育部统一制定、省教育厅印制的具有法律效力的书面材料,也是明确毕业生、用人单位、学校三方在毕业生就业工作中权利和义务关系的书面表现形式。《就业协议书》的使用对象为国家计划内统招非定向毕业生(含本科毕业生和毕业研究生),定向生、委培生按定向委培协议就业,不使用《就业协议书》。

教育部在《关于修订〈普通高等学校毕业生就业协议书〉若干意见的通知》中明确指出,《就业协议书》是普通高校毕业生与用人单位在正式确立劳动人事关系前,经双向选择,在规定期限内就确立就业关系、明确双方权利和义务而达成的书面协议;是用人单位确认毕业生相关信息真实可靠以及接收毕业生的重要凭据,是高校进行毕业生就业管理、编制就业方案以及毕业生办理就业落户手续等有关事项的重要依据。

(二)《就业协议书》签订流程

1.纸质《就业协议书》签订流程

(1)毕业生和用人单位达成就业意向之后,将《就业协议书》中"毕业生情况"栏填好并在本人签名处签字后,与《就业推荐表》《成绩单》等材料一起交给接收单位;

(2)用人单位填写"用人单位情况"栏,签署同意接收该毕业生的意见并盖章,将《就业协议书》交给毕业生;

注:用人单位应注明可以存放档案的名称和地址,若用人单位没有人事决定权,则档案存放在当地人社局,一旦签署,则生效。"用人单位上级主管部门或所属地人社局意见"为非强制要求盖章,根据实际需求盖章。

(3)毕业生将《就业协议书》交由学院审核并加盖学院就业专用章后,学生将加盖公章的《就业协议书》上传至就业信息网的就业方案中。

2.网络签约流程

网络协议与纸质版《就业协议书》具有同等法律效力,只能选择其中一种方式进行签约。在签约之前需考虑清楚,慎重签约,避免因违约对自己、对家庭和学校带来负面影响。目前网络签约也有多种形式,部分高校建立了自己的网络签约系统,可以通过学校网站进行签约。如果学校没有建立相关系统,部分省份有全省通用的签约系统,而教育部也建有就业平台且可以网络签约。

(三)《就业协议书》签订注意事项

1.要认真地了解和掌握国家和省、市的就业政策和学校的就业规定。政策和规定是指引毕业生择业的方向,可以规定毕业生择业的行为,毕业生从中可了解到可以做什么,不可以做什么,或者怎样去做。

2.慎重签订《就业协议书》。毕业生在与用人单位签订《就业协议书》前,要认真阅读协议书中的全部条款,尤其是用人单位提出的附加条款,需了解清楚条款的内容和含义。明确单位是否解决档案及户口,毕业生如还有考研、出国等计划,需向用人单位提前说明情况。

3.约定条款的合理性和可接受性。毕业生在与用人单位进行约定的时候要注意:约定的条件是否合理;约定的条款毕业生本人能否承受(例如对于违约问题,部分用人单位为了约束毕业生违约,约定的违约金数额过高,使学生难以承受)。

4.毕业生只能与一家用人单位签订《就业协议书》。学校毕业生就业主管部门在毕业生签订就业协议书过程中实行其监督和管理职责,所以毕业生签订就业协议书必须在有关政策和规定范围内进行。

5.对于自己的切身利益也应在协议中予以说明。如:是否允许考研,工作合同期限,见习期和转正后的报酬,是否按国家规定为自己缴纳有关社会保险等,但应与用人单位沟通好之后填写,否则用人单位可能会因条款不合适而拒绝签约。

6.在与用人单位签约后,应及时将《就业协议书》上传至就业信息网就业方案。

7.目前,部分用人单位不直接与毕业生签订《就业协议书》,而是委托派遣服务中介公司招收员工,毕业生在与派遣服务中介公司签订《就业协议书》时,首先要弄清楚其资质及法人资格,避免陷入签约陷阱。

(四)《就业协议书》解除与违约责任

解除就业协议分为单方解除和双方解除。单方解除,包括单方擅自解除和单方依法或依协议解除。单方擅自解除协议,属违约行为,解约方应征得另两方同意,并承担相应的违约责任。单方依法或依协议解除是指一方解除就业协议有法律上的或协议上的依据,如学生未取得毕业资格,用人单位有权单方解除就业协议;或依协议规定,毕业生被录取研究生后,可解除就业协议,毕业生未通过用人单位所在地组织的公务员考试,用人单位有权解除协议等。此类单方解除,无须承担法律责任。双方解除,是指毕业生与用人单位,经协商一致同意取消原订立的协议,使协议不发生法律效力。此类解除是双方当事人真实意向的体现,双方均不承担法律责任,但须征求学校同意。

《就业协议书》明确规定了用人单位和毕业生双方的责任、权利和义务,具有法律效力。毕业生和用人单位任何一方不履行协议或履行协议不符合约定条件时均可视为违约。不论任何一方违约,都应承担相应的违约责任。

目前的违约责任主要以违约金的形式体现,违约金是双方可约定的内容。毕业生和用人单位可以约定是否设置违约金以及违约金的金额,目前尚无具体的法律或政策规定违约金的限额。不论如何约定,约定结果都应在《就业协议书》上注明。

毕业生违约,除造成本人承担违约责任,支付违约金这一影响外,往往还会造成其他不良的后果,主要表现在:

第一,就用人单位而言,用人单位往往为录用毕业生做了大量的工作,有的甚至对毕业生将要从事的具体工作也有所安排。一旦毕业生因某种原因违约,势必使用人单位的录用工作徒劳一场,在时间上也不允许重新开展招聘工作,给用人单位招聘工作造成被动。

第二,就学校而言,用人单位往往将毕业生违约行为归为学校的责任,从而影响学校和用人单位的长远合作。从历年情况来看,一旦毕业生违约,则受损的用人单位在几年之内都不愿到学校来挑选毕业生,在一定程度上影响了学校以后的毕业生就业。

第三,就其他毕业生而言,用人单位到学校挑选毕业生的名额是有限的,一旦与某毕业生签订就业协议,其他学生便丧失了到此单位工作的机会,造成就业资源的浪费,影响其他毕业生就业。因此,毕业生在就业过程应慎重选择,认真履约,避免因违约给自己、对家庭和学校带来负面影响。

(五)签订劳动合同

1.劳动合同定义

劳动合同是劳动者与用人单位确立劳动关系、明确双方权利和义务的协议,是劳动者与用人单位依据《劳动合同法》建立劳动关系的书面法律凭证。

签订劳动合同意义重大,如果没有劳动合同,劳动者在工资收入、工作时间、工作条件等方面与用人单位发生争议时,会由于没有有效证据而遭受损失。可以说,劳动合同是每个劳动者保护自己合法权益的有力武器。首先,签订劳动合同可以强化用人单位和劳动者双方的守法意识;其次,签订劳动合同可以有效地维护用人单位与劳动者双方的合法权益;最后,签订劳动合同有利于及时处理劳动争议,维护劳动者的合法权益。

2.劳动合同内容

劳动合同按照不同的标准可划分为不同的种类。以合同的目的为标准,划分为聘用合同、录用合同、借调合同、停薪留职合同;以合同的有效期为标准,划分为有固定期限的合同、无固定期限的合同和以完成一定工作为期限的合同。我国《劳动法》规定,劳动合同应当以书面形式订立,即应采用书面协议。劳动合同的书面形式有主件、附件之分,劳动合同的主件即为劳动合同书,附件一般指劳动合同的补充协议,如岗位协议书、专项劳动协议、用人单位依法制定的内部劳动规则等。

根据《劳动合同法》的规定,劳动合同的内容可以分为必备条款和普通条款两个部分。必备条款也称法定条款,就是在劳动合同中必须具备的内容,不可缺少。必备条款主要包括:

第一,劳动合同的期限。劳动合同的期限就是合同开始的时间和结束的时间,应届毕业生所遇到的劳动合同绝大多数是有固定期限的,一定要注意劳动合同中对期限的约定,以及关于期限违约责任的约定。

第二,工作内容。规定就业者在该单位做什么工作,是劳动合同中确定的劳动者应当履行的劳动义务的主要内容。如销售人员的合同中应该注明工作的内容是"销售",具体承担公司哪些产品的销售等。

第三,劳动保护和劳动条件。用人单位对劳动者的工作必须提供合适的生产、工作条件和劳动安全卫生设施、劳动防护用品等。如建筑工人应该发放安全帽,高空作业采取哪些保护措施等。

第四,劳动报酬。劳动报酬主要表现为用人单位根据劳动者劳动岗位、技能及工作数量、质量,以货币形式支付给劳动者的工资。劳动合同中关于劳动报酬的约定应该包括工资的数额、支付日期、支付地点以及其他社会保险(如养老、失业、医疗、工伤、生育等)待遇。

第五,劳动纪律。劳动纪律指劳动者在劳动过程中必须遵守的劳动规则,包括国家法律、行政法规以及用人单位内部的厂规、厂纪、对劳动者的个人纪律要求等。

第六,劳动合同的终止条件。一般是指劳动者和用人单位在国家法律、行政法规规定的劳动合同终止的条件以外,协商确定的劳动合同终止的条件,即劳动合同终止的事实理由。

第七,违反劳动合同的责任。在劳动合同履行过程中,当事人一方故意或过失违反劳动合同,致使劳动合同不能正常履行,给对方造成经济损失时应承担的法律后果。

3.劳动合同签订流程

我国《劳动合同法》规定,签订劳动合同要遵循平等、自愿、协商一致的原则,不得违反法律和行政法规的规定。劳动合同依法订立即具有法律效力,当事人必须履行劳动合同规定的义务。

(1)平等原则。平等原则是指订立劳动合同的双方当事人法律地位平等。毕业生在合同上签字前要仔细阅读合同条款,要坚持将内容含糊的条款改写清楚,对不合法的内容要据理力争,以维护自己的合法权益。

(2)自愿原则。自愿原则是指劳动者要完全出于自己的意愿签订劳动合同,用人单位不能强迫或欺骗劳动者签订劳动合同。

(3)协商一致原则。协商一致原则是指劳动合同的各项条款是经过平等协商后取得的一致意见。

(4)合法原则。合法原则是指签订劳动合同的双方不得违反法律和行政法规的规定,也就是说,订立合同的主体和内容必须合法。

劳动合同的变更,是指双方当事人对尚未履行或尚未完全履行的合同,依照法律规定的条件和程序,对原劳动合同进行修改或增删的法律行为。劳动合同变更应遵循平等自愿、协商一致的原则,不得违反法律法规的规定。任何一方不得擅自变更劳动合同,否则要承担相应的法律责任。劳动合同的变更一般是协议变更,双方当事人就变更的内容及条件进行协商,达成一致意见,应签订书面协议。我国劳动法规定,提出变更劳动合同的一方,给对方造成经济损失的,应当承担赔偿责任。

劳动合同的解除,是指劳动合同当事人在劳动合同期限届满之前依法提前终止劳动合同关系的法律行为。劳动合同的解除可分为协商解除、用人单位单方面解除、劳动者单方面解除以及自行解除等。

劳动合同的终止,是指符合法律规定或当事人约定情形的劳动合同的效力即行终止。我国《劳动法》规定:"劳动合同期满或者当事人约定的劳动合同终止条件出现,劳动合同即行终止。"

(六)《就业协议书》与劳动合同的区别

《就业协议书》和劳动合同都是用人单位录用毕业生时所订立的书面协议,但两者既相互联系,又有所区别。

1.主体不同

《就业协议书》是毕业生在校时,由学校作为见证方,与用人单位平等、自愿、协商签订的,适用于任何单位;劳动合同是毕业生与用人单位明确劳动关系中权利义务关系的协议,只要双方当事人协商一致,符合国家的法律、政策、法规,无欺诈、胁迫等手段,经双方签字盖章,合同即生效。

2.内容不同

《就业协议书》的内容主要是毕业生如实介绍自身情况,并表示愿意到用人单位就业,用人单位表示愿意接收毕业生,学校同意推荐毕业生并列入就业方案进行派遣,不涉及毕业生到用人单位后的权利与义务。劳动合同的内容涉及用人单位的名称、住所和法定代表人或者主要负责人,劳动者的姓名、住址和居民身份证或者其他有效身份证件号码,劳动合同期限,工作内容和工作地点,工作时间和休息休假,劳动报酬,社会保险,劳动保护、劳动条件和职业危害防护,以及法律、法规规定应当纳入劳动合同的其他事项。劳动合同除前款规定的必备条款外,用人单位与劳动者可以约定试用期、培训、保守秘密、补充保险和福利待遇等其他事项。

3.时间不同

《就业协议书》是在毕业生毕业之前签订,一旦签订就具有法律约束力,毕业生到用人单位报到以后,就业协议书自动失效,如果毕业生与用人单位在工资待遇、住房等方面有事先约定,可在就业协议书的约定条款中注明,附后补充,日后订立劳动合同时对此内容应予以认可。劳动合同是毕业生到用人单位报到后签订,毕业生在校期间不能签订劳动合同。

4.作用不同

《就业协议书》是毕业生和用人单位关于将来就业意向的初步约定,和对即将签订劳动合同内容的基本认可,一经毕业生、用人单位、高校、用人单位主管部门签字盖章,即具有一定的法律效力,是制定毕业生就业方案和处理可能发生违约情况的判断依据。劳动合同则是用人单位和毕业生依据《劳动法》和《劳动合同法》签订,是表明用人单位和劳动者劳动关系的依据。

5.法律适用不同

《就业协议书》产生的纠纷,依据民法和教育部、各地方政府的部门规章处理。劳动合同产生的争议依据《劳动法》和《劳动合同法》相关法规解决。

6.适用人员不同

劳动合同可以适用于各类人员。凡是中华人民共和国公民,只要有劳动合同并符合法律规定的条件,经过供需见面、双向选择,一经录用都可以与用人单位签订劳动合同。就业协议书只适用于高校各层次应届毕业生。

二、政策性岗位就业

(一)公务员

国家公务员是指依法履行公职、纳入国家行政编制、由国家财政负担工资福利的工作人员,是干部队伍的重要组成部分,是社会主义事业的中坚力量,是人民的公仆。

报考时间:

从 2002 年起,中央、国家机关公务员招考工作的时间被固定下,报名时间在每年 10 月中旬,考试时间在每年 11 月末或 12 月初。省以下国家公务员考试时间尚未固定,欲报考者应密切关注各类新闻媒体有关招录公务员的信息。

招考对象:

国家公务员考试是面向全国进行招考的,没有户籍限制,各地区参考人员可以自由报考。

报考条件:

具有中华人民共和国国籍;18 周岁以上、35 周岁以下,应届毕业硕士研究生和博士研究生(非在职)年龄可放宽到 40 周岁以下;拥护中华人民共和国宪法;具有良好的品行;具有正常履行职责的身体条件;具有符合职位要求的工作能力;具有大专以上文化程度;具备中央公务员主管部门规定的拟任职位所要求的其他资格条件。

招考职位明确要求有基层工作经历的,报考人员必须具备相应的基层和生产一线工作经历。基层和生产一线工作经历,是指具有在县级以下党政机关、国有企事业单位、村(社区)组织及其他经济组织、社会组织等工作的经历。离校未就业高校毕业生到高校毕业生实习见习基地(该基地为基层单位)参加见习或者到企事业单位参与项目研究的经历,可视为基层工作经历。在军队团和相当于团以下单位工作的经历,可视为基层工作经历。报考中央机关的人员,在地(市)直属机关工作的经历,也可视为基层工作经历。

招考职位要求有农村基层服务项目工作经历的,是指报考人员为服务期满且考核合格的"选聘高校毕业生到村任职工作""农村义务教育阶段学校教师特设岗位计划""三支一扶"计划或"大学生志愿服务西部计划"等四类人员。

曾因犯罪受过刑事处罚的人员和曾被开除公职的人员,在各级公务员招考中被认定有舞弊等严重违反录用纪律行为的人员,现役军人、试用期内的公务员、在读的非应届毕业生、公务员被辞退未满 5 年的,以及有法律规定不得录用为公务员的其他情形的人员,不得报名。报考人员不得报考录用后即构成回避关系的招考职位。

关于以上报考时间、招录流程和招聘条件仅供参考。每年相关信息可能会发生变化,考前请仔细阅读招聘公告。

(二)事业编制

事业编制,是指为国家创造或改善生产条件、增进社会福利,满足人民文化、教育、卫生等需要,其经费一般由国家事业费开支的单位所使用的人员编制。

招聘对象:事业单位招聘人员应当面向社会,凡符合条件的各类人员均可报名应聘。

招聘条件:具有中华人民共和国国籍;遵守宪法和法律;具有良好的品行;岗位所需的专业或技能条件;适应岗位要求的身体条件;岗位所需的其他条件。

全国事业单位联考报名时间一般是在 4 月、9 月(每年时间不定,或提前或延期,具体以官方发布信息为准)。各省、市或各机关单位单独发布的事业单位报名时间全年不定。

关于以上报考时间、招录流程和招聘条件仅供参考。每年相关信息可能会发生变化,考前请仔细阅读招聘公告。

(三)军队文职

军队文职人员全称"中国人民解放军文职人员",是指在军民通用、非直接参与作战且社会化保障不宜承担的军队编制岗位从事管理工作和专业技术工作的非现役人员,是军队人员的组成部分。

报考条件:

报考人员应当符合《中国人民解放军文职人员条例》规定的基本条件,同时具备下列资格条件:①政治条件。应当符合军队招录聘用文职人员政治考核的标准条件。②学历条件。一般应当具有普通高等学校全日制本科以上学历。报考在艰苦边远地区、岛屿的岗位,以及有毒有害等特殊岗位的,可不做全日制要求。驻艰苦边远地区、岛屿的单位定向招考军队烈士和因公牺牲军队人员的配偶子女、未婚军队烈士的兄弟姐妹以及现役军人配偶,除教学、科研、工程、医疗专业技术岗位外,报考学历要求可以放宽至大学专科。报考护理、艺术、体育专业岗位的,报考人员的学历可以放宽至大学专科。③资格条件。应当具有招考岗位要求的职称和职业资格。除法律、法规明确规定的外,报考初级专业技术岗位,以及博士研究生报考中级专业技术岗位的,不做职称要求。④身体条件。应当符合《军队选拔军官和文职人员体检标准》规定的招录聘用文职人员体检标准条件。其中,身高标准总体执行《军队选拔军官和文职人员体检标准》,用人单位可以根据文职人员选拔需要适当放宽,但男性不得低于160厘米、女性不得低于155厘米;经中央军委机关部委、战区、军兵种、中央军委直属单位、武警部队认定的高层次人才、特殊专业人才,以及相关急需紧缺专业人才,身高标准可以再做适当放宽。⑤年龄条件。报考九级文员以下管理岗位或者初级专业技术岗位的,年龄为18周岁以上、35周岁以下;报考八级文员、七级文员管理岗位或者中级专业技术岗位的,年龄为18周岁以上、45周岁以下。⑥其他条件。除上述条件外,用人单位可以根据军事职业特点和岗位职责要求,对招考岗位设置不超过3个附加条件。

关于以上报考时间、招录流程和招聘条件仅供参考。每年相关信息可能会发生变化,考前请仔细阅读招聘公告。

(四) 直招军官

"直招"是指直接选拔招录普通高等学校应届毕业生,主要是指依托地方优质教育资源选拔引进部队建设急需紧缺人才,补充到现役军官特别是专业技术军官岗位。

军官是被授予少尉以上军衔的现役军人,是党和国家干部队伍的重要组成部分,军官按照岗位性质分为指挥管理军官和专业技术军官。指挥管理军官就是指军长、师长、团长等行政职务,专业技术军官主要是在专业技术岗位从事技术工作的军官,有研究员、教授、高级工程师等。

招录基本条件

1.直接选拔招录对象

主要从"双一流"建设高校及建设学科的理学、工学应届毕业生中选拔,军队建设急需紧缺专业也可适量从非"双一流"建设高校及建设学科、但本科为第一批次录取的应届毕业生中择优选拔。

根据工作需要,可以从国(境)外教育机构或者中外联合培养的应届毕业生中选拔。国(境)外教育机构颁发的学历、学位证书,应当经过中国留学服务中心认证。

成人教育、网络教育、开放教育和职业教育的毕业生,以及普通高等学校招收的定向就业毕业生、被作留级处理或者中途休学超过半年(不含应征入伍)的毕业生,不得列入直接选拔招录范围。

直接选拔招录对象,除应当符合规定的军人基本条件以外,还应当符合下列条件:

(一)全日制本科以上学历且在规定学制内取得相应学位;(二)本科生、硕士研究生、博士研究生年龄分别不超过 24 岁、29 岁、34 岁(截至毕业当年 6 月 30日),其中,工作急需的博士研究生,以及少数民族和曾经服过现役的毕业生,年龄可以放宽 1 岁;(三)参加军队组织的体格检查,且结论为合格。

2.初选入围后,根据报名对象填报的本科入学前户籍所在地,安排到就近军队体系医院进行体检。

关于以上报考时间、招录流程和招聘条件仅供参考。每年相关信息可能会发生变化,考前请仔细阅读招聘公告。

(五)应征入伍

1.报名条件

(1)应征入伍征集对象范围及年龄条件

①男兵应征报名对象及年龄条件

根据 2024 年应征报名通知,普通高等学校本专科毕业生、上半年符合毕业条件的毕业班学生,本科普通全日制:在校生:18~22 周岁(2002.1.1—2006.12.31 出生的);毕业班学生、应届毕业生、往届毕业生:18~24 周岁(2000.1.1—2006.12.31出生的);非普通全日制:在校生、毕业班学生、应届毕业生、往届毕业生:18~22 周岁(2002.1.1—2006.12.31 出生的)普通高等学校本专科毕业生、上半年符合毕业条件的毕业班学生、研究生毕业生及在校生放宽至 26 周岁(1998.1.1—2006.12.31 出生的)。

②女兵应征报名对象及年龄条件

根据 2024 年应征报名通知,上半年应征报名:普通高等学校和科研机构全日制应届毕业生及在校生,18~22 周岁(2002.1.1—2006.12.31 出生的);全日制研究生应届毕业生及在校生,18~26 周岁(1998.1.1—2006.12.31 出生的);2023 年普通高等学校全日制本专科应届毕业生,18~23 周岁(2001.1.1—2006.12.31 出生的)。

下半年应征报名:普通高等学校和科研机构全日制应届毕业生及在校生,18—22 周岁(2002.1.1—2006.12.31 出生的);全日制研究生应届毕业生及在校生,18—26 周岁(1998.1.1—2006.12.31 出生的)。

(2)视力基本要求:

任何一眼裸眼视力低于 4.5,不合格;任何一眼裸眼视力低于 4.8,需进行矫正视力检查,任何一眼矫正视力低于 4.8 或矫正度数超过 600 度,不合格;屈光不正经准分子激光手术(不含有晶体眼人工晶体植入术等其他术式)后半年以上,无并发症,任何一眼裸眼视力达到4.8,眼底检查正常,除条件兵外合格。条件兵视力合格条件按有关标准执行。

(3)服兵役时间:

义务兵服役时间一般为两年。

2.报名时间、招录流程及相关优惠政策

(1)报名时间:

全国征兵(男兵)2024年应征报名时间:上半年应征报名:2023年12月1日至2024年2月18日18时;下半年应征报名:2023年12月1日至2024年8月10日18时。

全国征兵(女兵)2024年应征报名时间:上半年应征报名:2024年1月1日至2024年2月18日24时;下半年应征报名:2024年7月1日至2024年8月10日24时。

(2)预征流程

5-6月:学生向所在学校武装部门或学生管理部门报名。

5-6月:按照当地征兵办公室的统一安排,参加身体初检、政治初审。

6月15日前:被确定为预征对象后,填写《应届毕业生预征对象登记表》(以下简称《登记表》)和《应征入伍高校毕业生补偿学费代偿国家助学贷款申请表》(以下简称《申请表》)。在校期间获得国家助学贷款的毕业生,提供与国家助学贷款经办银行签订的毕业后还款计划书复印件,一并交到学校。

6月30日前:《登记表》和《申请表》经学校确认并加盖公章后,由预征对象本人保存。

10月31日前:预征对象到入学前户籍所在地报名应征,并将《登记表》和《申请表》交县(市、区)人民政府征兵办公室。

12月31日前:预征对象经户籍所在地县(市、区)人民政府征兵办公室批准入伍后,收到《应征入伍通知书》。

次年2月后:学校将入伍毕业生补偿学费和代偿国家助学贷款款项汇至指定银行账户或贷款银行。

(3)毕业生优惠政策

复试升学政策:普通高校应届毕业生退役后3年内,或者在校生完成学业后3年内,参加全国硕士研究生招生考试,初试总分加10分,同等条件下优先录取;

在部队荣立二等功及以上的,符合研究生报名条件的可免试(指初试)攻读硕士研究生;

国家资助学费:高校毕业学生入伍享受学费补偿、代偿国家助学贷款和学费减免政策,本科每人每年最高不超过8000元,硕士研究生每人每年最高不超过12000元,按学校实际收取学费金额执行,超出标准部分不予补偿、代偿或减免;

一次性奖励金:从2020年起,对大连市应征入伍服义务兵役的高校毕业生,发放"一次性奖励金及以上学历毕业生15000元/人";

保送入学:大学毕业生士兵参加优秀士兵保送入学对象选拔,年龄不超过26岁,同等条件下优先列为推荐对象,符合有关条件的,可保送入军队院校培训。本科以上学历的,安排6个月任职培训;

纳入基层服务计划,在军队服役5年(含)以上的高校毕业生士兵退役后可以报考面向服务基层项目人员定向考录的职位,同服务基层项目人员共享公务员定向考录计划,优先录用建档立卡贫困户家庭高校毕业生退役士兵。

关于以上报考时间、招录流程、招聘条件和优惠政策仅供参考。每年相关信息可能会发生变化,考前请仔细阅读招聘公告。

(六)选调生

选调生招录分为定向选调和常规选调。定向选调一般为地方面向部分高校进行选调,绝大多数定向选调只针对"双一流"高校进行招录,有时还会限定专业。相较而言,定向选调的岗位一般优于常规选调。比如,定向选调一般会提供市直岗位、县区级岗位,而常规选调则一般提供乡镇一级岗位。

1.报考选调生要求

选调生因为具备后备干部身份,相应报考条件限制也比公务员高得多,报名条件除符合一般国家公务员的报名条件外,还要求是政治素质好、有志于从事党政工作并有发展潜力的优秀学生,主要为:

(1)当年应届毕业生;

(2)党员(含预备党员)、学生干部、校级以上奖励、参军入伍经历,根据公告说明满足其一或其他特殊要求;

(3)学习成绩优良:毕业生在校期间,无论是否修满学分,不得有两门(含同一门两次)及两门以上课程(包括必修课和选修课)不及格、补考或重修。研究生考生以研究生就读期间成绩为准;

(4)年龄要求:应届本科生不超过25周岁,硕士研究生不超过28周岁,博士研究生不超过35周岁;大学期间有参军入伍经历的,按服役年限适当放宽;

以上选调条件只是多个选调公告总结,不代表不满足上述条件的就不能报考,不同地区的选调生招聘条件各不相同,学生在报考选调生时一定要仔细阅读公告。比如某省选调生只要求党员、学生干部、所获荣誉三条满足一条即可,请学生注意甄别。

三、到国际组织实习任职

20 世纪以来,国际组织的数量迅速增加,至今已经达到约 6.3 万个。为了更清晰地了解国际组织,首先要了解国际组织的分类,了解国际组织的概况,加深对国际组织的认识,从而选择合适的国际组织进行认知实习。

(一)国际组织的分类

国际组织是由两个以上国家或其政府、人民、民间团体基于特定目的,以一定协议形式而建立的各种机构。根据参与主体性质分类,国际组织可以分为政府间组织和非政府间组织;按照参与主体的地域范围分类,可以分为区域性国际组织和全球性国际组织。综合两种分类方式,可以归纳出四类国际组织:全球性政府间国际组织、全球性非政府间国际组织、区域性政府间国际组织、区域性非政府间国际组织。如果想要了解官方的国际组织的组成和基本概况,可以查询我国外交部官方网站中"国际和地区组织"项目。

(二)到国际组织实习任职的准备工作

随着中国在全球治理中的作用日益增强,对于国际组织的人才需求也不断增加,到国际组织实习任职作为一种就业方式,正逐渐引起学生的关注和国家的重视。然而到国际组织实习任职竞争激烈,对求职准备工作要求较高。下面介绍几项前期需要准备的工作。

1.了解国家相关政策与信息

学生应首先了解国家相关政策与信息,将其作为准备工作的第一步,可以到"高校毕业生到国际组织实习任职信息服务平台"了解相关信息。该平台为教育部主办,可以查询到最新的招聘信息、国际组织介绍、相关咨询、高校动态、培养培训等相关内容,也可以关注"国际组织人才信息服务网"。该网站为人力资源和社会保障部建设,也可以查询到相关招聘信息。

2.了解国家资助的国际组织实习项目

国家留学基金管理委员会在 2017 年 8 月出台了《留学基金资助全国普通高校学生到国际组织实习选派管理办法(试行)》,明确了受资助的学生享有一次性往返国际旅费,资助期限内的奖学金和艰苦地区补贴,奖学金包括伙食费、住宿费、交通费、电话费、医疗保险费、交际费、一次性安置费、签证延长费、零用费等。

3.参与高校国际组织人才培养项目

目前部分高校都在大力提升国际化办学水平和学生的全球胜任力,学校建立与国际组织实习任职相关的部门,承接一些与国际组织人才培养的联合项目。关注并参与这部分项目对于到国际组织实习任职很有帮助。

四、大学生创业

大学生创业是一种以在校大学生和毕业大学生的特殊群体为创业主体的创业过程。随着我国不断走向转型化进程以及社会就业压力的不断加剧,创业逐渐成为在校大学生和毕业大学生的一种职业选择方式。

(一)税收优惠政策

1.持人社部门核发《就业创业证》的高校毕业生在毕业年度内创办个体工商户的,可按规定在 3 年内以每户每年 12000 元为限额(最高可上浮 20%,具体由各省、自治区、直辖市人民政府根据本地区实际情况确定)依次扣减其当年实际应缴纳的增值税、城市维护建设税、教育费附加、地方教育附加和个人所得税。

2.对高校毕业生创办小微企业的,可按规定享受小微企业普惠性税费政策;创办个体工商户的,对其年应纳税所得额不超过 100 万元的部分,在现行优惠政策基础上减半征收个人所得税。

(二)担保贷款和贴息政策

1.创业担保贷款和贴息支持:可在创业地申请创业担保贷款,最高贷款额度为 20 万元,对符合条件的个人合伙创业的,可根据合伙创业人数适当提高贷款额度,最高不超过总额的 10%。对 10 万元及以下贷款、获得设区的市级以上荣誉的高校毕业生创业者免除反担保要求;对高校毕业生设立的符合条件的小微企业,最高贷款额度提高至 300 万元,财政按规定给予贴息。

2.创业担保贷款申请程序:申请创业担保贷款贴息支持的个人和小微企业应向当地人力资源社会保障部门申请资格审核,通过资格审核的个人和小微企业,向当地创业担保贷款担保基金运营管理机构和经办银行提交担保和贷款申请,符合相关担保和贷款条件的,与经办银行签订创业担保贷款合同。

(三)资金扶持政策

1.免收有关行政事业性收费:毕业 2 年以内的普通高校毕业生从事个体经营的,3 年内免收管理类、登记类和证照类等有关行政事业性收费。

2.求职创业补贴:对在毕业学年有就业创业意愿并积极求职创业的低保家庭、贫困残疾人家庭、原建档立卡贫困家庭和特困人员中的高校毕业生,残疾及获得国家助学贷款的高校毕业生,给予一次性求职创业补贴。

3.一次性创业补贴:对首次创办小微企业或从事个体经营,且所创办企业或个体工商户自工商登记注册之日起正常运营 1 年以上的离校 2 年内高校毕业生,试点给予一次性创业补贴。

4.享受培训补贴:对大学生在毕业年度内参加创业培训的,按规定给予培训补贴。

(四)工商登记政策

简化注册登记手续:创办企业,只需填写"一张表格",向"一个窗口"提交"一套材料",登记部门直接核发加载统一社会信用代码的营业执照,"多证合一"。

(五)户籍政策

取消落户限制:高校毕业生可在创业地办理落户手续(直辖市有关规定执行)。

(六)创业服务政策

1.免费创业服务:可免费获得公共就业和人才服务机构提供的创业指导服务。

2.技术创新服务:各地区、各高校和科研院所的实验室以及科研仪器、设施等科技创新资源可以面向大学生开放共享,提供低价、优质的专业服务。

3.创业场地服务:鼓励各类孵化器面向大学生创新创业团队开放一定比例的免费孵化空间。政府投资开发的孵化器等创业载体应安排30%左右的场地,免费提供给高校毕业生。有条件的地方可对高校毕业生到孵化器创业给予租金补贴。

4.创业保障政策:加大对创业失败大学生的扶持力度,按规定提供就业服务、就业援助和社会救助。毕业后创业的大学生可按规定缴纳"五险一金"。

参考文献

[1] 王海慧.职业规划中自我认知与环境分析的应用研究[J].成才,2024,(05):144-146.

[2] 黄敬壹.高校辅导员对大学生职业生涯规划的重要作用探析[J].公关世界,2024,(05):90-92.

[3] 房立翠.基于职业生涯规划大学生就业创业能力的提高[J].就业与保障,2024,(07):124-126.

[4] 廖丽丽.当代大学生职业价值观培育的特征与路径优化研究[J].湖北开放职业学院学报,2024,37(19):37-39.

[5] 齐敏.大学生思想政治教育与职业发展的关联性研究[J].中国军转民,2024,(18):151-153.

[6] 袁婷婷.职业胜任力视阈下大学生就业能力提升路径研究[J].就业与保障,2024,(09):139-141.

[7] 占学慧,王伟芳,俞金,等.大学生核心自我评价对职业探索的影响:职业价值观和择业效能感的链式中介作用[J].中国健康心理学杂志,2023,31(10):1576-1582.

[8] 李正东,李家成.职业兴趣获得对工作压力的缓解效应与干预机制[J].当代青年研究,2022,(04):43-54+62.

[9] 金琴芳.基于自我认知视角下职业规划之兴趣发展逻辑[J].科学咨询(科技·管理),2022,(08):59-62.

[10] 魏永刚.大学生就业难在哪儿[N].经济日报,2022-07-13(008).

[11] 包枫娇.大学生职业价值观影响因素分析及教育体系构建——评《大学生职业价值观教育体系研究》[J].教育理论与实践,2022,42(20):2.

[12] 敖晶,武荔涵.浅谈性格探索在大学生职业生涯规划中的运用[J].人才资源开发,2022,(15):76-77.

[13] 库德来提·瓦哈甫,秦雪.大学生就业的影响因素与指导对策[J].人才资源开发,2021,(23):46-47.

[14] 门瑞雪.人的全面发展视域下的大学生职业能力培养[J].人民论坛,2021,(36):86-88.

[15] 季小燕.大学生职业生涯的职业兴趣探索[J].现代职业教育,2021,(36):142-143.

[16] 纪曼然.大学生职业认同感培养探究——评《大学生职业发展与就业指导》

[J].中国教育学刊,2021,(03):126.

[17] 李娟,赵静云.基于职业兴趣理论的毕业生就业岗位群特征研究[J].黄山学院学报,2021,23(01):105-109.

[18] 曹如茵.新时代大学生职业生涯规划中的人职匹配研究[J].科技资讯,2020,18(28):251-256.

[19] 张晓梅.大学生的职业人格完善与职业规划教育[J].新西部,2020,(12):136-137.

[20] 石邦宏.新时代大学生多场景职业设计:原理、策略与方法[J].清华大学教育研究,2019,40(05):119-125.

[21] 杨文君,冯绍茹,曲伟.九型人格对大学生职业规划影响的研究[J].现代国企研究,2019,(12):451.

[22] 蒋昀洁,张绿漪,蒋春燕.职业兴趣类型对创业潜能的影响研究——情绪智能和职业成熟度的调节效应[J].软科学,2018,32(05):86-89+104.

[23] 赵新亮,刘贤伟.霍兰德职业兴趣、深层学习与大学生读研期望的关系研究——基于5所"985"高校大学生的调查研究[J].高等工程教育研究,2017,(02):48-52.

[24] 于睿,于博瀚.职业性格测试在高校人才培养中的应用[J].亚太教育,2016,(28):258.

[25] 方伟.大学生职业生涯规划咨询案例教程(第二版)[M].北京:北京大学出版社,2015年版.

[26] 乔志宏.大学生职业生涯规划与就业指导教程[M].北京:清华大学出版社,2023年版.

[27] 沈之菲.生涯心理辅导[M],上海:上海教育出版社,2000年版.

[28] 杜毓贞,辛颖.生涯发展与辅导[M].北京:开明出版社,2012年版.

[29] 金树人.生涯咨询与辅导[M].北京:高等教育出版社,2007年版.

[30] 项贤明.教育学原理[M].北京:北京高等教育出版社,2019年版.

[31] 袁贵仁.马克思主义人学理论研究[M].北京:北京师范大学出版社,2012年版.

[32] 王道俊,郭文安.教育学原理[M].北京:人民教育出版社,2009年版.

[33] 佟庆伟,秋实.个体素质结构论[M].北京:中国科学技术出版社,2010年版.

[34] 曾维希.生涯混沌理论与生涯不确定性管理[M]北京:科学出版社,2015年版.

[35] 宗敏、夏翠翠.大学生职业生涯规划[M].北京:人民邮电出版社,2019年版.

[36] 张季菁、张雪松.大学生职业生涯规划与就业指导[M]北京:中国经济出版

社,2018年版.

[37] 钱静峰.是时候聊聊生涯了[M].上海:上海交通大学出版社,2016年版.

[38] 方伟.论社会主义核心价值体系与大学生职业生涯教育的融合[J].国家教育行政学院学报,2012(12):6.

[39] 乔志宏,王爽,谢冰清,等.大学生就业能力的结构及其对就业结果的影响[J].心理发展与教育,2011,27(03):274-281.

[40] 乔志宏,宋慧婷,冯明礼,等.人力资本和社会资本与中国大学生就业的相关研究[J].中国青年研究,2011,(04):24-28.

[41] 高艳,乔志宏,阎悦悦,等.大学生求职主动性问卷编制[J].中国健康心理学杂志,2017,25(08):1206-1208.

[42] 汪思梦,钱静峰.让生涯教育在"互联网+"中走得更远[J].成才与就业,2015,(12):18-19.

[43] 钱静峰.青少年生涯教育从学职衔接开始[J].教育科学论坛,2018,(14):1.

[44]《教育部关于举办首届全国大学生职业规划大赛的通知》.教育部.2023年8月.

[45]《教育部关于举办第二届全国大学生职业规划大赛的通知》.教育部.2024年10月.

[46]《中共中央 国务院关于实施就业优先战略促进高质量充分就业的意见》.2024年9月.

[47] 孙栋.重视社会实践提高高职大学生就业能力的研究[J].成才之路,2017(23):3.

[48] 李炳洪.试论提高大学生就业能力的方法与途径——以齐齐哈尔市高校为例[J].黑河学刊,2012(09):94-95+175.

[49] 就业政策_360百科

[50] 大连市人民政府 文件 大连市促进高校毕业生就业创业政策措施

[51] 中共中央办公厅,国务院办公厅.印发《关于进一步引导和鼓励高校毕业生到基层工作的意见》[EB/OL].(2017-01-24)

[52] 人力资源和社会保障部 教育部 科技部 工业和信息化部等10部门关于进一步推进实施百万就业见习岗位募集计划的通知_国务院部门文件_中国政府网

[53] 国务院政策问答平台-政策详情_中国政府网

[54] 国务院办公厅关于支持多渠道灵活就业的意见_劳动就业_中国政府网

[55] 国家税务总局 人力资源和社会保障部 农业农村部 教育部 退役军人事务部

关于重点群体和自主就业退役士兵创业就业税收政策有关执行问题的公告_国务院部门文件_中国政府网

[56] 春风行动助农村劳动力就业_滚动新闻_中国政府网

[57] 青年就业启航计划启动_滚动新闻_中国政府网

[58] 财政部教育部关于印发《中央专项彩票公益金教育助学项目资金管理办法》的通知

[59] 人力资源和社会保障部关于开展 2024 年全国公共就业服务专项活动的通知_国务院部门文件_中国政府网

[60] 教育部办公厅关于建立高校毕业生毕业去向登记制度的通知_国务院部门文件_中国政府网

[61] 毕业生八大求职"陷阱"及避"坑"提示

附 录

附录一

本测验共有 7 个部分,每个测验部分都没有时间限制,但请尽快按要求完成。

霍兰德职业性向测验答题卷

姓名＿＿＿＿＿＿　性别＿＿＿＿＿＿　年龄＿＿＿＿＿＿　测试日期＿＿＿＿＿＿＿＿＿＿＿＿

职务＿＿＿＿＿＿＿　单位＿＿＿＿＿＿＿＿＿＿＿＿＿＿＿＿＿＿＿＿

第一部分　你心目中的理想职业(专业)

对于未来的职业(或升学进修的专业),你也许早有考虑,它可能很抽象、很朦胧,也可能很具体、很清晰。不管是哪种情况,现在都请你把你最想做的 3 种工作或最想读的 3 个专业,按顺序写下来。

1.＿＿＿＿＿＿＿＿＿＿＿＿＿＿＿＿＿＿＿＿＿＿＿＿＿＿＿＿＿＿＿＿＿

2.＿＿＿＿＿＿＿＿＿＿＿＿＿＿＿＿＿＿＿＿＿＿＿＿＿＿＿＿＿＿＿＿＿

3.＿＿＿＿＿＿＿＿＿＿＿＿＿＿＿＿＿＿＿＿＿＿＿＿＿＿＿＿＿＿＿＿＿

第一部分　你心目中的理想职业(专业)

1.＿＿＿＿＿＿＿＿＿＿＿＿＿＿＿＿＿＿＿＿＿＿＿＿＿＿＿＿＿＿＿＿＿

2.＿＿＿＿＿＿＿＿＿＿＿＿＿＿＿＿＿＿＿＿＿＿＿＿＿＿＿＿＿＿＿＿＿

3.＿＿＿＿＿＿＿＿＿＿＿＿＿＿＿＿＿＿＿＿＿＿＿＿＿＿＿＿＿＿＿＿＿

好,第一部分已完成。现在请继续做第二部分。

第二部分　你所感兴趣的活动

下面列举了一些十分具体的活动。这些活动无所谓好坏,如果你喜欢参加(包括过去、现在或将来),就请在答题卷的相应题号上的"是"一栏的方框内打"√";如果不喜欢参加,就请在"否"一栏的方框内打"√"。注意,这一部分测验主要是想确定你的职业兴趣,而不是让你选择工作,你喜欢某种活动并不意味着你一定要参加这种活动。答题时不必考虑过去是否参加过和是否擅长这种活动,只需根据你的兴趣直接判断即可。请务必做完每一题目。

一、R 型（现实型活动）

你喜欢做下列事情吗？

1.装配、修理电器。

2.修理自行车。

3.装修机器或机器零件。

4.做木工活。

5.驾驶卡车或拖拉机。

6.开机床。

7.开摩托车。

8.上金属工艺课。

9.上机械制图课。

10.上木工手艺课。

11.上电气自动化技术课。

二、I 型（调查型活动）

你喜欢做下列事情吗？

1.阅读科技书刊。

2.在实验室工作。

3.研究某个科研项目。

4.制作飞机、汽车模型。

5.做化学实验。

6.阅读专业性论文。

7.解一道数学或棋艺难题。

8.上物理课。

9.上化学课。

10.上几何课。

11.上生物课。

三、A 型（艺术型活动）

你喜欢做下列事情吗？

1.素描、制图或绘画。

2.表演戏剧、小品或相声节目。

3.设计家具或房屋。

4.在舞台上演唱或跳舞。

5.演奏一种乐器。

6.阅读流行小说。

7.听音乐会。

8.从事摄影创作。

9.阅读电影、电视剧本。

10.读诗、写诗。

11.上书法、美术课。

四、S型(社会型活动)

你喜欢做下列事情吗？

1.给朋友们写信。

2.参加学校、单位组织的正式活动。

3.加入某个社会团体或俱乐部。

4.帮助别人解决困难。

5.照看小孩。

6.参加宴会、茶话会或联欢晚会。

7.跳交谊舞。

8.参加讨论会或辩论会。

9.观看运动会或体育比赛。

10.寻亲访友。

11.阅读与人际交往有关的书刊。

五、E型(企事业型活动)

你喜欢做下列事情吗？

1.对他人做劝说工作。

2.买东西时与人讨价还价。

3.讨论政治问题。

4.从事个体或独立的经营活动。

5.出席正式会议。

6.做演讲。

7.在社会团体中做一名理事。

8.检查与评价别人的工作。

9.结识名流。

10.带领一群人去完成某项任务。

11.参与政治活动。

六、C 型(常规型/传统型活动)

你喜欢做下列事情吗?

1.保持桌子和房间整洁。

2.抄写文章或信件。

3.开发票、写收据或打回条。

4.打算盘或用计算机计算。

5.记流水账或备忘录。

6.上打字课或学速记法。

7.上会计课。

8.上商业统计课。

9.将文件、报告、记录分类与归档。

10.为领导写公务信函与报告。

11.检查个人收支情况。

第二部分　你所感兴趣的活动

R 型			I 型			A 型		
题号	是	否	题号	是	否	题号	是	否
1	□	□	1	□	□	1	□	□
2	□	□	2	□	□	2	□	□
3	□	□	3	□	□	3	□	□
4	□	□	4	□	□	4	□	□
5	□	□	5	□	□	5	□	□
6	□	□	6	□	□	6	□	□
7	□	□	7	□	□	7	□	□
8	□	□	8	□	□	8	□	□
9	□	□	9	□	□	9	□	□
10	□	□	10	□	□	10	□	□
11	□	□	11	□	□	11	□	□

"是"的总数：　　　　　　　"是"的总数：　　　　　　　"是"的总数：

S 型　　　　　　　　　　E 型　　　　　　　　　　C 型

题号	是	否	题号	是	否	题号	是	否
1	☐	☐	1	☐	☐	1	☐	☐
2	☐	☐	2	☐	☐	2	☐	☐
3	☐	☐	3	☐	☐	3	☐	☐
4	☐	☐	4	☐	☐	4	☐	☐
5	☐	☐	5	☐	☐	5	☐	☐
6	☐	☐	6	☐	☐	6	☐	☐
7	☐	☐	7	☐	☐	7	☐	☐
8	☐	☐	8	☐	☐	8	☐	☐
9	☐	☐	9	☐	☐	9	☐	☐
10	☐	☐	10	☐	☐	10	☐	☐
11	☐	☐	11	☐	☐	11	☐	☐

"是"的总数：　　　　　　　"是"的总数：　　　　　　　"是"的总数：

好,第二部分已完成。现在请继续做第三部分。

第三部分　你所擅长或胜任的活动

下面从 6 个方面分别列举一些十分具体的活动,以确定你具备哪一方面的工作特长。回答时,只需考虑你过去或现在对所列活动是否擅长、胜任,不必考虑你是否喜欢这种活动。如果你认为你擅长从事某一活动,就请在答题卷的相应题号上的"是"一栏的方框内打"√";如果不擅长,就请在"否"一栏的方框内打"√"。注意,你如果从未从事过某一活动,那就请考虑你将来是否会擅长从事该项活动。请你务必做完每一个题目。

一、R 型(现实型能力)
你擅长做或胜任下列事情吗?
1.使用锯子、钳子、车床、砂轮等工具。
2.使用万能电表。
3.给自行车或机器加油使它们正常运转。
4.使用钻床、研磨机、缝纫机等。
5.修整木器家具表面。

6.看机械、建筑设计图纸。

7.修理结构简单的家用电器。

8.制作简单的家具。

9.绘制机械设计图纸。

10.修理收(录)音机的简单部件。

11.疏通、修理自来水管或下水道。

二、I 型(调研型能力)

你擅长做或胜任下列事情吗？

1.了解真空管的工作原理。

2.知道 3 种以上蛋白质含量高的食物。

3.知道 1 种放射性元素的半衰期。

4.使用对数表。

5.使用计算器或计算尺。

6.使用显微镜。

7.辨认 3 个星座。

8.说明白细胞的功能。

9.解释简单的化学分子式。

10.理解人造卫星不会落地的道理。

11.参加科技竞赛或科研成果交流会。

三、A 型(艺术型能力)

你擅长做或胜任下列事情吗？

1.演奏 1 种乐器。

2.参加二重唱或四重唱表演。

3.独奏或独唱。

4.扮演剧中角色。

5.说书或讲故事。

6.表演现代舞或芭蕾舞。

7.画人物素描。

8.画油画或做雕塑。

9.制造陶器、捏泥塑或剪纸。

10.设计服装、海报或家具。

11.写得一手好文章。

四、S 型（社会型能力）

你擅长做或胜任下列事情吗？

1.善于向别人解释问题。

2.参加慰问或救济活动。

3.与人合作、配合默契。

4.殷勤待客。

5.能深入浅出地教育儿童。

6.为一次宴会安排娱乐活动。

7.帮助他人解决困难。

8.帮助护理病人或伤员。

9.安排学校或社团组织的各种集体事务。

10.善察人心或善于判断人的性格。

11.善于与年长者相处。

五、E 型（企业型能力）

你擅长做或胜任下列事情吗？

1.在学校里当过班干部并且干得不错。

2.善于督促他人工作。

3.善于使他人按你的习惯做事。

4.做事具有超常的精力和热情。

5.能做一个称职的推销员。

6.代表某个团体向有关部门提出建议或反映意见。

7.担任某种领导职务期间获过奖或得到表扬。

8.说服别人加入你所在的团体（如俱乐部、运动队、工作或研究组等）。

9.创办一家商店或企业。

10.知道如何做一位成功的领导人。

11.有很好的口才。

六、C 型（常规型能力）

你擅长做或胜任下列事情吗？

1.一天能誊抄近一万字。

2.能熟练地使用算盘或计算器。

3.能够熟练地使用中文打字机。

4.善于将书信、文件迅速归档。

5.做过办公室职员工作且做得不错。

6.核对数据或文章时既快又准确。

7.会使用外文打字机或复印机。

8.善于在短时间内分类和处理大量文件。

9.记账或开发票时既快又准确。

10.善于为自己或集体做财务预算(表)。

11.能迅速誊清贷方和借方的账目。

第三部分　你所擅长或胜任的活动

R 型			I 型			A 型		
题号	是	否	题号	是	否	题号	是	否
1	☐	☐	1	☐	☐	1	☐	☐
2	☐	☐	2	☐	☐	2	☐	☐
3	☐	☐	3	☐	☐	3	☐	☐
4	☐	☐	4	☐	☐	4	☐	☐
5	☐	☐	5	☐	☐	5	☐	☐
6	☐	☐	6	☐	☐	6	☐	☐
7	☐	☐	7	☐	☐	7	☐	☐
8	☐	☐	8	☐	☐	8	☐	☐
9	☐	☐	9	☐	☐	9	☐	☐
10	☐	☐	10	☐	☐	10	☐	☐
11	☐	☐	11	☐	☐	11	☐	☐

"是"的总数：　　　　　　"是"的总数：　　　　　　"是"的总数：

S 型			E 型			C 型		
题号	是	否	题号	是	否	题号	是	否
1	☐	☐	1	☐	☐	1	☐	☐
2	☐	☐	2	☐	☐	2	☐	☐
3	☐	☐	3	☐	☐	3	☐	☐
4	☐	☐	4	☐	☐	4	☐	☐
5	☐	☐	5	☐	☐	5	☐	☐
6	☐	☐	6	☐	☐	6	☐	☐

7	☐	☐	7	☐	☐	7	☐	☐
8	☐	☐	8	☐	☐	8	☐	☐
9	☐	☐	9	☐	☐	9	☐	☐
10	☐	☐	10	☐	☐	10	☐	☐
11	☐	☐	11	☐	☐	11	☐	☐

"是"的总数：　　　　　　　　"是"的总数：　　　　　　　　"是"的总数：

好,第三部分已完成。现在请继续做第四部分。

第四部分　你所喜欢的职业

下面列举了许多职业,对这些职业的基本情况你或多或少都有所了解,并在此基础上形成了自己的评价态度。如果你对某项职业喜欢的话,请在答题卷的相应题号上的"是"一栏中打"√";如果不喜欢,则在"否"一栏中打"√"。这一部分测验也要求每题必做。

一、R 型(现实型职业)

你喜欢下列职业吗?

1.飞行机械技术人员。

2.鱼类和野生动物专家。

3.自动化工程技术人员。

4.木工。

5.机床安装工或钳工。

6.电工。

7.无线电报务员。

8.长途汽车司机。

9.火车司机。

10.机械师。

11.测绘、水文技术人员。

二、I 型(调研型职业)

你喜欢下列职业吗?

1.气象研究人员。

2.生物学研究人员。

3.天文学研究人员。

4.药剂师。

5.人类学研究人员。

6.化学研究人员。

7.科学杂志编辑。

8.植物学研究人员。

9.物理学研究人员。

10.科普工作者。

11.地质学研究人员。

三、A 型（艺术型职业）

你喜欢下列职业吗？

1.诗人。

2.文学艺术评论家。

3.作家。

4.记者。

5.歌唱家或歌手。

6.作曲家。

7.剧本写作人员。

8.画家。

9.相声演员。

10.乐团指挥。

11.电影演员。

四、S 型（社会型职业）

你喜欢下列职业吗？

1.街道、工会或妇联负责人。

2.中学教师。

3.青少年犯罪问题专家。

4.中学校长。

5.心理咨询人员。

6.精神病医生。

7.职业介绍所工作人员。

8.导游。

9.青年团负责人。

10.福利机构负责人。

11.婚姻介绍所工作人员。

五、E 型(企业型职业)

你喜欢下列职业吗？

1.供销科科长。

2.推销员。

3.旅馆经理。

4.商店管理费用人员。

5.厂长。

6.律师或法官。

7.电视剧制作人。

8.饭店或饮食店经理。

9.人民代表。

10.服装批发商。

11.企业管理咨询人员。

六、C 型(常规型职业)

你喜欢下列职业吗？

1.簿记员。

2.会计师。

3.银行出纳员。

4.法庭书记员。

5.人口普查登记员。

6.成本核算员。

7.税务工作者。

8.校对员。

9.打字员。

10.办公室秘书。

11.质量检查员。

第四部分　你所喜欢的职业

R 型 题号	是	否	I 型 题号	是	否	A 型 题号	是	否
1	☐	☐	1	☐	☐	1	☐	☐
2	☐	☐	2	☐	☐	2	☐	☐
3	☐	☐	3	☐	☐	3	☐	☐
4	☐	☐	4	☐	☐	4	☐	☐
5	☐	☐	5	☐	☐	5	☐	☐
6	☐	☐	6	☐	☐	6	☐	☐
7	☐	☐	7	☐	☐	7	☐	☐
8	☐	☐	8	☐	☐	8	☐	☐
9	☐	☐	9	☐	☐	9	☐	☐
10	☐	☐	10	☐	☐	10	☐	☐
11	☐	☐	11	☐	☐	11	☐	☐

"是"的总数：　　　　"是"的总数：　　　　"是"的总数：

S 型 题号	是	否	E 型 题号	是	否	C 型 题号	是	否
1	☐	☐	1	☐	☐	1	☐	☐
2	☐	☐	2	☐	☐	2	☐	☐
3	☐	☐	3	☐	☐	3	☐	☐
4	☐	☐	4	☐	☐	4	☐	☐
5	☐	☐	5	☐	☐	5	☐	☐
6	☐	☐	6	☐	☐	6	☐	☐
7	☐	☐	7	☐	☐	7	☐	☐
8	☐	☐	8	☐	☐	8	☐	☐
9	☐	☐	9	☐	☐	9	☐	☐
10	☐	☐	10	☐	☐	10	☐	☐
11	☐	☐	11	☐	☐	11	☐	☐

"是"的总数：　　　　"是"的总数：　　　　"是"的总数：

好,第四部分已完成。现在请继续做第五部分。

第五部分　你的能力类型简评

下面两张表是你在6个职业能力方面的自我评分表。你可以先与同龄人比较一下自己在每一方面的能力,然后经斟酌以后对自己的能力做一评价。评分时请在表中适当的数字上画圈。数字越大表示你的能力越强。

注意,请勿全部圈画同样的数字,因为人的每项能力不可能完全一样。

表 A

	R 型	I 型	A 型	S 型	E 型	C 型
	机械操作 能力	科学研究 能力	艺术创造 能力	解释表达 能力	商业洽谈 能力	事务执行 能力
高	7	7	7	7	7	7
	6	6	6	6	6	6
中	5	5	5	5	5	5
	4	4	4	4	4	4
低	3	3	3	3	3	3
	2	2	2	2	2	2
	1	1	1	1	1	1

表 B

	R 型	I 型	A 型	S 型	E 型	C 型
	体力技能	数学技能	音乐技能	交际技能	领导技能	办公技能
高	7	7	7	7	7	7
	6	6	6	6	6	6
中	5	5	5	5	5	5
	4	4	4	4	4	4
低	3	3	3	3	3	3
	2	2	2	2	2	2
	1	1	1	1	1	1

好,第五部分已完成。请继续做第六部分。

第六部分 统计和确定你的职业倾向

请将第二部分至第五部分的全部测验分数按前面已统计好的 6 种职业倾向(R 型、I 型、A 型、S 型、E 型和 C 型)得分填入下表,并做纵向累加。

测验	R 型	I 型	A 型	S 型	E 型	C 型
第二部分						
第三部分						
第四部分						
第五部分(A)						
第五部分(B)						
总分						

请将上表中的 6 种职业倾向总分按大小顺序依次从左到右重新排列：
_____型、_____型、_____型、_____型、_____型、_____型
最高分←_____你的职业倾向性得分_____→最低分

得分最高的职业类型意味着它是最适合你的职业。比方说,你在 I 型上得分最高,说明你适合做自然科学方面的研究工作,如气象研究、生物学研究、天文学研究等,或做科学杂志编辑。其余类推。

如果最适合你的工作和你在第一部分所写的理想工作之间不太一致,或者在各种类型的职业上你的能力和兴趣不相匹配,那么请你参照第七部分——你的职业价值观来做出最佳选择。比方说,第二部分你在 I 型上得分最高,但第三部分你在 A 型上得分高,那么请参考你最看重的因素:假如你最看重"(8)能充分发挥自己的能力特长"或"(2)工作环境(物质方面)舒适",那么 A 型工作最适合你;假如你最看重"(10)能从事自己感兴趣的工作"或"(4)工作稳定有保障",那么 I 型工作最适合你;假如你最看重的是其他因素,那么请向 A 型职业方面的专家咨询,选择和你的职业价值观最接近的工作。

第七部分　你所看重的东西——职业价值观

这一部分测验列出了人们在选择工作时通常会考虑的 9 个要素(见所附工作价值标准)。请你在其中选出对你最重要的两项因素,以及最不重要的两项因素,并将序号填入下面相应的横线上。

最重要:_____

最不重要:_____

次重要:_____

次不重要:_____

附工作价值标准:

1.工资高,福利好。

2.工作环境(物质方面)舒适。

3.人际关系良好。

4.工作稳定有保障。

5.能提供较好的受教育机会。

6.有较高的社会地位。

7.工作不太紧张、外部压力少。

8.能充分发挥自己的特长。

9.社会需要与社会贡献较大。

10.能从事自己感兴趣的工作。

以上全部测验完毕。

现在,将你测验得分居第一位的职业类型找出来,对照下文,判断一下自己适合的职业类型。

职业索引——职业兴趣代号与其相应的职业对照:

R(现实型):木匠、农民、操作 X 光设备的技师、工程师、飞机机械师、鱼类和野生动物专家、自动化技师、机械工(车工、钳工等)、无线电报务员、火车司机、长途公共汽车司机、机械制图员、修理机器、电器师。

I(调查型):气象学者、生物学者、天文学家、药剂师、动物学者、化学家、科学报刊编辑、地质学者、植物学者、物理学者、数学家、实验员、科研人员、科技作者。

A(艺术型):室内装饰专家、图书管理专家、摄影师、音乐教师、作家、演员、记者、诗人、作曲家、编剧、雕刻家、漫画家。

S(社会型):社会学者、导游、福利机构工作者、咨询人员、社会工作者、社会科学教师、学校领导、公共保健护士。

E(企业型):推销员、进货员、商品批发员、旅馆经理、饭店经理、广告宣传员、调度员、律师、政治家、零售商。

C(常规型):记账员、会计、银行出纳、法庭速记员、成本估算员、税务员、核算员、打字员、办公室职员、统计员、计算机操作员、秘书。

下面介绍与你 3 个代号的职业兴趣类型一致的职业,对照的方法如下:首先根据你的职业兴趣代号,在下文中找出相应的职业,例如你的职业兴趣代号是 RIA,那么牙科技术员、陶工等是适合你兴趣的职业。然后寻找与你职业兴趣代号相近的职业,如你的职业兴趣代号是 RIA,那么,其他由这三个字母组合成的编号(如 IRA、IAR、ARI 等)对应的职业,也较符合你的兴趣。

RIA:牙科技术员、陶工、建筑设计员、模型工、细木工、制作链条人员。

RIS:厨师、林务员、跳水员、潜水员、染色员、电器修理、眼镜制作、电工、纺织机器装配工、服务员、装玻璃工人、发电厂工人、焊接工。

RIE:建筑和桥梁工程、环境工程、航空工程、公路工程、电力工程、信号工程、电话工程、一般机械工程、自动工程、矿业工程、海洋工程、交通工程技术人员、制图员、家政经济人员、计量员、农民、农场工人、农业机器操作、清洁工、无线电修理、汽车修理、手表修理、线路装配工、工具仓库管理员。

RIC:船上工作人员、接待员、杂志保管员、牙医助手、制帽工、磨坊工、石匠、机器制造、机车(火车头)制造、农业机器装配、汽车装配工、缝纫机装配工、钟表装配和检验、电动器具装配、鞋匠、锁匠、货物检验员、电梯机修工、托儿所所长、钢琴调音员、装配工、印刷工、建筑钢铁工人、卡车司机。

RAI:手工雕刻、玻璃雕刻、制作模型人员、家具木工、制作皮革品、手工绣花、手工钩针编织、排字工人、印刷工人、图画雕刻、装订工。

RSE：消防员、交通巡警、警察、门卫、理发师、房间清洁工、屠夫、锻工、开凿工人、管道安装工、出租汽车驾驶员、货物搬运工、送报员、勘探员、娱乐场所的服务员、起卸机操作工、电梯操作工、厨房助手。

RSI：纺织工、编织工、农业学校教师、某些职业课程教师（如艺术、商业、技术、工艺课程）、雨衣上胶工。

REC：抄水表员、保姆、实验室动物饲养员、动物管理员。

REI：轮船船长、航海领航员、大副、试管实验员。

RES：旅馆服务员、家畜饲养员、渔民、渔网修补工、水手长、收割机操作工、搬运行李工人、公园服务员、救生员、登山导游、火车工程技术员、建筑工人、铺轨工人。

RCI：测量员、勘测员、仪表操作者、农业工程技术、化学工程技师、民用工程技师、石油工程技师、资料室管理员、探矿工、煅烧工、烧窑工、矿工、保养工、磨床工、取样工、样品检验员、纺纱工、炮手、漂洗工、电焊工、锯木工、刨床工、制帽工、手工缝纫工、油漆工、染色工、按摩工、木匠、农民建筑工人、电影放映员、勘测员助手。

RCS：公共汽车驾驶员、一等水手、游泳池服务员、裁缝、建筑工人、石匠、烟囱修建工、混凝土工、电话修理工、爆炸手、邮递员、矿工、裱糊工人、纺纱工。

RCE：打井工、吊车驾驶员、农场工人、邮件分类员、铲车司机、拖拉机司机。

IAS：普通经济学家、农场经济学家、财政经济学家、国际贸易经济学家、实验心理学家、工程心理学家、心理学家、哲学家、内科医生、数学家。

IAR：人类学家、天文学家、化学家、物理学家、医学病理学家、动物标本剥制者、化石修复者、艺术品管理员。

ISE：营养学家、饮食顾问、火灾检查员、邮政服务检查员。

ISC：侦察员、电视播音室修理员、电视修理服务员、验尸室人员、编目录者、医学实验室技师、调查研究者。

ISR：水生生物学者、昆虫学者、微生物学家、配镜师、矫正视力者、细菌学家、牙科医生、骨科医生。

ISA：实验心理学家、普通心理学家、发展心理学家、教育心理学家、社会心理学家、临床心理学家、目录学家、皮肤病学家、精神病学家、妇产科医生、眼科医生、五官科医生、医学实验室技术专家、民航医务人员、护士。

IES：细菌学家、生理学家、化学专家、地质专家、地理物理学专家、纺织技术专家、医院药剂师、工业药剂师、药房营业员。

IEC：档案保管员、保险统计员。

ICR：质量检验技术员、地质学技师、工程师、法官、图书馆技术辅导员、计算机操作员、医院听诊员、家禽检查员。

IRA：地理学家、地质学家、水文学家、矿物学家、古生物学家、石油学家、地震学家、声学物理学家、原子和分子物理学家、电学和磁学物理学家、气象学家、设计审核员、人口统计学家、数学统计学家、外科医生、城市规划家、气象员。

IRS：流体物理学家、物理海洋学家、等离子体物理学家、农业科学家、动物学家、食品科学家、园艺学家、植物学家、细菌学家、解剖学家、动物病理学家、农作物病理学家、药物学家、生物化学家、生物物理学家、细胞生物学家、临床化学家、遗传学家、分子生物学家、质量控制工程师、地理学家、兽医、放射治疗技师。

IRE：化验员、化学工程师、纺织工程师、食品技师、渔业技术专家、材料和测试工程师、电气工程师、土木工程师、航空工程师、行政官员、冶金专家、原子核工程师、陶瓷工程师、地质工程师、电力工程师、口腔科医生、牙科医生。

IRC：飞机领航员、飞行员、物理实验室技师、文献检查员、农业技术专家、动植物技术专家、生物技师、油管检查员、工商业规划者、矿藏安全检查员、纺织品检验员、照相机修理者、工程技术员、程序员、工具设计者、仪器维修工。

CRI：簿记员、会计、铸造机操作工、打字员、按键操作工、复印机操作工。

CRS：仓库保管员、档案管理员、缝纫工、讲述员、收款人。

CRE：标价员、实验室工作者、广告管理员、自动打字机操作员、电动机装配工、缝纫机操作工。

CIS：记账员、顾客服务员、报刊发行员、土地测量员、保险公司职员、会计师、估价员、邮政检查员、外贸检查员。

CIE：打字员、统计员、支票记录员、订货员、校对员、办公室工作人员。

CIR：校对员、工程职员、海底电报员、检修计划员、发报员。

CSE：接待员、通信员、电话接线员、卖票员、旅馆服务员、私人职员、商学教师、旅游办事员。

CSR：运货代理商、铁路职员、交通检查员、办公室通信员、簿记员、出纳员、银行财务职员。

CSA：秘书、图书管理员、办公室办事员。

CER：邮递员、数据处理员、航空邮件检查员。

CEI：推销员、经济分析家。

CES：银行会计、记账员、法人秘书、速记员、法院报告人。

ECI：银行行长、审计员、信用管理员、地产管理员、商业管理员。

ECS：信用办事员、保险人员、各类进货员、海关服务经理、售货员、采购员、会计。

ERI：建筑物管理员、工业工程师、农场管理员、护士长、农业经营管理人员。

ERS：仓库管理员、房屋管理员、货栈监督管理员。

ERC：邮政局局长、渔船船长、机械操作领班、木工领班、瓦工领班、驾驶员领班。

EIR：科学、技术和有关周期出版物的管理员。

EIC：专利代理人、鉴定人、运输服务检查员、安全检查员、废品收购人员。

EIS：警官、侦察员、交通检验员、安全咨询员、合同管理者、商人。

EAS：法官、律师、公证人。

FAR：展览室管理员、舞台管理员、播音员、驯兽员。

ESC：理发师、裁判员、政府行政管理员、财政管理员、工程管理员、职业病防治员、售货员、商业经理、办公室主任、人事负责人、调度员。

ESR：家具售货员、书店售货员、公共汽车驾驶员、日用品售货员、护士长、自然科学和工程的行政领导。

ESI：博物馆管理员、图书馆管理员、古迹管理员、饮食业经理、地区安全服务管理员、技术服务咨询者、超级市场管理员、零售商品店店员、批发商、出租汽车服务站调度。

ESA：博物馆馆长、报刊管理员、音乐器材售货员、导游、（轮船或飞机上的）事务长、飞机上的服务员、船员、法官、律师。

ASE：戏剧导演、舞蹈教师、广告撰稿人、报刊专栏作者、记者、演员、英语翻译。

ASI：音乐教师、乐器教师、美术教师、管弦乐指挥、合唱队指挥、歌星、演奏家、哲学家、作家、广告经理、时装模特。

AER：新闻摄影师、电视摄像师、艺术指导、录音指导、丑角演员、魔术师、木偶戏演员、骑士、跳水员。

AEI：音乐指挥、舞台指导、电影导演。

AES：流行歌手、舞蹈演员、电影导演、广播节目主持人、舞蹈教师、口技表演者、喜剧演员、模特。

AIS：画家、剧作家、编辑、评论家、时装艺术大师、新闻摄影师、演员、文学作者。

AIE：花匠、皮衣设计师、工业产品设计师、剪影艺术家、复制雕刻品大师。

AIR：建筑师、画家、摄影师、绘图员、环境美化工、雕刻家、包装设计师、陶器设计师、绣花工、漫画工。

SEC：社会活动家、退伍军人服务官员、工商会事务代表、教育咨询者、宿舍管理员、旅馆经理、饮食服务管理员。

SER：体育教练、游泳指导。

SEI：大学校长、学院院长、医院行政管理员、历史学家、家政经济学家、职业学校教师、资料员。

SEA：娱乐活动管理员、国外服务办事员、社会服务助理、一般咨询者、宗教教

育工作者。

　　SCE:部长助理、福利机构职员、生产协调人、环境卫生管理人员、戏院经理、餐馆经理、售票员。

　　SRI:外科医师助手、医院服务员。

　　SRE:体育教师、职业病治疗者、体育教练、专业运动员、房管员、儿童家庭教师、警察、引座员、传达员、保姆。

　　SRC:护理员、护理助理、医院勤杂工、理发师、学校儿童服务人员。

　　SIA:社会学家、心理咨询医生、学校心理学家、政治科学家、大学或学院的系主任、大学或学院的教育学教师、大学农业教师、大学工程和建筑课程的教师、大学法律教师、大学数学、医学、物理、社会科学和生命科学的教师、研究生助教、成人教育教师。

　　SIE:营养学家、饮食学家、海关检查员、安全检查员、税务稽查员、校长。

　　SIC:描图员、兽医助手、诊所助理、体检检查员、监督缓刑犯的工作者、娱乐指导者、咨询人员、社会科学教师。

　　SIR:理疗员、救护队工作人员、手足病医生、职业病治疗助手。

　　SAC:理发师、指甲修剪师、包装艺术家、美容师、整容专家、发型设计师。

　　SAE:听觉病治疗者、演讲矫正者。

　　SAE:图书馆管理员、小学教师、幼儿园教师、学前儿童教师、中学教师、师范学院教师、盲人教师、智力障碍人的教师、聋哑人的教师、学校护士、牙科助理、飞行指导员。

附录二　职业生涯规划书模板

绽放青春之花，诗画基层发展

生涯发展报告

姓　名：　　　×××

学　院：　　公共管理与人文艺术学院

引言

这是一个充满机遇和挑战,青春和梦想碰撞的时代,职业生涯规划对于大学生来说越来越重要。本规划书主要涵盖自我评估、职业认知、行动成果和未来计划与调整四部分内容。通过这些内容,我将向您展示我对自己职业生涯的思考和计划!

第一章 认识自我

1.个人性格特点

①MBTI 性格模型——主人公型(ENFJ-T)。

②霍兰德职业兴趣测试——SCE 型人格。

③自我坐标:组织领导力、洞悉力、共情力、沟通力、创造力。

2.职业能力及适应性

结合政治学与行政学专业特色,未来就业前景方向上适合在政府等从事行政管理、社会调查等岗位工作;人际适应能力强,能够关注他人,反应迅速,有责任心,真切关心他人的想法和需求,协调组织能力强,共情及沟通能力强,适合在贴近群众的岗位上工作。

3.职业价值观

①基本原则:不违背法律法规、公序良俗。

②正确的政绩观。

③乐观积极,平衡工作和生活。

④坚守责任意识。

第二章 目标定位

1.目标职业的确定

①性格特点→职业兴趣方向为信息传播、教育、服务、咨询等。

②性格特点+成长经历=职业目标为基层公务员。

③职业目标——基层公务员。

④职业发展策略——填补基层缺口大的岗位。

2.职业目标的认知

3.职业目标的分解与组合

图 1 为 SWOT 分析法。

图 1　SWOT 分析法

（1）短期计划（大学本科）

①经过大一的学习，个人动手能力、学习能力得到提高；

②大二达到专业知识拔尖，参加各种相关活动赛事并取得一些成绩，注重职业技能培养与素质提升、职业实践计划等；

③大三争取具备较为独立且完善的科研能力，发表论文；

④大四争取保研到政治学相关专业并有突出成绩，做好基层工作实习，积累经验。

（2）中期计划（毕业后五年）

获得硕士学位，并积极参与相关岗位的培训课程或者研讨会，提升自我职业素养。

（3）长期计划（毕业后十年或更长）

灵活调整，职业发展是一个不断变化的过程，不断改正自己的不足，发挥特长，成为一名优秀的公务员，从而服务更多的人。

第三章　具体行动

1.学业

通过勤奋学习政治学与行政学专业课知识，达到 2022—2023 学年绩点 4.23，排名 1/30;90 分以上课程 24/26 门,95 分以上课程 11/26 门，四级 590 分。坚持勤思苦学，夯实专业知识，为未来深入学习政治学打下基础。

2.学生工作

作为班级学习委员、学业咨询与指导中心部长兼同辈讲师，组织参与中队班级

学风建设活动近 10 场,服务帮助同学超 300 人次,组建高数小组、共享笔记,积极热情解答同学的学院生活问题。

3.思政与社会实践

(1)作为一名入党积极分子,坚持学习党的最新理论,关心国家大事,参与团总支活动,如知识竞答、征文写作等比赛。

(2)参加寒假"云支教"社会实践活动,一对一为假期需要课业、阅读、体育锻炼的中学生提供志愿服务,力促德智体美劳全面发展。

(3)参加 2023 暑期"三下乡"社会实践活动,同时参与 2023 年"青雁归巢 逐梦新余"新余市大学生暑期"返家乡"社会实践活动,走进赣吉两省基层组织,调研基层公共文化服务体系建设情况,同时担任志愿者服务社区暑期课堂,服务村委会协助电子社保卡工作开展,以及慰问沟通留守老人,设计调查问卷走访,组织参与推文 10 余篇,小红书获近万次浏览量,获校三等奖以及优秀实践个人。

(4)担任家乡抗"疫"志愿者,服务总时长超 150 小时,最高单日服务人次1000 余人。

第四章　评估调整

1.评估时间

每半年,对所制定的职业生涯规划进行一次评估。

2.评估内容

回顾已经完成的目标并评估成果;对遇到的问题反思和改进;重新根据具体情况发掘新的需求,做出新的计划;最后调整自我职业生涯规划。

3.评估方法

关键事件法和 360 度评估法,以及和家人、老师、同学、领导、同事等进行成长对话。

结束语

城乡基层是影响党的事业发展、国家长治久安、人民幸福安康的基石。"上面千条线、下面一根针",要沉到基层。

习近平总书记强调:"希望你们扎根中国大地了解国情民情,在创新创业中增长智慧才干,在艰苦奋斗中锤炼意志品质,在亿万人民为实现中国梦而进行的伟大奋斗中实现人生价值,用青春书写无愧于时代、无愧于历史的华彩篇章。"

做新时代的远洋航运人

——LNG运输船轮机长的追寻路

姓　　名：×××

学　　院：××××××

专　　业：××××

目标职业：LNG运输船轮机长

指导教师：×××

做新时代的远洋航运人

姓　　名:×××
学　　院:××××××
专　　业:××××
目标职业:LNG 运输船轮机长
指导教师:×××

引言

从一名内陆长大的孩子对蔚蓝的无限向往与海结缘,到考入××××××奉献海洋强国向海而行,我从未止步。我立志投身 LNG 能源海洋运输事业,在勤学苦练中增长轮机专业知识技能,在笃行实干中成长为远洋航运业复合型人才,为航运强国贡献力量。

此职业生涯发展报告是我个人生涯规划的展现,描绘了我规划与行动的航图。通过此发展报告,我将明确呈现职业规划自我认知、职业认知与规划、职业目标实现行动与成果,以及行动评估与调整四部分。

第一章　自我认知

心之何如,且吟且行。通过 SDS、MBTI 等客观的测评工具和综合的认知角度,我的自我认知归纳如下:

图 1 为自我认知测量结果一览。

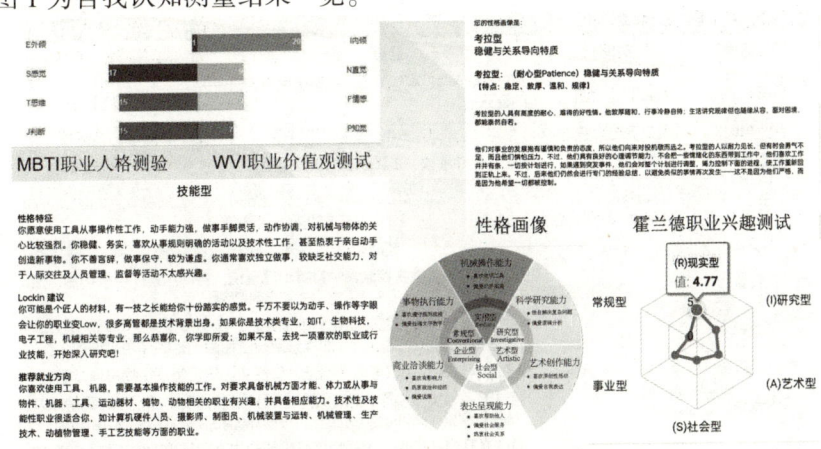

图 1　自我认知测量结果一览

职业兴趣:现实型—事业型—研究型,我善于管理、喜欢理性考虑问题、做事精确、用逻辑分析和推理不断探索未知的领域。

职业能力:语言表达能力强、善于系统评估、吃苦耐劳。

职业价值观:我认可的核心价值是工作能对社会有所帮助。自我评价:爱好广泛,好奇心强。逻辑思维能力强,细心冷静。有良好的动手能力以及独立的特质。富有主动性和责任感。他人眼中的我:勤学好问守纪律,诚实勇敢爱劳动。真诚善良有理想,有为细心能担当。

综合分析:海上工作对我来说优势与挑战并存,将带给我很大的热情、动力。

第二章 职业认知与规划

四维评估外部因素是否适合职业选择:

家庭环境:和谐包容、言传身教的教育让我勇于尝试。

学习环境:轮机工程海上专业排名国内首位,各类资源雄厚,为我提供优越的职业发展环境。

社会环境:"双碳"背景下,成为一名 LNG 船员不仅是自我价值的体现,更是肩负保障国家能源安全的使命和职责。

职业分析:坚守一线岗位、为国家能源运输提供支持保障,追求航海理想抱负,精进操作技术和管理经验丰富的高级船员。

在 SWOT、SMART 分析基础上确定职业目标、列出未来发展规划中的任务与时间表,并制定衡量进展的指标。

职业目标:成为 LNG 船轮机长,最终成为航运领域内远洋航运业复合型人才。

图 2 为发展规划与实施路径展示。

在校期间			
能力培养	时间	目标	实施路径
英语能力	大二下至大四上	超过600分通过英语六级,能熟练使用英语口语交流	听说读写训练计划
专业知识	大二下至大三下	完成全部专业课,理论知识过硬	专业课程学习及拓展
海上实操	大二上至大三上	通过证件考核,能熟练操作相关设备	四小证培训、校船实习
进入船舶工作后			
职务	海龄	时间规划	实施路径与能力塑造
实习	12	工作5~6年	辅助轮机部门操作,熟悉相关技能
三管轮	18~24		通过学习与实操主管副锅炉及其附属系统、各种水泵、甲板机械、应急设备和各种管系
二管轮	12~18	工作7~12年	通过学习与实操主管辅机及其附属系统、应急发电系统与燃油柜、驳运泵、分油机、空压机、油水分离设备和污油柜的使用和维护工作
气体工程师	12~18		通过学习专业知识考取资格证,负责液化气设备及货物操作及管理
大管轮	12~18		通过学习与实操换取大管轮证书主管推进装置及附加设备,锅炉以及润滑冷却、燃油、起动空气、超重动力和应急装置的使用和维护
轮机长	—	12年以上	通过晋升换取证书,全面负责轮机部的生产和行政管理工作;检查轮机部各项规章制度的执行

图 2 发展规划与实施路径展示

第三章 职业目标实现行动与成果

此部分列举了具体职业生涯行动并辅以成果。

我加入中国首个 LNG 船员订单联合培养班、实地调研行业领军企业、参加企

业座谈会并进行与行业领军人物的生涯访谈。锻炼英语水平,提高自身科创能力,通过半军事管理锻炼自身素质等。

目前专业绩点排名第九、综测排名第三,通过了海员适任实操考试。大学生创新创业训练项目结项,团队获国家专利一项。管理能力强,担任中队副指导员,学年获评校优秀学生干部,获中国船级社奖学金等奖项荣誉 20 余项。

第四章 行动评估与调整

且行且思:我利用全面的准备应对各类情况,利用行动评估审视职业发展目标,并及时针对个人情况调整与优化。

风险应对:如果没有成功登上 LNG 船工作,我将考取船舶与海洋工程领域知名高校研究生,继续在我国海工领域发光发热。

我将在船坚持不断学习,拓展航运领域能力,如家庭或健康情况导致不能再进行海上工作,我会利用能力迁移从事陆上工作。

评估时间:在校期间每月一次,在船期间每两月一次,做到及时反馈调整。

评估内容:利用定制成长记录表评估大学期间学业能力与职业素质要求的差距,利用职业发展评估指标进行职业发展分析。

图 3 为自我定制成长记录表与职业发展评估量化指标。

成长记录表					
序号	记录事项	记录时间	意义	记录形式	配套工具

一级指标	二级指标	说明	分值	评价
外在价值	福利待遇	是否获得良好待遇与薪资	5	
	单位关怀	是否对员工有高度关怀	5	
	职位层级	本职工作是否具有企业竞争力	5	
	工作条件	工作条件是否利于职业发展	5	
	工作地点	工作地点是否安全可靠	5	
	升迁机会	是否能及时获得与能力匹配的职务	5	
内在价值	职业成就感	职业是否能带给个人价值体现	5	
	自身才能发挥情况	是否体现能尽其用、能力迁移	5	
	学习机会	职业是否能带给人认知的发展	10	
	是否符合专业兴趣	与自身核心竞争力是否相符	5	
	身体因素	自身健康是否得到保障与发展	10	
社会认同	人际关系	人际关系是否健康	10	
	他人的尊重	职业是否能够获得他人尊重	5	
	工作稳定性	工作是否稳定,可持续发展	10	

职业发展评估量化指标

图 3　自我定制成长记录表与职业发展评估量化指标

第五章　结语

　　仰望星空,脚踏实地。职业生涯发展报告展现了我的职业规划探索之路。展望未来,我将立足规划,努力弥补自身不足,在航运强国的道路上矢志前行。感谢您的阅读,请批评指正。

我的职业生涯规划书范文

姓名:×××

学院:×××××

专业班级:××××××

(此处省略目录)

一、自我认知

1.个人基本情况

籍贯:××省××市。

年龄:19 岁。

大学期间所获荣誉:学霸笔记获奖。

参加的实践活动:寒假母校行、育英计划。

社团:电航学社、红十字会。

比赛:电航杯二等奖及三等奖。

兴趣爱好:吉他、唱歌、和人交流谈心。

当前专业排名:B 分专业前 10%,综合积分第二。

2.职业兴趣及性格

霍兰德职业兴趣代码前三项是 AER。

MBTI 性格测试四个维度上的倾向是 ENFJ 型。

图 1 为荣格理论图形。

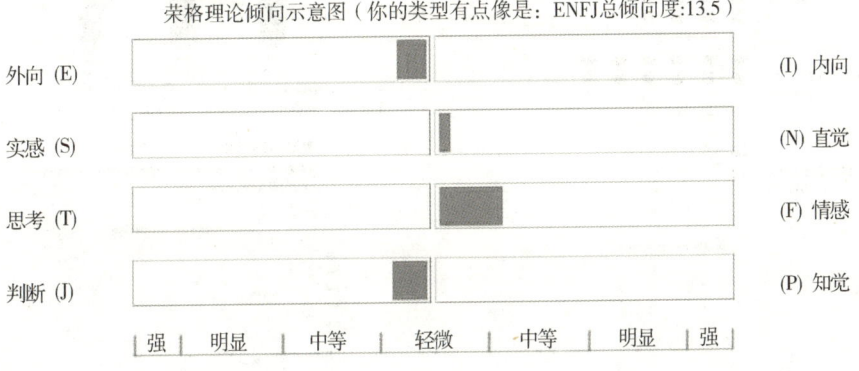

荣格理论倾向示意图(你的类型有点像是:ENFJ总倾向度:13.5)

外向 (E) ／ (I) 内向

实感 (S) ／ (N) 直觉

思考 (T) ／ (F) 情感

判断 (J) ／ (P) 知觉

| 强 | 明显 | 中等 | 轻微 | 中等 | 明显 | 强 |

· 倾向示意图表示四个维度分别的倾向程度。从中间往两侧看,绿色指示条对应下面坐标的哪个区间。

· 请留意收藏报告地址,或保存报告到自己的微信。

· 你的EI SN JP维度倾向不明显,小题量测试无法精确判断。建议参与荣格STEP-II测试进一步确认。

图 1　荣格理论图形

3.职业能力及适应性

最擅长的技能:交际、研究、管理、艺术、想象。

最薄弱的技能:实干、思考、按部就班。

4.职业价值观

根据测评报告,我的职业价值观是:

基于兴趣和特长。以自己的兴趣和特长作为选择职业最重要的因素,能够扬长避短,可以从工作中得到乐趣、得到成就感。

注重自我成长,使自己的经验与阅历能够在一定的时间内得以丰富和提高。

积极响应社会需要。能够根据组织和社会的需要响应某一号召,为集体和社会做出贡献。

二、职业生涯条件分析

1.就业现状调研

通过相关资料了解到以下相关信息。

图 2 为就业基本情况。

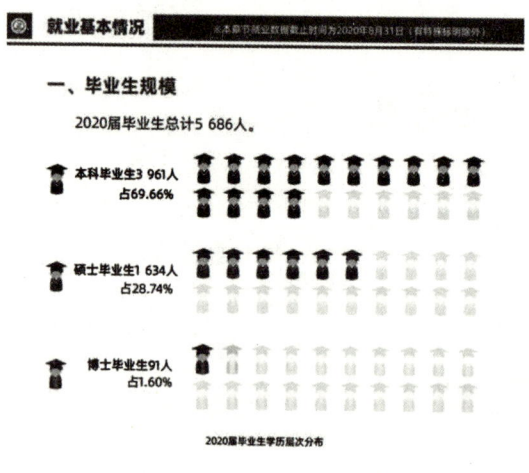

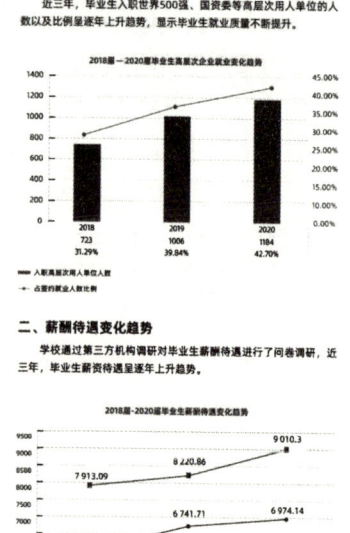

图 2　就业基本情况

　　2020 届毕业生就业单位主要集中在国有企业和其他企业,在签约就业的毕业生中比例分别为 46.12% 和 39.12%。

　　在联系××级×××学长后,我了解到由于近年经济形势不确定性增加,出现了岗位减少与大学生对求职需求强烈的不对等矛盾。由于信息类优秀人才是当代最需要的人才,导致其就业更为困难。当前本科信息类优秀人才很多,市场竞争激烈,就业机会不均等,需要自己去拼搏和把握。

　　图 3 为应届生招聘岗位和求职人数变化趋势。

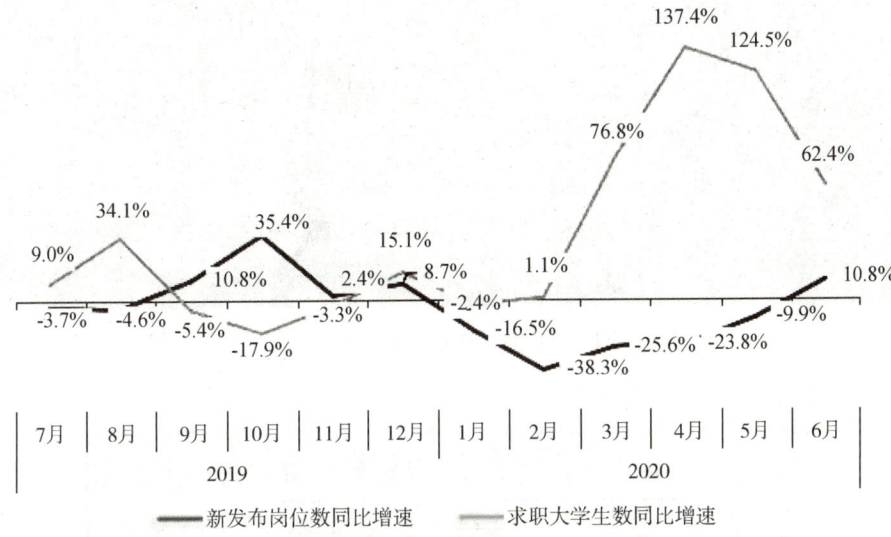

图 3　应届生招聘岗位和求职人数变化趋势

　　相较 2019 年同期,各大公司招募的岗位数量严重缩减。进行职业生涯规划的同时,我在互联网上进行了较多的调查,发现当今大学生求职意识提前,甚至有全国范围内 9% 的同学在大一就开始求职,态度十分积极。

2.行业动态分析

　　21 世纪为信息时代,在 5G 到来的同时,AI 也开始流行。在这段时间内互联网依旧需要大量的 IT 人才,而 IT 需要凭借你的技术才能获得报酬。如果你的技术平平无奇,那么用人单位很少会重用你,从而在 IT 行业当中被埋没。

　　在如今 IT 行业盛行的时代,通过统计 14 万样本发现 IT 行业的工资收入普遍过万。此外,IT 是伴随着我们这一代发展起来的,我们以后也将是这个行业的中流砥柱,精力旺盛的年轻人更符合雇主口味。

图 4 为当前全国 IT 行业人均收入。

HOT JOBS FOR 2020		
Data Architect		HK$900K – 1.0M
Data Scientist		HK$660K – 1.0M
Machine Learning Specialist		HK$540K – 720K
Blockchain Solutions Architect		HK$1.2M – 1.5M
Blockchain Backend Developer		HK$360K – 540K
IT Project Manager		HK$600K – 1.5M
IT Business Analyst		HK$600K – 1.5M
IT Solution Architect		HK$600K – 1.3M
IT Programmers/Analyst Programmers/System Analyst		HK$200K – 720K
BIM Modeler – Construction Design Consultancy		HK$247K – 325K

图 4　当前全国 IT 行业人均收入

图 5 为 IT 行业职场发展方向。

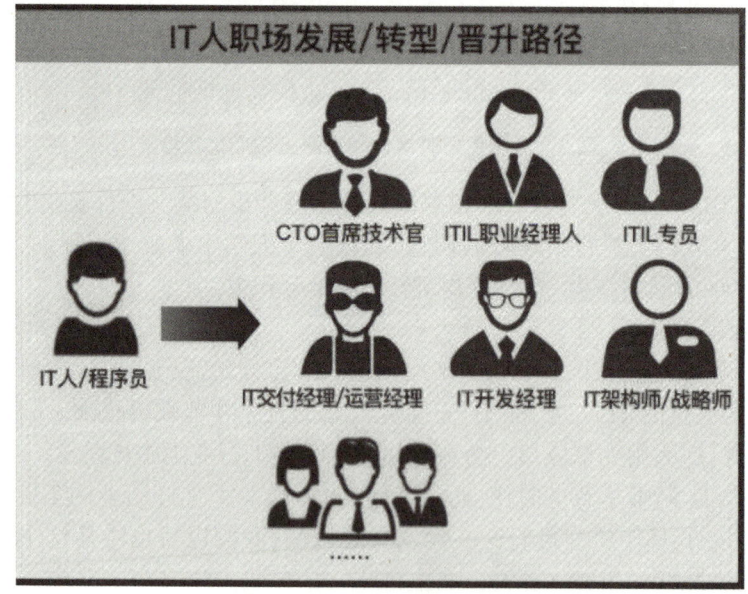

图 5　IT 行业职场发展方向

在 IT 行业中国知名度最高的当数华为公司了。华为非常崇尚"狼",认为狼是企业学习的榜样,要向狼学习"狼性",狼性永远不会过时。它可以用这样的几个词语来概括:学习、创新、获益、团结。用狼性文化来说,学习和创新代表敏锐的嗅觉,获益代表进攻精神,而团结就代表群体奋斗精神。

华为非常重视发展,且非常重视技术积累,时刻紧盯世界通信产业最新科技成果。从交换机到 5G 技术,华为充分利用人类的知识存量为社会创造新的价值。虽然华为在走出国门时受到多方面的压制以及遇到一些困难,但是仍然没有收缩战线,其全球化布局已经成型,为今后发展打下很好的基础。目前,徐直军分享了公司经营情况并阐述了未来五项关键战略举措:

第一,优化产业组合,增强产业韧性,尤其是增强软件能力、加强先进工艺弱相关产业投资和智能汽车部件产业投资。

第二,推动 5G 价值全面发挥,牵引 5G 接续演进。

第三,以用户为中心打造全场景无缝的智慧体验。

第四,通过技术创新降低能源消耗、实现低碳社会。

第五,努力解决供应连续。

由此观之,华为未来走向应当是对 AI 领域的突破,实现通信方面指数级发展,实现绿色发电,构建智慧能源互联网。

3.职业分析

由于本人职业兴趣代码为 AER,具有创造力、善于合作且有一定的组织能力的特点,职业能力又擅长交际与研究,同时电子信息工程是一个口径非常宽的专业,横跨电子电路、信号处理、网络、通信等众多领域,这就使我的就业面颇为广泛。因此,我认为一项需要多人配合且需要钻研的工作比较适合我。介于当今硬件发展周期长,一次硬件的变革足够软件迭代多次,因此对于耐心不足的人而言更适合从事软件类职业。

从这方面出发我了解到华为的操作系统开发工程师以及中兴的硬件开发工程师。

操作系统开发工程师属于软件开发工程师中的一大项,与本人意愿相近,就业时可能会更愿意选择这类工作。

硬件开发工程师是本人专业的对口职业,大学期间学习了硬件相关的基本知识能够让我更容易接受工作内容。

图 6 为软件开发工程师。

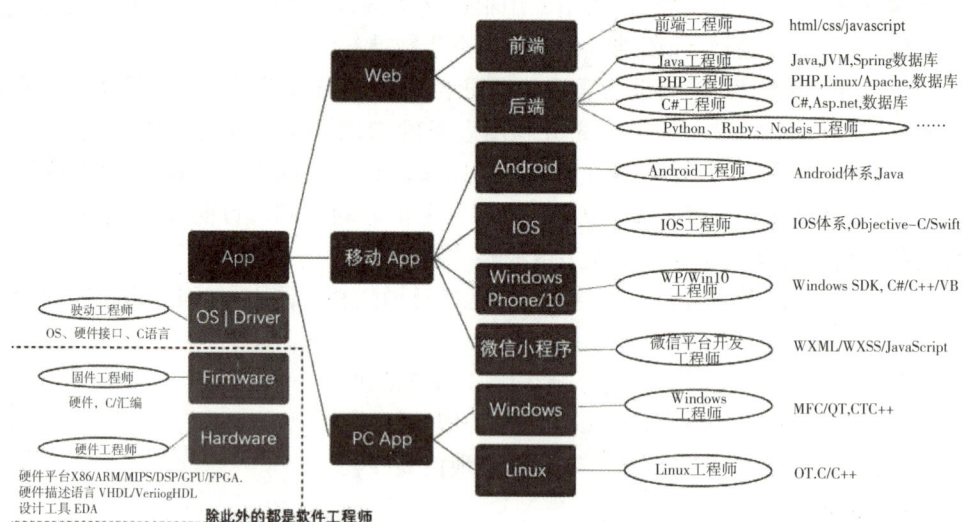

图 6　软件开发工程师

（1）操作系统开发工程师（华为）

职责：

可以构建端、管、云业界领先的 OS 解决方案，横跨物联网、智能手机、AI、云计算、大数据、机器人、计算机图形和视觉等创新前沿领域，参与技术突破描述与产品研发工作，包括但不限于：

①深入下一代 OS 内核，下一代智慧化用户体验、终端 OS，下一代嵌入式、边缘计算、虚拟化等技术创新突破。

②承担公有云/NFV/SDN/IOT/云存储等关键场景下，基于 X86 和 ARM64 等架构的 OS 核心子系统的特性需求分析、设计和编码等研发工作。

③Linux、微内核、Docker、虚拟化、Linaro、Android 等社区为你敞开大门，你将会参加各种开源软件峰会，与业界大牛面对面交流。

工作要求：

①计算机、通信、电子、自动化、数学等相关专业本科及以上学历。

②热爱编程、基础扎实；有 C 语言开发经验、了解 Linux 内核、嵌入式经验的优先考虑。

③有开源社区经验、ACM 大赛、计算机领域发表过论文、国际期刊、专利的优先考虑。

（2）硬件开发工程师（中兴）

职责：负责硬件单板开发、中频、BSP 开发，测试、转产、维护。

职业要求：

①电子、通信、机械、光电相关专业本科及以上学历。

②具备单板硬件设计、实现、调试的项目经验；如果你热爱电路设计，在各类电子竞赛中获得过奖项，将会被优先考虑。

职业介绍：硬件工程师能够运用的东西有很多，包括但不仅限于叠加定理，KCL，戴维南定理，时间常数，傅里叶变换，波特图，微积分，线性代数，概率论，电磁场和电磁波，操作系统，等等。需要具备了解 RCL 的类型，容差，非理想参数，非理想的效应，电源的基本拓扑，BUCK BOOST FLYBAC，巴特沃斯，切比雪夫，贝塞尔的区别，理解 ADC 的采样和保持，对 Vin 和 Vref 的影响等。

4. 职场偶像

×××，华为（××）工业互联网创新中心总经理。

5. 生涯成长路径探索

历任：

华为政企云襄阳基地负责人；

华为政企云全国基地服务负责人；

华为政企云乌兰察布基地负责人；

华为（大连）工业互联网创新中心总经理。

曾获华为公司中国区金牌团队奖、Cloud BU 总裁嘉奖令、中国区总裁嘉奖令、明日之星等荣誉。

三、职业目标定位

1. 职业目标的确定

（1）本人职业定位的 SWOT 分析

内部环境因素：

优势因素（S）：

①有正确的理想和为之努力的行动，精力充沛，勇于探索，对创新性实验有着较大的兴趣；

②兴趣爱好广泛，容易结交朋友，通过扬长避短完善自己的人格；

③善于听取别人的建议，汲取别人的经验和学习别人不同的思维角度；

④具有一定的书面表达能力和口才；

⑤担任班长一职，具有一定的领导才能以及组织能力，善于听取意见的同时亦可表达出自己的观点。

弱势因素（W）：

①思想跳跃性大,容易导致对一件事情理解不够深而触及旁类使自己分心;

②易受他人影响而改变自己的观点,过于情绪化。

外部环境因素:

机会因素(O):

①大连海事大学社团活动丰富,类型广泛,有吉他协会使我的乐器水平得到提高,亦有电航学社使我对专业知识有进一步的理解、认识;

②21世纪为信息时代,国家也大力支持电子信息工程的发展,颁布了相关政策;

③目前我国无论是工业还是企业生产,均需要利用电子信息工程相关的内容;

④学习本专业需要家人、老师以及朋友的大力支持。

威胁因素(T):

①当前本科信息类的优秀人才很多,市场竞争激烈,就业机会不均等,需要自己去拼搏、把握;

②就业形势严峻,相较2019年同期,各大公司招募的岗位数量严重缩减;

③当今大学生求职意识提前,甚至有全国范围内9%的同学在大一就开始求职,态度十分积极;

④据相关部门调研,有近67.6%的调研学生期望能进入民营企业,竞争十分激烈;

⑤据调研,中部及东北部应届生岗位需求增速减缓。

图7为2020年2—6月各地区应届生岗位需求同比增速。

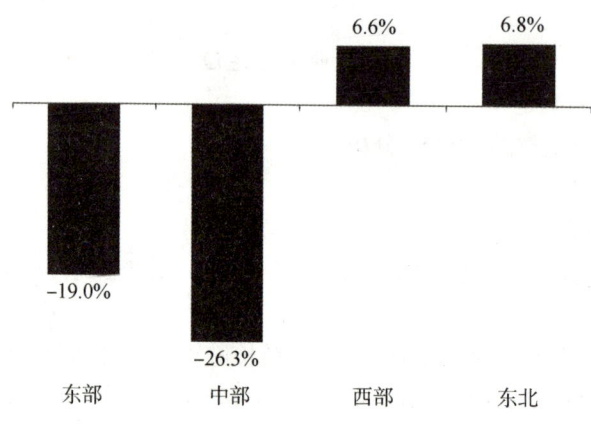

图7　2020年2—6月各地区应届生岗位需求同比增速

（2）得出结论

职业目标：

将来从事 IT 行业的研究软件测试方向的工程师职业。

职业发展路径：

走专家路线，由于本人在管理方面容易受情感冲动等影响，因此本人可能并不适合走管理路线。而专家路线看上去更为自由，也更加符合本人自身性格。

2.职业目标的分解与组合

（1）职业生涯规划总表

表 1 为职业生涯规划总表。

表 1　职业生涯规划总表

计划名称	本科读研	公司实习及录用
时间跨度	3 年	实习 2 年，工作超过 10 年
分目标	不挂科，尽可能多地参与专业类比赛获奖，参与社会类比赛以拓宽视野	通过自己在大学期间参与比赛、做项目等经历，完善自身的简历，在面试官面前让其耳目一新
计划内容	不挂科：努力学习，认真听讲，积极复习、预习； 参与比赛：利用社团活动等提供的条件，获取大量专业相关、比赛相关内容，通过指导员发布的消息参加社会类比赛	积极关注招聘消息，时刻注意当代对信息行业的需求与供给关系，对社会需求进行适当调整
策略和措施	大一期间加入电航学社获取专业对口比赛信息，学习期间持续关注中队消息，积极参与社会类比赛，完善自己的人格	在大三、大四期间用心挑选行业及岗位，首先选择自身感兴趣的职业，能够让自己乐在其中
备注	若对比赛内容及准备有疑问，需自行联系学长、学姐，其联系方式可通过社团群内加好友获取	

（2）近期规划（2020—2023）

①2020—2021（大一）

提升自己的学术基本素养，有意识地去了解专业内的竞赛活动和学术活动，按照学习成绩、专业知识笔面试能力、英语口语及书面能力、论文发表和专利发明、各类竞赛获奖、社会实践、学生干部经历七大项前重后轻为标准规划自己的大一生活。

②2021—2022（大二）

专业课开始多而杂，选课尽量分散在不同学期，不要把选修课程都堆积到一个学期,会使期末复习十分吃力。培养自己的兴趣爱好,使自己与他人产生不同之处。由于论文准备从写作到发表一般周期为 1～2 年,因此我应当在大二下学期的时候就开始准备论文的写作以及投稿。投稿部分还取决于杂志社的选择,因此还需要提前把杂志里过去的文章读一读,了解其对发表的论文是否有特殊偏好。

除此之外还要考得相关的必要的证书,如英语四、六级。

③2022—2023(大三)

如果大二没有取得六级证书,大三上学期应当搞定,且成绩尽可能达到461～550 分区间段。在下学期搜集和整理各大院校的夏令营信息,届时需要准备好个人简历以及推荐信等资料,自我摸索面试提问的方法。在 2023 年 7—8 月合理安排夏令营时间以避免撞车,完善自身成绩、学术、英语是必不可少的! 在大三下学期找一份不错的实习工作,并于假期取得实习机会。

假期期间积极参与 ACM 等有分量的专业竞赛,积极配合团队成员。

④2023—2024(大四)

9—10 月为保研的最后一次机会,届时可能没有预报名,需要学生提前了解,志愿填报应当遵循"冲二保一"原则,完善保研这一跳板。11 月后各大高校会陆续公示,以"研究生只是延缓了步入社会的时间"为理念。更深层次地学习英语,争取把雅思、托福考过。充分利用空余时间,多学习几个软件知识,考取相关资格证书,以后肯定会省下很大力气,出去旅游并注意健身,丰富自己不多的黄金时间。

按照往年华为考试题目多练习编程。多刷 LeetCode,并在面试之前准备 1～2 个开源项目。

⑤倘若保研不成

前三年规划大体不变,大四分时间段进行考研准备:

夯实基础(3—6 月):英语配合扇贝单词及新闻扩展自身词汇量,数学把基础知识、题型抓牢,专业课可以在寒假提前着手准备。

强化巩固(7—10 月):英语、数学做真题,主要听网课,专业课可以请教学长学姐讨论复习方法。

冲刺模拟(11—12 月):各科继续尽可能多地刷真题。

考研初试(12 月下旬):

⑥实习计划

单位:字节跳动。

岗位:后端开发实习生。

职责:负责字节跳动信息协同共享平台的服务端研发,参与整个系统的方案设计和落地工作,对核心代码进行开发和系统调优。

单位:思科。

岗位:网络工程师。

职责:负责运行和操作服务器和网络设备,并使用基础结构作为代码原则实现基础流程的自动化。

单位:中国外运。

岗位:外运创科—运行与支持中心—系统工程师。

职责:参与相关运维工具和平台的开发、引入及运维流程的建设。

(3)中期计划(毕业后五年的计划)

2024—2029 年:本人目前倾向于读硕不读博,在未来是否会读博念头尚不可知,因此我需要在就读硕士研究生期间在不耽误学习的基础上多学习技能,争取担任班级干部,考一些必备证书,如教师资格证、计算机等级证书等。证书应当考有用的,依据以后的工作来对症下药。尽可能多地缩短适应期,凭借自身乐观开朗的性格融入自己的课题组团队、班级团队中,和导师沟通好自己的研究方向。工作阶段尽可能地前往一线城市,因为电子行业在一线城市前途很好,二线城市中等,长期不敢说,但以笔者之见短期五年内应该会是这个状况,努力争上游,往大城市、大平台、大公司走。

(4)长期计划(毕业后十年或以上计划)

十年以后将自己的精力合理安排,兼顾事业以及家庭,工作若想薪资高定当付出多,在毕业十年内达到薪资 10 K 的水平,二十年达到 15 K 及以上水平,基本满足家庭的日常需求以及享受需求,关于子女教育方面以身作则,照顾子女的同时了解自己的弱点并不在子女面前展示出来,以其心灵培养为主。

四、评估调整

1.评估的内容

(1)职业目标评估:如果毕业时测试工程师地位不如从前,我会考虑从测试部门转移到开发部门,以获取更多实践机会,丰富自己的生活。

(2)职业路径评估:当保研不成时必将尽可能考研,虽然备考硕士研究生会很辛苦,但也应当为自身前途肩负起自己的责任。

(3)其他因素评估:如果身体以及家庭经济发生巨大变故时,我会考虑放弃当前职业规划,考取公务员岗位,以恢复并维持家庭经济。如果有更高层次的发展方向,我会在权衡家庭以及工作后做出判断,判断过程本文不再赘述。

(4)到了工作岗位,你研发出一款硬件产品的时间够软件工程师迭代 N 个版本的,这就造成两个结果:对企业来说,轻易不会更新硬件设计;对个人职业发展来说,"打怪升级"的机会少。

2.评估的时间

在一般情况下,我会定期每半年评估一次规划;

当出现特殊情况时,我会随时评估并进行相应的调整。

五、结束语

当今世界上个人职业发展方面最成功的演说家博恩·崔西曾说过:要达成伟大的成就,最重要的秘诀在于确定你的目标,然后开始干,采取行动,朝着目标前进。我认为,你向往并持续为之付出努力的,那才是前途。

通过本次学校赋予我对未来职业生涯规划的机会,我对大学本科期间应当做的事有了更进一步的了解,并对研究生生活、当代就业情况、数字化 IT 应用工程师、硬件技术工程师以及软件开发工程师都有了一定的了解,并从中选择了自己更中意的岗位。为这一岗位做了短、中、长期的计划让我倍感充实,并对未来走入大厂、和同事一起工作、与家人一起旅游有了美好的期盼。在生活及工作期间,我会选择随机应变,若有其他职业可使我得到更好的发展或者能够使我的家庭更加幸福美满,我会更倾向于那份职业。我坚信我能够更加热爱电子信息工程这一专业,也将在电子信息工程这六个字上谱写出我辉煌的一生!

附录三 简历书写模板

照片

姓 名

意向岗位：XXXX

基本信息

- 电话：
- 邮箱：
- 性别：
- 年龄：
- 户籍：
- 政治面貌：
- 民族：

个人技能

1. 大学生英语六级；
2. 普通话二级甲等；
3. C1 机动车驾驶证；
4. 思想政治理论宣讲；
5. 公文、新闻稿撰写；
6. 摄影以及视频剪辑；
7. 熟练运用办公软件等。

荣誉奖励

1. 本科一等学业奖学金（6 次）；
2. 硕士研究生一等学业奖学金；
3. "微团课"大赛优秀奖；
4. 优秀共青团干部、优秀青年志愿者、优秀团员、优秀学生会骨干、共青城市先进青年；
5. 校级三好学生标兵兼优秀学生干部（3 次）、自强之星、最佳形象大使、优秀毕业生、优秀毕业论文；
6. 校级演讲比赛、征文比赛、摄影大赛等文体活动奖项 20 余项。

教育经历

| 2023.08—至今 | XXXXXX（硕士研究生） | 马克思主义理论 |
| 2018.09—2022.07 | XXXXXX（本科） | 市场营销 |

实习实践

2024.9—至今　　XXXXXXXX　　　　　　　　思想政治理论课助教

配合任课教师管理班级学生，协助做好理论知识教学、实践课程指导、答疑解惑以及学生考核等工作。目前，按照主讲老师要求参与教学 **14 次**，完成试卷批改 **768 份**。

2023.12—至今　　XXXXXXXX　　　　　　　　研究生兼职指导员

独立负责 XXXXXXXX 学院 2022 级本科 **104 名学生**管理工作。累计召开中队会 **8 次**、中队学生干部会议 **7 次**、班会 **8 次**、寝室座谈会 **3 次**，通过谈心谈话对学生进行思想引领、学风强调、就业指导、心理疏解**数十次**，中队学生获得国家级、省级奖项 **10 余项**，获评**"先进中队""五四红旗团总支"**等荣誉称号。

在校经历

2024.09—至今　　　研究生会　　　　　　　　　　　　主席

统筹安排研究生会工作，协调推动各部门开展工作。策划承办校级研究生演讲比赛、举办学院学术活动、文体活动、就业活动 **10 余场**，累计服务同学达 **600 余人次**，研究生会开展的活动均在相关**公众号**发布。

2024.03—至今　　首批 XXXXXXXXX 志愿宣讲团　　　　　　队长

作为**学校唯一一支**入选 2024 年全国大学生 XXXXXXXX 志愿宣讲团队伍的队长，从组建队伍到宣讲培训再到任务分配，先后开展宣讲 **20 余场**，服务群众**超 1000 人次**，创新性探索**"广场上的宣讲"**新模式被相关媒体宣传推广。

2023.09—至今　　　XXXXXXXX 宣讲团　　　　　　　　讲师

先后在学校二级学院、校学生会、校研究生会、"青马工程"培训班、大有恬园社区等进行 **10 余场**思想政治教育宣讲，受众**超 500 人次**，积极参与**大中小学思政一体化建设**项目，被评为 2023 年度**"优秀讲师"**，获得宣讲团评比**一等奖**。

2020.11—2021.11　　XXXXXXXX 学生会　　　　　　　　主席

统筹学生会工作，代表学校对接其他院校学生会负责人和各学生分会负责人。承办校级会议活动培训 **20 余场**，主持召开学生会例会**数十次**，主持编写《部门工作文化手册》**2 万余字**，审核校对各类文稿**百余篇**，累计 **20 余万字**。

2018.09—2022.06　　XXXXXXXX 大学　　　　　　团支部副书记兼副班长

团结班级同学共同营造良好班风，协助辅导员完成奖助学金评比，多次组织班级团建，所在班级多次被评为校级**"五四红旗团支部""先进班级"**。毕业后，将本科期间的班级工作、学生会工作以及学习收获等内容汇总成《XXXX》，全书共计 **11.8 万字**。

项目论文

国家社会科学基金项目：XXXXXXXX 思想政治教育创新发展研究；
交通运输部课题：习近平总书记关于交通运输重要论述的理论脉络和时代内涵研究；
社科联 2024 年度重点课题：XXXX 红色资源创新发展研究；
2024 年度 XX 市党的建设和组织工作调研课题：在 XXXXXXXX 发挥高校基层党组织战斗堡垒作用研究；
"马克思主义经典走进中小学"课题：《家庭、私有制和国家的起源》；
《XX 日报》（理论版）：《用好爱国主义教育基地红色资源 发挥独特功能优势》。

个人简历

细心从每一个小细节开始。

Personal resume

基本信息

姓　　名：	出生年月：	
民　　族：	身　　高：	
电　　话：	政治面貌：	照片
邮　　箱：	毕业院校：	
职业目标：	学　　历：	

教育背景

2021.09 — 2025.06　　　　**XXXXXX 大学 /XXXXXX 专业)**　　　　**本科**

主修课程：工程力学、C 语言、船舶电气工程、船舶辅机、轮机自动化、船舶柴油机、船舶维护与检修、船舶防污染技术、船舶动力装置技术管理等相关课程。

实习经历：育鲲轮实习、金工实习、综合拆装实习、综合实训、协助用人单位招聘等实习工作。

校园经历

2021.09 — 至今　　　　**团支部书记兼任班级心理委员**

　　负责策划和组织班级团日活动，包括主题讲座、团课学习、团队建设以及积极带同学参加志愿服务活动，旨在加强班级团结合作，培养团队精神和集体荣誉感。负责班级团支部的日常管理工作，包括会议组织、文件管理、信息传递等，确保团支部的工作有序进行，并及时反馈和处理团员的问题和需求。提供心理咨询和支持、组织心理健康教育活动、收集和反馈班级心理问题。班级荣获 "XXXX 五四红旗团支部" 和 "大连市红旗团支部" 称号。

2022.09 — 2023.07　　　　**中队团总支副书记和 XXXX 会学习部部长**

　　负责组织和安排团员的培训活动，包括团课学习、团队建设、志愿服务等，帮助团员提升自身素质和能力，并引导他们参与社会实践和志愿服务活动，培养团队精神和社会责任感。负责组织 XXXX 会的学习活动，根据会员的学习需求和 XXXX 会的发展方向，制订学习计划。

2023.09 — 2024.07　　　　**MEC 学业指导与服务中心主任**

　　负责学院的学业指导员与规划、学院科创统筹管理、学生服务管理、学业辅导与咨询、学业评估与监测、学生评估管理。社团连续三年获得 "校示范类社团" 和 "榜样 100 优秀大学生社团"。

技能证书

技能类： 拥有两项实用新型专利且作为第一发明人、通过大学英语 4 级（CET4）、大创省级和校级立项、挑战杯校奖、暑期社会实践二等奖、水下智能机器人大赛二等奖 。

荣誉类： 获得国家励志奖学金、专业奖学金，获得 "优秀团干部" "社团优秀负责人" "半军事管理先进个人" "优秀部长团" 等称号、11 次获得优秀志愿者、省级 "优秀志愿者" 称号、党校培训班优秀学员。

实践经历

1. 兼职 3 年初中一对一家教。

2. 通过在校期间的学习，掌握了与专业相关的知识技能，并有着良好的道德修养和专业素养。

3. 具有良好的团队精神，为人诚实可靠，品行端正，具有亲和力，能够独立完成工作。

4. 良好的沟通技巧并且具有高度的敬业精神，有良好的组织判断能力和公关能力。

5. 能承受工作压力，处事认真严谨。注重工作效率，有很好的团队精神。

6. 积极参加各类志愿服务活动。

| 求职企业名称 | 意向岗位： | | |

姓名：		年龄：	照片
学历：		电话：	
邮箱：		政治面貌：	

🎓 教育背景

2018.09—2022.06　　　　**XXXXXX 大学　XXXX 专业（双一流专业）**　　　　**本科**
- 主修课程：国际多式联运、物流与供应链管理、公路与铁路运输、集装箱运输、海运货物、租船运输、航空运输等。
- GPA：　　　　综合专业排名：

2022.09—2025.06　　　　**XXXXXX 大学　XXXX 专业（一流学科）**　　　　**硕士研究生**
- 主修课程：智能交通系统、运筹与优化模型、交通运输工程学、预测与决策方法等。
- GPA：　　　　综合专业排名：

📖 实习经历

2020.07.05—2020.08.24　　　　**XXXXXXXX 公司**　　　　**XXXXXXXX 实习生**
负责根据客户委托向船公司订舱，确认 SO（确认订舱书）信息，为有需求的客户提供拖车报关等服务。核对客户提供的 VGM 和提单等信息与船公司提单是否一致。锻炼了我的沟通协调能力和**客户服务技能**（理解客户需求，与船公司沟通清晰表达需求，为客户提供高质量服务），学习了**海运物流操作知识**（集装箱海运流程，包括订舱、拖车、报关等）。

2023.07.20—2023.09.15　　　　**XXXXXXXX 公司**　　　　**XXXXXXXX 实习生**
参与智能交通项目的日常运作，从多个数据源收集交通数据，协助完成项目资料收集、整理和分析工作。利用交通仿真软件 VISSIM 进行交通网络的建模和仿真。参与撰写分析报告，准备项目汇报所需的材料和 PPT 等。锻炼了我的**项目管理技能**（参与项目日常运作需理解项目流程、时间管理和资源分配）、**统计分析能力、报告撰写能力**和团队合作能力。

▦ 项目经历

2020.06—2020.10　　　　**XXXXXXXX 决策仿真系统**　　　　**核心成员**
- 项目内容：设计多智能体系统（包括泊位智能体、堆场智能体、拖车智能体和集疏运智能体）优化泊位调度和岸桥分配，最终优化出一个成本低，作业速度快的码头调度方案。利用 Anylogic 平台构建仿真模型，创建三维可视化仿真界面，可实时监视码头各设备的工作状态。此项目获 XXXXXXXX 大赛第一名。
- 负责内容：(1)参与项目的整体框架设计和任务分配，同时负责代码的编写与调试。
　　　　　　(2)参与撰写项目书、制作比赛答辩 PPT，并进行答辩。

2023.08—2024.03　　　　**XXXXXXXX 体系提升规划**　　　　**核心成员**
- 项目内容：对 XXXXXXXX 进行本底资源分析、对 XXX 内整体出行需求进行研判，分析公共交通现状和重大公建布局情况，将群众投诉内容进行整理分类，综合多方因素提出公交系统的提升方案。
- 负责内容：(1)全程跟进项目包括写标书、项目开题、中期以及结题的项目书和 PPT 制作。
　　　　　　(2)分析重大公建布局情况，整理分类群众诉求并用图片的形式清晰呈现。
　　　　　　(3)分析各片区的学生、厂区工人、社区老人的出行需求，设计定制的公交线路。

2023.11—2024.05　　　　**XXXXXXXX 分析与创新路径研究**　　　　**项目负责人**
- 项目内容：搜集我国近年来的 XXXXXXXX 成果与相关政策并将其整理成文本数据，利用机器学习技术提炼出文本数据的核心内容，构筑我国 XXXX 领域的研究热点与焦点的时空版图。深入挖掘科技创新成果与政策的因果关系与时间差异性，为 XXXX 行业的发展提供决策依据。
- 负责内容：(1)统筹整个项目的进度和任务分配，最终带领小组成员完成 **15 万**+字的研究报告。
　　　　　　(2)编写能够根据文本数据绘制词云图的代码。

📑 科研成果
- 本人以第二发明人身份（导师第一发明人）获发明专利授权一项。
- 本人以第二作者身份在外文期刊 XXXXXXXX 发表学术论文 1 篇，在外文期刊 XXXXXXXX 投稿学术论文 1 篇。

🏅 所获荣誉

本科期间：		研究生期间：	
校级优秀毕业生	情商奖学金一等奖	省级优秀毕业生	硕士研究生国家奖学金
全国大学生网络文化节优秀奖	XX 市数学竞赛二等奖	校级优秀研究生	硕士研究生一等学业奖学金

👤 掌握技能

- CET-6
- PPT（熟练制作项目汇报 PPT）
- X-mind（梳理事件脉络或操作流程，做清晰的思维导图）
- Visio（绘制示意图、流程图等各类图片）

- 熟练使用 pycharm，spyder，anaconda 等编程软件。
- 熟练使用 vissim 仿真软件和 arcGIS 地图绘制软件。
- 具有**海运**和**陆运**的理论基础和实践经验，学习能力强。
- 参与多个项目，具有良好的团队协助能力和项目经验。

附录四　交通运输部部属单位,交通运输行业、信息传输行业、制造业主要用人单位名录

一、交通运输部部属单位

1.部属行政机构

交通运输部海事局

交通运输部长江航务管理局

交通运输部珠江航务管理局

信息来源:https://www.mot.gov.cn/jigou/

2.部属事业单位

中国国际可持续交通创新和知识中心

交通运输部机关服务中心

交通运输部救助打捞局

中国船级社

交通运输部规划研究院

交通运输部科学研究院

交通运输部水运科学研究所(院)

交通运输部公路科学研究所(院)

交通运输部天津水运工程科学研究所(院)

大连海事大学

交通运输部管理干部学院

中国交通通信信息中心

交通运输部职业资格中心(交通运输部职业技能鉴定指导中心)

交通运输部路网监测与应急处置中心

信息来源:https://xxgk.mot.gov.cn/2020/jigou/rsjys/202006/t20200623_3312044.html

3.部属企业

中国交通报社有限公司

人民交通出版传媒管理有限公司

信息来源:https://xxgk.mot.gov.cn/2020/jigou/rsjys/202006/t20200623_3312045.html

二、交通运输行业主要用人单位

中国远洋海运集团有限公司

招商局集团有限公司

中国邮政集团公司

山东省港口集团有限公司

江苏省港口集团有限公司

天津港(集团)有限公司

广州港集团有限公司

河北港口集团有限公司

浙江省海港集团有限公司

宁波海运集团有限公司

珠海港控股集团有限公司

厦门港务控股集团有限公司

福州港务集团有限公司

中国南方航空集团公司

中国东方航空集团公司

中国国际海运集装箱(集团)股份有限公司

中谷海运集团有限公司

广东省港航集团有限公司

深圳市航运集团有限公司

顺丰集团

大连春安国际物流有限公司

瑞茂通供应链管理股份有限公司

福建海通发展股份有限公司

信风(宁波)海运物流有限公司

三、信息传输行业主要用人单位

华为技术有限公司

中兴通讯股份有限公司

浪潮集团有限公司

中国电子科技集团公司

中国信息通信科技集团有限公司

中国移动通信集团有限公司

中国电信集团公司

中国联合网络通信股份有限公司

东软集团股份有限公司

小米通讯技术有限公司

阿里巴巴(中国)网络技术有限公司

帆软软件有限公司

启明信息技术股份有限公司

联想集团

深信服科技股份有限公司

北京三快在线科技有限公司

四、制造业主要用人单位

中国船舶集团有限公司

中国兵器装备集团有限公司

中国航空工业集团有限公司

中国航天科技集团有限公司

中国航天科工集团有限公司

中国机械工业集团有限公司

中国东方电气集团有限公司

中国中车集团有限公司

中国第一汽车集团有限公司

中国一重集团有限公司

中国通用技术(集团)控股有限责任公司

中国重型汽车集团有限公司

潍柴控股集团有限公司

海尔集团

京东方科技集团股份有限公司

东风汽车集团有限公司

上海汽车集团股份有限公司

浙江吉利控股集团

比亚迪股份有限公司

郑州宇通集团有限公司

哈尔滨电气集团有限公司

上海电气集团股份有限公司

鞍钢集团公司

美的集团股份有限公司

珠海格力电器股份有限公司

TCL 集团股份有限公司
徐州工程机械集团有限公司
海信集团有限公司
歌尔股份有限公司